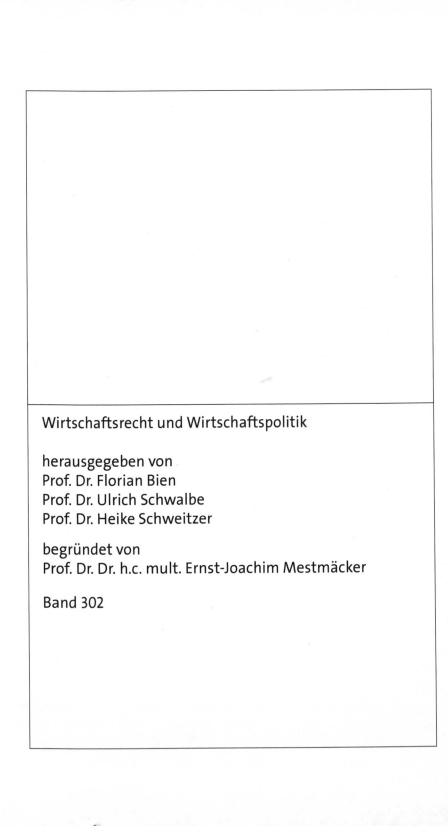

Wirtschaftsrecht und Wirtschaftspolitik

herausgegeben von
Prof. Dr. Florian Bien
Prof. Dr. Ulrich Schwalbe
Prof. Dr. Heike Schweitzer

begründet von
Prof. Dr. Dr. h.c. mult. Ernst-Joachim Mestmäcker

Band 302

Emanuel Teichmann

Die Reformbedürftigkeit der Vertikal-GVO am Beispiel von Plattformverboten und Preisparitätsklauseln

Nomos

Onlineversion
Nomos eLibrary

Die Deutsche Nationalbibliothek verzeichnet diese Publikation in
der Deutschen Nationalbibliografie; detaillierte bibliografische
Daten sind im Internet über http://dnb.d-nb.de abrufbar.

Zugl.: Konstanz, Univ., Diss., 2019

u.d.T.: „Vertikalbeschränkungen und Internetvertrieb –
Eine kritische Auseinandersetzung unter besonderer Beachtung
von Plattformverboten und Bestpreisklauseln"

ISBN 978-3-8487-6805-9 (Print)
ISBN 978-3-7489-0908-8 (ePDF)

1. Auflage 2020
© Nomos Verlagsgesellschaft, Baden-Baden 2020. Gedruckt in Deutschland. Alle Rechte,
auch die des Nachdrucks von Auszügen, der fotomechanischen Wiedergabe und der
Übersetzung, vorbehalten. Gedruckt auf alterungsbeständigem Papier.

Vorwort

Die vorliegende Arbeit entstand während meiner Tätigkeit als wissenschaftlicher Mitarbeiter am Lehrstuhl für deutsches und Europäisches Privat- und Wirtschaftsrecht an der Universität Konstanz und wurde vom Fachbereich Rechtswissenschaft der Universität Konstanz im August 2019 als Dissertation angenommen.

An erster Stelle gilt mein Dank meinem Doktorvater, Herrn Professor Dr. Jochen Glöckner, für seine großartige Unterstützung und sein persönliches Engagement bei der Betreuung dieser Arbeit. Mit seinen konstruktiven Anregungen, seiner fortwährenden fachlichen Diskussionsbereitschaft und nicht zuletzt seinem Zutrauen in mein eigenverantwortliches und selbstständiges Arbeiten hat er maßgeblich zum Gelingen der Dissertation beigetragen. Ebenfalls herzlich bedanken möchte ich mich bei Herrn Professor Dr. Rüdiger Wilhelmi für die freundliche Übernahme des Zweitgutachtens sowie bei Herrn Professor Dr. Christian Picker für sein Mitwirken in der Prüfungskommission.

Einen großen Dank möchte ich an meine Familie richten, die mich unablässig in meinem Vorhaben unterstützt hat und nie Zweifel an dem Erfolg dieser Unternehmung aufkommen ließ. Ein besonderer Dank gilt dabei Antje Teichmann für die gewissenhafte Korrektur und Lektorat dieser Arbeit.

Mein größter Dank gilt schließlich meiner Großmutter Ruth Honegger, die mir diese Ausbildung maßgeblich ermöglicht und mich auf meinem bisherigen Lebensweg vorbehaltlos gefördert hat. Diese bedingungslose Unterstützung hat es mir gestattet, die Grundlage meiner persönlichen und beruflichen Entwicklung zu legen. Mit ihrem steten Rückhalt, ihrem Zuspruch und ihrer Liebe hat sie entscheidend zum Gedeihen der Arbeit beigetragen. Ihr widme ich diese Arbeit.

Stuttgart, Januar 2020   *Emanuel Teichmann*

Inhaltsverzeichnis

Einleitung und Problemstellung

Abreden von Teilnehmern auf unterschiedlichen Produktions- oder Vertriebsstufen sind in der täglichen Wirtschaftspraxis überall anzutreffen. So bindet grundsätzlich jeglicher Abschluss eines Austauschvertrages in einer Vertriebs- oder Wertschöpfungskette die Parteien hinsichtlich des Vertragsgegenstandes. Da dies jedoch Kern und Voraussetzung jeglichen funktionierenden Wettbewerbs ist, kann sich das Kartellrecht nicht gegen die Wirksamkeit solcher Verträge und die damit einhergehenden Bindungen richten. Vielmehr sollen nur solche (primären) Leistungspflichten den Anknüpfungspunkt für die kartellrechtliche Bewertung bilden, welche über das bloße Erfüllungsinteresse im Austauschverhältnis hinausgehen und eines der beteiligten Unternehmen in der Dispositionsfreiheit seiner Wettbewerbsparameter beschränken.[1]

Die Beurteilung solcher vertikalen Beschränkungen ist dabei uneinheitlich. So wird beispielsweise in selektiven Vertriebssystemen bereits keine tatbestandliche Wettbewerbsbeschränkung gesehen, während Preis- oder Mengenbindungen regelmäßig eine wettbewerbsbeschränkende Abrede darstellen. Die Herausforderung für das Kartellrecht besteht zum einen darin, das Spannungsverhältnis zwischen den Interessen der Hersteller, ihrer Freiheit, den Vertrieb nach ihren Vorstellungen auszugestalten und mit ihren Konkurrenten in freien Wettbewerb zu treten, mit den häufig konträren Interessen der Händler und Endverbraucher in Ausgleich zu bringen. Zum anderen liegt die Schwierigkeit der wirtschaftstheoretischen und kartellrechtlichen Einordnung der vertikalen Absprachen - im Gegensatz zu horizontalen Absprachen - in der ambivalenten Wirkungsweise derselben. So sind vertikale Absprachen im Stande die Koordination des Vertriebs zu verbessern und dadurch erhebliche Effizienzvorteile innerhalb einer Distributionskette zu erzeugen. Zugleich können sie jedoch auch eingesetzt werden, um den Wettbewerb zwischen den konkurrierenden Herstellern und den Händlern der einzelnen Marken zu beeinträchtigen, bis hin zu einer völligen Abschottung einzelner Märkte. Dies steht dem

---

1 Vgl. *Glöckner*, Rn. 385.

Binnenmarktziel[2] der europäischen Wettbewerbspolitik diametral entgegen. Es überrascht nicht, dass die reflexartige Reaktion der Unionsorgane eine überschießende Anwendung des kartellrechtlichen Verbotstatbestandes zur Folge hatte. Den Ausgangspunkt bildet dabei die grundlegende Entscheidung *Consten und Grundig*[3] des EuGH im Jahre 1966. In dieser stellte der EuGH den Grundsatz auf, dass der kartellrechtliche Verbotstatbestand auch auf Wettbewerbsbeschränkungen im Vertikalverhältnis anzuwenden sei. Das Leitmotiv war dabei, die Errichtung von Handelsbarrieren zwischen den Mitgliedstaaten und mithin die Unterminierung der Binnenmarktintegration mithilfe des Kartellrechts zu verhindern.[4] Dies führte zu einer Vielzahl von Folgeproblemen, welche die Gerichte und den europäischen Gesetzgeber über die folgenden Jahrzehnte hin beschäftige.

Mit der fortschreitenden Digitalisierung haben sich auch viele der rechtlichen Probleme verlagert und insbesondere im Rahmen der Vertikalbeschränkungen steht das Kartellrecht aufgrund des Onlinevertriebs vor ungeahnten Herausforderungen. Dabei handelt es sich um eine Entwicklung, deren Ende nicht absehbar ist. Globale Erreichbarkeit, Wegfall von Öffnungszeiten, erhöhtes Angebot, Markttransparenz, geringere Suchkosten und schnelle Reaktionszeiten verändern die Tektonik des Vertriebs grundlegend und führen zu dynamischen Vertriebsmodellen. Die daraus resultierenden kartellrechtlichen Problemstellungen stellen die tradierten Grundsätze über die Behandlung von vertikalen Beschränkungen grundlegend in Frage. Wettbewerbspolitisches Narrativ im Hintergrund ist nach der weitestgehend erfolgreichen Markintegration nun deren Renaissance in Form der Etablierung eines europäischen digitalen Binnenmarktes. Die neue Agenda des „digitalen Binnenmarktes"[5] zeigt, dass man auf institutioneller europäischer Ebene bereit ist, sich den Herausforderungen des Zeitalters der Digitalisierung zu stellen. Ob die bestehenden kartellrechtlichen

---

2 Dies beschreibt das Ziel der Europäischen Union, einen europäischen Raum ohne Binnengrenzen zu schaffen, in dem Waren, Personen, Dienstleistungen und Kapital frei zirkulieren können. Die Verwirklichung des Binnenmarktes wurde bereits 1957 in Art. 2 des EWG-Vertrags – damals noch als „Gemeinsamer Markt" bezeichnet – als Zielvorgabe verankert.

3 EuGH v. 13.7.1966, verb. Rs. 56/64, 58/64 – *Grundig/Consten*, Slg. 1966, 321.

4 Vgl. auch *Jestaedt/Zöttl*, in: MüKo Bd. 1 EU-Wettbewerbsrecht, Einl. GVO Nr. 330/2010, Rn. 2.

5 Mehr dazu unter: http://ec.europa.eu/priorities/digital-single-market (Seite zuletzt besucht am: 21.11.2019); Mitteilung der Kommission – Strategie für einen gemeinsamen Binnenmarkt v. 6.5.2015, COM (2015) 192 final.

Regelungen im Bereich der Vertikalbeschränkungen diesem Belastungstest standhalten oder ob die Notwendigkeit einer Neukonzeption besteht, bedarf einer ausführlichen, eigenständigen Untersuchung.

A. Gang der Untersuchung

Im Folgenden werden zunächst der Untersuchungsgegenstand sowie für die Arbeit grundlegende Begriffe bestimmt. Daran anschließend wird die Problemstellung bei der Beurteilung von Beschränkungen im Vertikalverhältnis untersucht. Den Abschluss des ersten Teils der Arbeit bildet die Herausarbeitung eines Lösungsansatzes, der bereits die allgemeine Behandlung vertikaler Wettbewerbsbeschränkungen erleichtern und sachgerechter ausgestalten soll.

Im besonderen Teil wird zunächst die Relevanz des Internetvertriebs herausgestellt sowie die vor- und nachteiligen Auswirkungen von Beschränkungen desselben. Daran anschließend wird die Bedeutung des Internetvertriebs für die gegenwärtige europäische Wettbewerbspolitik untersucht. Schließlich werden die unterschiedlichen Erscheinungsformen von Vertriebsbeschränkungen im Onlinehandel und deren kartellrechtliche Einordnung betrachtet unter der besonderen Beachtung der aktuell kritisch diskutierten und praxisrelevanten Erscheinungsformen der Plattformverbote und Preisparitätsklauseln. Die Ergebnisse des besonderen Teils sollen schließlich mit dem Lösungsansatz des allgemeinen Teils in Einklang gebracht werden.

Abschließend werden die wesentlichen Ergebnisse der Arbeit zusammengefasst und ein Ausblick gegeben.

B. Ziel der Arbeit

Ziel der Arbeit ist es, zu untersuchen, inwieweit hinsichtlich vertikaler Wettbewerbsbeschränkungen die Anwendung des Kartellverbots geboten ist, um daran anschließend im Bereich des Internetvertriebs zu prüfen, ob die bestehenden Regelungen und jahrzehntealten Grundsätze auf moderne, dynamische und sich ständig verändernde Vertriebsformen ohne Weiteres übertragbar sind.

C. Begrenzung des Untersuchungsgegenstandes

Die vorliegende Arbeit behandelt die zentralen Problemstellungen anhand des Europäischen Kartellrechts und dessen Wertungen im Bereich der vertikalen Beschränkungen. Dem liegt die Idee zugrunde, dass sich viele Entwicklungen innerhalb der kartellrechtlichen Behandlung von Vertikalbeschränkungen mit den parallelen Entwicklungen der europäischen Binnenmarktintegration nachvollziehen lassen. Überdies kam es im deutschen Kartellrecht im Zuge der 7. GWB-Novelle und der damit einhergehenden Anpassung des § 1 ff. GWB an den damaligen Art. 81 Abs. 1 EG (heute Art. 101 Abs. 1 AEUV) zur ersatzlosen Streichung der §§ 16-18 GWB a.F. Beide Regelungsregime sind seither strukturkompatibel und sehen grundsätzlich einen Gleichlauf der kartellrechtlichen Grundtatbestände vor.[6] So kommt es insbesondere auch über § 2 Abs. 2 GWB zu einer analogen Anwendung der Vertikal-GVO.

Im Zentrum der Untersuchung des besonderen Teils steht dabei die kartellrechtliche Bewertung von Plattformverboten und Preisparitätsklauseln. Da es der Natur des Wettbewerbsrechts im Allgemeinen und des Vertriebs im Besonderen inhärent ist, dass sie rechtsgebietsübergreifend zu beurteilen sind, soll und kann mit der vorliegenden Arbeit nur der kartellrechtliche Teilbereich abgebildet werden. Im Schnittbereich mit anderen Rechtsgebieten haben deren Wertungen nur insoweit Berücksichtigung finden können, als sie für die Lösung oder das Verständnis der konkreten Zusammenhänge notwendig gewesen sind.

---

6 Vgl. *Glöckner*, Rn. 30.

Kapitel 1: Grundlagen

In diesem Kapitel werden die Begriffe bestimmt, die der nachfolgenden Untersuchung zugrunde liegen und für deren Verständnis maßgeblich sind.

§ 1 Begriffsbestimmung

A. Vertikalbeschränkung

Bei Vertikalbeschränkungen kann unterschieden werden zwischen Vertikalbeschränkungen im weiteren und engeren Sinne.

I. Vertikalbeschränkung im weiteren Sinne

Wettbewerbsbeschränkende Abreden können nach europäischem Kartellrechtsverständnis nicht nur im „Horizontalverhältnis", also im Verhältnis zwischen Unternehmen auf derselben Wirtschaftsstufe stattfinden, sie können sich auch über mehrere Produktions- oder Vertriebsstufen erstrecken und somit das „Vertikalverhältnis" betreffen. Sobald also ein Unternehmen durch Vereinbarung mit einem anderen Unternehmen auf einer vor- oder nachgelagerten Wirtschaftsstufe in seiner Entscheidungsfreiheit über die Bestimmung seiner Aktionsparameter im Wettbewerb (insb. Preis, Menge, Qualität, Information, Werbung, Konditionen, Service, Forschung und Entwicklung)[7] beschränkt wird, liegt eine vertikale Beschränkung vor.[8]

---

7 Vgl. Gabler Wirtschaftslexikon, A-B, S. 83.
8 *Kerber/Schwalbe*, in: MüKo Bd. 1 EU-Wettbewerbsrecht, Einl., Rn. 446.

II. Vertikalbeschränkung im engeren Sinne

Die „vertikale Beschränkung" wird in Art. 1 Abs. 1 lit. b Vertikal-GVO[9] als „eine Wettbewerbsbeschränkung in einer vertikalen Vereinbarung, die unter Artikel 101 Absatz 1 AEUV fällt", definiert.

Eine „vertikale Vereinbarung" beschreibt gem. Art. 1 Abs. 1 lit. a Vertikal-GVO „eine Vereinbarung oder abgestimmte Verhaltensweise, die zwischen zwei oder mehr Unternehmen, von denen jedes für die Zwecke der Vereinbarung oder der abgestimmten Verhaltensweise auf einer anderen Ebene der Produktions- oder Vertriebskette tätig ist, geschlossen wird und die die Bedingungen betrifft, zu denen die beteiligten Unternehmen Waren oder Dienstleistungen beziehen, verkaufen oder weiterverkaufen dürfen".

B. Internetvertrieb

Die Bezeichnung für den Verkauf von Waren über das Internet ist uneinheitlich. Während der Großteil der Literatur den Begriff „Internetvertrieb"[10] fruchtbar macht, finden sich auch entsprechende Bezeichnungen wie „Internethandel"[11], „Onlinevertrieb"[12] oder etwa „Onlinehandel"[13].

Auch die Kommission erweckt in ihrer Wahl der Bezeichnung einen inkonsequenten Eindruck. So verwendet sie in den „Leitlinien für vertikale

---

9 Verordnung (EU) Nr. 330/2010 der Kommission vom 20. April 2010 über die Anwendung von Artikel 101 Absatz 3 des Vertrags über die Arbeitsweise der Europäischen Union auf Gruppen von vertikalen Vereinbarungen und abgestimmte Verhaltensweisen, ABl. 2010 Nr. L 102/01.

10 *Beckmann/Müller* in: Hoeren/Sieber/Holznagel, Teil 10, Rn. 140 ff.; *Dreyer/Lemberg*, BB 2012, S. 2004 ff., wobei auch hier keine einheitliche Verwendung stattfindet, so sprechen sie auch von „Online-Vertrieb"; *Hoffmann* in: Dauses/Ludwigs, § 2 Art. 101 AEUV, Rn. 258 ff. ist jedoch auch inkonsequent in der Verwendung. So finden sich ebenfalls die Verwendungen „Online-Vertrieb" und „Internethandel", vgl. *Klauß/Seelinger*, GWR 2010, S. 233 ff.; *Nolte* in: Langen/Bunte Bd. 2, Nach Art. 101 AEUV, Rn. 760 ff.; *Pischel*, GRUR 2010, S. 972 ff.; *Polley*, CR 2010, S. 625, 628; *Schultze/Pautke/Wagener*, Art. 4 lit. b, Rn. 712 ff.; *Simon*, EWS 2010, S. 497, 502.

11 *Bischke/Brack*, NZG 2013, S. 1136 f.; *Bonacker*, GRUR-Prax 2011, S. 501 ff.

12 *Fesenmair*, GRUR-Prax 2013, 283 ff.

13 *Wiring*, MMR 2010, S. 659 ff., auch er verwendet gleichwohl die Begriffe „Internetvertrieb" und „Internethandel".

Beschränkungen"[14] die Begriffe „Online-Verkäufe"[15], „Online-Vertrieb"[16] und „Internetverkauf"[17]. Dies ist jedoch eher auf ein redaktionelles Versehen bei der Übersetzung zurückzuführen als auf eine bewusst unterschiedliche Bezeichnung gleicher Sachverhalte.[18] Es handelt sich mithin nicht um die Bezeichnung unterschiedlicher Erscheinungsformen von Verkaufsvorgängen im Internet, sondern um die uneinheitliche Bezeichnung ein und derselben Vertriebsform.

Vorliegend soll unter dem Begriff des Internetvertriebs der Bezug, der Verkauf oder der Weiterverkauf von Waren oder Dienstleistungen unter Zuhilfenahme des Internets verstanden werden.[19] Der Vertragsschluss erfolgt hier über das Internet, während die Ware oder Dienstleistung regelmäßig auf „physischem" Wege den Vertragspartner erreicht.

I. Plattfomverbote

Das OLG Frankfurt a.M. definierte in seinem Vorlageverfahren das Plattfomverbot als „Verbot, bei Internetverkäufen nach außen erkennbar Drittunternehmen einzuschalten"[20]. Der EuGH bezeichnete ein Plattformverbot in dem Verfahren *Coty Germany* als Vertragsklausel, die es Händlern „verbietet, beim Verkauf der Vertragswaren im Internet nach außen erkennbar Drittplattformen einzuschalten"[21].

Bei Plattformverboten handelt es sich nach hier zugrunde gelegtem Verständnis um Verbote der Hersteller, die es ihren Absatzmittlern untersagen, die Vertragsprodukte über Internetplattformen Dritter – wie beispielsweise *eBay* oder *Amazon Marketplace* – weiterzuverkaufen. Diese Verbote

---

14 Mitteilung der Kommission - Leitlinien für vertikale Beschränkungen v. 19.5.2010, ABl. EU 2010/C 130/01, (im Folgenden: Vertikalleitlinien).
15 Vertikalleitlinien, Rn. 52 lit. c, 54, 56, 64.
16 Vertikalleitlinien, Rn. 54.
17 Vertikalleitlinien, Rn. 64.
18 Vgl. die englische Fassung: Hier wird durchgehend der Begriff *„online-sales"* verwendet.
19 ähnlich *Nolte* in: Langen/Bunte Bd. 2, Nach Art. 101 AEUV, Rn. 763 ff., wobei dieser noch zwischen „echtem" und „unechtem" Internetvertrieb differenziert und dies davon abhängig macht, ob die Ware oder Dienstleistung per Datentransfer bzw. Download zur Verfügung gestellt wird oder sie auf physischen Informationsträgern geliefert wird.
20 OLG Frankfurt a.M. v. 19.4.2016, Az. 11 U 96/14 – *Depotkosmetik II*, NZKart 2016, S. 236.
21 EuGH v. 6.12.2017, Rs. C-230/16 – *Coty Germany*, ECLI:EU:C:2017:941, Rn. 37.

können unmittelbar in Vertriebsverträgen ausgesprochen werden oder mittelbar, durch nicht erfüllbare Qualitätsanforderungen an die Produktpräsentation, den Vertrieb über Plattformen faktisch ausschließen.

II. Preisparitätsklauseln

In Ermangelung einer gängigen Definition, werden Preisparitätsklauseln im gegenständlichen Kontext und nach hier zugrunde gelegtem Verständnis als Vereinbarung in Vertriebsverträgen zwischen dem Anbieter einer Ware oder Dienstleistung und dem Betreiber einer Plattform bezeichnet, mit der sich der Plattformbetreiber den günstigsten Preis bzw. die günstigsten Konditionen durch den Anbieter gewähren lässt.

Kapitel 2: Allgemeiner Teil: Problemstellung bei der Beurteilung von Beschränkungen im Vertikalverhältnis

Die kartellrechtliche Einordnung vertikaler Abreden und insbesondere ihrer wettbewerbsbeschränkenden Wirkungen fällt im Gegensatz zu horizontalen Abreden von Wettbewerbern auf derselben Wertschöpfungsstufe ungleich schwerer. Denn zunächst sind Vertikalbeschränkungen vergleichsweise weniger schädlich für den Wettbewerb, da die Absprachen zwischen Unternehmen stattfinden, die auf unterschiedlichen Wirtschaftsstufen stehen und mithin keine Konkurrenten sind. Innerhalb einer vertikalen Wertschöpfungskette können vertikale Absprachen zwischen den beteiligten Unternehmen zudem für unterschiedliche positive Effekte sorgen, indem sie grundsätzlich die Unternehmen in die Lage versetzen, die Koordinierungsprobleme innerhalb der Vertriebskette zu bereinigen, die durch Informationsasymmetrie oder unterschiedliche Interessen entstehen. Durch die Koordination der Wettbewerbsparameter untereinander können so negative externe Effekte insgesamt beseitigt – insbesondere die allokative Effizienz gesteigert werden[22] – und mithin eine erheblich gesamtwohlfahrtssteigernde Wirkung erzielt werden. Dies wird als „Internalisierung externer Effekte" bezeichnet.[23]

Gleichwohl können Vertikalbeschränkungen den Wettbewerb beeinträchtigen und Unternehmen dabei helfen, Marktmacht zu erlangen oder zu erweitern und so Konkurrenten den Zugang zu den Märkten zu erschweren.

Dabei führen beschränkende Absprachen zwischen Unternehmen im Vertikalverhältnis selbst zu keiner Wettbewerbsbeschränkung. Erst wenn durch die Bindung der Wettbewerb im Horizontalverhältnis zwischen dem sich bindenden und konkurrierenden Unternehmen oder dem bin-

---

22 Vgl. BKartA, Vertikale Beschränkungen in der Internetökonomie, Hintergrundpapier, S. 5.

23 BKartA, Vertikale Beschränkungen in der Internetökonomie, Hintergrundpapier, S. 6; *Kerber/Schwalbe*, in: MüKo Bd. 1 EU-Wettbewerbsrecht, Einl., Rn. 452; *Mankiw/Taylor*, S. 339, Sie sprechen dabei sehr allgemein von „Eine[r] Veränderung der Anreize derart, dass die Menschen die externen Effekte ihrer Aktivitäten bei Entscheidungen mit berücksichtigen".

denden und konkurrierenden Unternehmen betroffen ist, kann sich eine wettbewerbsbeschränkende Wirkung entfalten.[24] Somit ist eine kartellrechtlich relevante Vertikalbeschränkung immer auch eine mittelbare Horizontalbeschränkung.[25] Auch hier muss weiter differenziert werden. Denn für sich betrachtet beeinträchtigt eine vertikale Beschränkung zunächst nur den Wettbewerb zwischen Händlern derselben Marke, derselben Dienstleistung oder desselben Produkts, den sog. Intra-Marken-Wettbewerb (*Intrabrand*[26]).[27] Von diesem abzugrenzen ist der Inter-Marken-Wettbewerb (*Interbrand*[28]), der Wettbewerb zwischen den Marken, Dienstleistungen oder Produkten der unterschiedlichen Hersteller. Diese Unterscheidung wird nachfolgend bei der Bewertung der Schädlichkeit einzelner vertikaler Absprachen für den Wettbewerb relevant. Denn regelmäßig werden Beschränkungen des Wettbewerbs auf Händlerebene, also des *Intrabrand*-Wettbewerbs als weniger wettbewerbsschädigend betrachtet als Beschränkungen des *Interbrand*-Wettbewerbs.[29]

§ 2 Europäischer wettbewerbspolitischer Ansatz

A. Allgemein

Die oberste Zielsetzung europäischer Wettbewerbspolitik war von Beginn an zum einen die Sicherung eines wirksamen Wettbewerbs (*effective competition*) und zum anderen das Ziel der Verwirklichung des gemeinsamen Europäischen Binnenmarktes.[30] Während die europäischen Gründungsverträge noch deutlich von den deutschen ordoliberalen Ideen beeinflusst wurden, orientierte sich im Folgenden die Konzeption eines wirksamen Wettbewerbs stark an dem Verständnis des funktionsfähigen Wettbe-

---

24 *Glöckner*, Rn. 386 f.
25 M.w.N. *Glöckner*, Rn. 387; *Grave/Nyberg*, in: Loewenheim/Meessen/Riesenkampff/Kersting/Meyer-Lindemann, Art. 101 Abs. 1 AEUV, Rn. 264, die in Fn. 569 klarstellen, dass man sich von der Terminologie „horizontal" und „vertikal" nicht in die Irre führen lassen dürfe, da sie verkürzend sei: „Die wettbewerbsbeschränkende Vereinbarung kann horizontal oder vertikal sein, aber der mglw. beschränkte Wettbewerb ist immer ‚horizontal'".
26 Vgl. dazu ausführlich *Kirchoff*, S. 5 ff. m.w.N.
27 BKartA, Vertikale Beschränkungen in der Internetökonomie, Hintergrundpapier, S. 4; *Glöckner*, Rn. 389 f.
28 Vgl. dazu ausführlich *Kirchoff*, S. 5 ff. m.w.N.
29 Vgl. Vertikalleitlinien, Rn. 102.
30 Vgl. Art. 3 lit. f EWG.

werbs.[31] In jüngerer Zeit haben sich die theoretischen Grundlagen jedoch erheblich verändert. Stark beeinflusst von den US-amerikanischen Ansätzen der *Chicago School* und den *Post-Chicago Economics* erhielten die ökonomische Effizienz und damit einhergehend die Verbraucherwohlfahrt einen erheblichen Stellenwert.[32] Geleitet von der theoretischen Industrieökonomik und empirischen Untersuchungen über die ökonomischen Effekte der unterschiedlichen Verhaltensweisen, verschrieb sich die europäische Wettbewerbspolitik dem sog. *„more economic approach"*[33]. Hierbei sollte es eine Entwicklung der europäischen Anwendungspraxis geben, weg von einem verhaltensabhängigen Regulierungsansatz (*form based*), hin zu einem Ansatz, dessen Anknüpfungspunkt die Marktauswirkungen (*effects based*) bilden.[34] Der Einsatz ökonomisch-empirischer Beweismittel soll dabei helfen sog. „Fehler erster Ordnung", bei denen wettbewerbsschädigendes Verhalten von den bestehenden Regeln nicht erfasst wird und sog. „Fehler zweiter Ordnung", bei denen wettbewerbsförderndes Verhalten fälschlicherweise aufgrund der bestehenden Regelungen verboten wird, zu reduzieren.[35] Dieser wirtschaftsorientierte Ansatz stieß in der Literatur auf erhebliche Kritik.[36] Gleichwohl haben sich die ökonomischen Instrumente sowie die Rechtfertigung durch Effizienzgewinne vielfältig in der Rechtsprechung der Europäischen Gerichte niedergeschlagen.[37] Die ausschließliche Beschränkung der Europäischen Wettbewerbsziele auf die Verbraucherwohlfahrt lehnte der EuGH hingegen deutlich ab, denn neben dem Ver-

---

31 *Hildebrand*, S. 159 ff., 169; *Kerber/Schwalbe*, in: MüKo Bd. 1 EU-Wettbewerbsrecht, Einl., Rn. 62, 87.

32 *Glöckner*, Rn. 98, 103; *Hildebrand*, S. 169; *Kerber/Schwalbe*, in: MüKo Bd. 1 EU-Wettbewerbsrecht, Einl., Rn. 62.

33 Mitteilung der Kommission über die Anwendung der EG-Wettbewerbsregeln auf vertikale Beschränkungen - Vertikale Beschränkungen des Wettbewerbs: Konkrete Vorschläge im Anschluß an das Grünbuch, ABl. 1998 Nr. C 365/03, Nr. 2. Hier spricht die Kommission von der „Notwendigkeit eines stärker wirtschaftlich ausgerichteten Ansatzes".

34 Mitteilung der Kommission über die Anwendung der EG-Wettbewerbsregeln auf vertikale Beschränkungen - Vertikale Beschränkungen des Wettbewerbs: Konkrete Vorschläge im Anschluß an das Grünbuch, ABl. 1998 Nr. C 365/03, unter Nr. 2.

35 *Glöckner*, Rn. 104.

36 Zusammenfassend *Rittner/Dreher/Kulka*, Rn. 610 m.w.N.

37 EuGH v. 17.9.2007, Rs. T-201/04 – *Microsoft*, Slg. 2007, II-3601 Rn. 688, 1144; EuG v. 30.1.2007, Rs. T-340/03 – *France Télécom*, Slg. 2007, II-107 Rn. 86 ff., 129.

braucherschutz soll zudem der Wettbewerb als solcher geschützt werden.[38] Praktisch zeigte sich dieser Ansatz zudem in den erlassenen europäischen Rechtsakten und der Leitlinienpolitik der Kommission.[39] Besonders hervorzuheben sind hier die Vertikal-GVO von 1999[40] und 2010[41], die FKVO 2004[42], sowie die Horizontal[43]- und Vertikalleitlinien[44].

B. Grundsatz der Gleichbehandlung von horizontalen und vertikalen Beschränkungen

Vertikale Wettbewerbsbeschränkungen unterlagen von Beginn an einer strengen Kontrolle. Das Kartellverbot mit Freistellungsmöglichkeiten gem. Art. 85 EWGV[45], dessen Wortlaut bis heute unverändert blieb, differenzierte nicht hinsichtlich horizontaler und vertikaler Beschränkungen. Der EuGH stellte bereits 1962[46] und alsbald grundlegend in der Entschei-

---

38 EuGH v.15.3.2007, Rs. C-95/04 – *British Airways*, Slg. 2007, I-2331 Rn. 106; v. 30.1.2007, Rs. T-340/03 – *France Télécom*, Slg. 2007, II-107 Rn. 105; v. 6.10.2009, verb. Rs. C-501, 513, 515, 519/06 P – *GlaxoSmithKline*, Slg. 2009, I-9291 Rn. 63; EuG v. 14.4.2011, Rs. T-461/07 – *Visa Europe Ltd.*, ECLI:EU:T:2011:181 Rn. 126.

39 *Glöckner*, Rn. 109; *Kerber/Schwalbe*, in: MüKo Bd. 1 EU-Wettbewerbsrecht, Einl., Rn. 63.

40 Verordnung (EG) Nr. 2790/1999 der Kommission vom 22. Dezember 1999 über die Anwendung von Artikel 81 Absatz 3 des Vertrags auf Gruppen von vertikalen Vereinbarungen und aufeinander abgestimmten Verhaltensweisen, ABl. 1999 Nr. L 336/21.

41 Verordnung (EU) Nr. 330/2010 der Kommission vom 20. April 2010 über die Anwendung von Artikel 101 Absatz 3 des Vertrags über die Arbeitsweise der Europäischen Union auf Gruppen von vertikalen Vereinbarungen und abgestimmten Verhaltensweisen, ABl 2010 Nr. L 102/01.

42 Verordnung (EG) Nr. 139/2004 des Rates vom 20. Januar 2004 über die Kontrolle von Unternehmenszusammenschlüssen, ABl. 2004 Nr. L 24/01.

43 Bekanntmachung der Kommission, Leitlinien zur Anwendbarkeit von Artikel 81 EG-Vertrag auf Vereinbarungen über horizontale Zusammenarbeit v. 6.1.2001, ABl. 2001 Nr. C 3/02; Mitteilung der Kommission, Leitlinien zur Anwendbarkeit von Artikel 101 des Vertrags über die Arbeitsweise der Europäischen Union auf Vereinbarungen über horizontale Zusammenarbeit v. 14.1.2011; ABl. 2011 Nr. C 11/01.

44 Mitteilung der Kommission, Leitlinien für vertikale Beschränkungen v.13.10.2000, ABl. 2000 Nr. C 291/1; Leitlinien für vertikale Beschränkungen v. 19.5.2010, ABl. 2010 Nr. C 130/01.

45 Heutiger Art. 101 AEUV.

46 EuGH v. 6.4.1962, Rs. 13/61 – *De Geus/Bosch*, Slg. 1962, 105.

dung *Consten/Grundig* von 1966[47] klar, dass das Kartellverbot einschränkungslos auf beide Arten von Absprachen anwendbar sei. In dieser Entscheidung hatte der EuGH über einen grenzüberschreitenden Alleinvertriebsvertrag mit absolutem Gebietsschutz zwischen den Unternehmen *Grundig* und *Consten* zu entscheiden.

Die Gleichbehandlung ist nicht selbstverständlich. Verständlich wird sie vor dem Hintergrund der europäischen wettbewerblichen Zielsetzung des gemeinsamen Binnenmarktes. Private Wettbewerbsbeschränkungen in Form von vertikalen Gebietsbeschränkungen und des Verbots von Parallelimporten stehen diesem Ziel entgegen und sorgen, im Gegenteil, für die Abschottung nationaler Märkte.[48]

Gleichwohl wurde schnell deutlich, dass auf sekundärrechtlicher Ebene eine differenziertere Beurteilung stattfinden musste. Denn die unterschiedslose Behandlung von vertikalen und horizontalen Wettbewerbsbeschränkungen hatte folgende Konsequenzen: Zum einen wurde die Kommission in der Folge der Vielzahl an Freistellungsanträgen im Vertriebssektor kaum noch Herr, welche die damalige VO Nr. 17/1962 noch vorsah.[49] Zum anderen konnte man die vielfältigen Effizienzen, die durch horizontale Beschränkungen generiert wurden, nicht unberücksichtigt lassen, da diese nicht zuletzt auch das Binnenmarktziel fördern würden.[50] Das Bedürfnis nach bindenden Grundsätzen für die Beurteilung von vertikalen Beschränkungen war groß. Denn die Einschätzung divergierte zwischen grundsätzlicher Unzulässigkeit aller Absprachen, einer Freistellung nach Art. 85 Abs. 3 EWG, bis hin zu einer tatbestandsreduzierenden Auslegung des Art. 85 Abs. 1 EWG.[51] Die Kommission entschied sich gegen eine Lösung auf Tatbestandsebene sondern für eine Freistellungsmechanik innerhalb des Art. 85 Abs. 3 EWG. So hat bereits die Erste Durchführungsverordnung von 1962[52] Sondervorschriften für vertikale Beschränkungen bereitgehalten und eine großzügigere Behandlung nach Art. 85 Abs. 3 EWG vorgesehen. Sie unterschied weiterhin zwischen anmeldebedürftigen und nicht anmeldebedürftigen Vereinbarungen. Besonders deutlich trat die Sonderstellung von Vertikalbeschränkungen in der Gruppenfreistel-

---

47 EuGH v. 13.7.1966, verb. Rs. 56/64, 58/64 – *Grundig/Consten*, Slg. 1966, 391.
48 *Bechtold/Bosch/Brinker*, VO 330/2010, Rn. 1.
49 *Emmerich/Lange*, § 8, Rn. 1; *Rittner/Dreher/Kulka*, Rn. 1012.
50 *Bechtold/Bosch/Brinker*, VO 330/2010, Rn. 1 m.w.N.
51 Vgl. *Bechtold/Bosch/Brinker*, VO 330/2010, Rn. 3.
52 Verordnung (EWG) Nr. 17/62 des Rates: Erste Durchführungsverordnung zu den Artikeln 85 und 86 des Vertrags v. 21.2.1962, ABl 1962 Nr. 13/204.

lungsverordnung für Alleinvertriebsvereinbarungen von 1962[53] hervor. Sie stellte über Art. 85 Abs. 3 EWG diverse Vertikalabsprachen gruppenweise frei. Abgelöst wurde sie schließlich 1983 durch zwei Gruppenfreistellungsverordnungen: Eine normierte ausschließlich die Behandlung von Alleinvertriebsvereinbarungen[54], die andere die der Alleinbezugsvereinbarungen[55]. Nach der Regelung dieser Vertriebsbindungen beschäftigten sich die Kommission und die europäischen Gerichte in der Folge mit dem erhöhten Aufkommen von Franchise-Verträgen.[56] Die Kommission erließ daraufhin im Jahre 1988 auch für diese Form der Vertriebsabsprachen eine Gruppenfreistellungsverordnung[57]. Die Einzelregelungen für die unterschiedlichen Branchen oder Vertriebsformen waren jedoch nur unzureichend aufeinander abgestimmt, sodass sich die Kommission veranlasst sah, im Jahre 1997 ein Grünbuch[58] bezüglich der Wettbewerbspolitik vorzulegen, um eine Debatte über zukünftige einheitliche Regelungen anzustoßen und die notwendigen Reformschritte einzuleiten.[59] Kurz darauf folgte eine Mitteilung, in der die „Notwendigkeit eines stärker wirtschaftlich ausgerichteten Ansatzes"[60] herausgestellt wurde und die Freistellung weniger von formalen Merkmalen vertikaler Absprachen, sondern anhand deren Marktauswirkung abhängig gemacht werden sollte. Nach langer Diskussion entschied sich die Kommission im Jahre 1999 dafür, in Zukunft alle vertikalen Beschränkungen im Rahmen einer „Schirm-GVO"[61] zu regeln,

---

53 Verordnung (EWG) Nr. 67/67 der Kommission vom 22. März 1967 über die Anwendung von Artikel 85 Absatz (3) des Vertrages auf Gruppen von Alleinvertriebsvereinbarungen, ABl. 1967 Nr. 57/849.

54 Verordnung (EWG) Nr. 1983/83 der Kommission vom 22. Juni 1983 über die Anwendung von Artikel 85 Absatz 3 des Vertrages auf Gruppen von Alleinvertriebsvereinbarungen, ABl. 1983 Nr. L 173/01.

55 Verordnung (EWG) Nr. 1984/83 der Kommission vom 22. Juni 1983 über die Anwendung von Artikel 85 Absatz 3 des Vertrages auf Gruppen von Alleinbezugsvereinbarungen, ABl. 1983 Nr. L 173/05.

56 *Bechtold/Bosch/Brinker*, VO 330/2010, Rn. 9 m.w.N.

57 Verordnung (EWG) Nr . 4087/88 der Kommission vom 30. November 1988 über die Anwendung von Artikel 85 Absatz 3 des Vertrags auf Gruppen von Franchisevereinbarungen, ABl. 1988 Nr. L 359/46.

58 Kommission, Grünbuch zur EG-Wettbewerbspolitik gegenüber vertikalen Wettbewerbsbeschränkungen, KOM (1996) 721 endg.

59 *Emmerich/Lange*, § 8, Rn. 2; *Rittner/Dreher/Kulka*, Rn. 1013.

60 Mitteilung der Kommission über die Anwendung der EG- Wettbewerbsregeln auf vertikale Beschränkungen - Vertikale Beschränkungen des Wettbewerbs: Konkrete Vorschläge im Anschluß an das Grünbuch, Abl. 1998 Nr. C 365/03, Nr. 2.

61 *Bechtold/Bosch/Brinker*, VO 330/2010, Rn. 12.

der Vertikal-GVO von 1999[62]. Gleichwohl zeigte sich, dass das angestrebte Ziel der einheitlichen Regelung aller vertikaler Vereinbarungen nicht verwirklicht wurde. So erließ die Kommission für den KfZ-Vertrieb[63] und für Lizenzverträge im Rahmen von Technologietransfers[64] abweichende Regelungen.

Die Vertikal-GVO von 1999 wurde schließlich im Jahre 2010 von der aktuellen Vertikal-GVO[65] ersetzt.

§ 3 Kartellrechtliche Implikationen

A. Das Verhältnis von markeninternem (Intrabrand) und markenexternem (Interbrand) Wettbewerb

Da eine Vertikalbeschränkung grundsätzlich immer nur im Horizontalverhältnis ihre schädigende Wirkung entfaltet, ist die genaue Untersuchung der Wirkungsweise an dieser Stelle entscheidend. Man differenziert hier

---

62 Verordnung (EG) Nr. 2790/1999 der Kommission vom 22. Dezember 1999 über die Anwendung von Artikel 81 Absatz 3 des Vertrages auf Gruppen von vertikalen Vereinbarungen und aufeinander abgestimmten Verhaltensweisen, ABl 1999 Nr. L 336/21.

63 Hier erließ die Kommission zunächst die Verordnung (EG) Nr. 1400/2002 der Kommission vom 31. Juli 2002 über die Anwendung von Artikel 81 Absatz 3 des Vertrags auf Gruppen von vertikalen Vereinbarungen und aufeinander abgestimmten Verhaltensweisen im Kraftfahrzeugsektor, ABl. 2002 Nr. L 203/30, welche durch die Verordnung (EU) Nr. 461/2010 der Kommission vom 27. Mai 2010 über die Anwendung von Artikel 101 Absatz 3 des Vertrags über die Arbeitsweise der Europäischen Union auf Gruppen von vertikalen Vereinbarungen und abgestimmten Verhaltensweisen im Kraftfahrzeugsektor, Abl. 2010 Nr. L 129/52 ersetzt wurde.

64 Hier galt zunächst die Verordnung (EG) Nr. 772/2004 der Kommission vom 27. April 2004 über die Anwendung von Artikel 81 Absatz 3 EG-Vertrag auf Gruppen von Technologietransfer-Vereinbarungen, ABl. 2004 Nr. L 123/11, welche durch die Verordnung (EU) Nr. 316/2014 der Kommission vom 21. März 2014 über die Anwendung von Artikel 101 Absatz 3 des Vertrags über die Arbeitsweise der Europäischen Union auf Gruppen von Technologietransfer-Vereinbarungen, ABl. 2014 Nr. L 93/17 ersetzt wurde.

65 Verordnung (EU) Nr. 330/2010 der Kommission vom 20. April 2010 über die Anwendung von Artikel 101 Absatz 3 des Vertrags über die Arbeitsweise der Europäischen Union auf Gruppen von vertikalen Vereinbarungen und abgestimmte Verhaltensweisen ABl. 2010 Nr. L 102/01.

zwischen der Beschränkung des markeninternen Wettbewerbs (*Intrabrand*) und des markenexternen Wettbewerbs (*Interbrand*).

I. Intrabrand-Wettbewerb als Schutzgut von Art. 101 Abs. 1 AEUV

Während bei Vertikalbeschränkungen in den meisten Fällen der *Intrabrand*-Wettbewerb betroffen ist und dabei ganz oder teilweise ausgeschaltet wird, stellt sich zunächst die Frage, ob dieser überhaupt von Art. 101 Abs. 1 AEUV geschützt wird. Bereits in der Rechtssache *Consten* und *Grundig* vertrat die italienische Regierung als Streithelferin der Klägerinnen die Ansicht, dass sowohl zwischen Händlern von Produkten desselben Herstellers als auch zwischen dem Alleinvertriebsberechtigten und dem Produzenten schon gar kein Wettbewerbsverhältnis i.S.d. Vorschrift[66] bestehen könne, da die Befugnis des Herstellers zu einem solchen Wettbewerb schon im Rahmen der Vertriebsvereinbarung nicht übertragen wurde.[67] Dieser Einschätzung folgte der EuGH nicht. Er stellte klar, dass die Wettbewerbsfreiheit auf allen Wirtschaftsstufen gilt, auch für den Händlerwettbewerb.[68] Mithin stellt sich der *Intrabrand*-Wettbewerb als eigenständiges Schutzgut des Art. 101 Abs. 1 AEUV dar.

II. Wettbewerbsbeschränkung trotz ausreichendem Interbrand-Wettbewerb

Nachgelagert stellt sich die Frage, inwieweit man von einer Wettbewerbsbeschränkung ausgehen kann, wenn noch ausreichend *Interbrand*-Wettbewerb stattfindet. In der Rechtssache *Consten* und *Grundig* vertraten die Bundesregierung Deutschland - ebenfalls Streithelferin der Klägerinnen - und Generalanwalt *Roemer* die Ansicht, dass es nicht genüge, lediglich eine Verletzung des *Intrabrand*-Wettbewerbs festzustellen.[69] Es müsse vielmehr bei dieser Betrachtung das Wettbewerbsverhältnis zwischen den Herstellern gleicher Produkte (*Interbrand*) berücksichtigt werden. Sofern auf dieser Ebene genug Wettbewerb herrscht, liege schon gar keine Wettbewerbs-

---

66 Damals Art. 85 Abs. 1.
67 EuGH v. 13.7.1966, verb. Rs. 56/64 u. 58/64 – *Grundig/Consten*, Slg. 1966, 337.
68 EuGH v. 13.7.1966, verb. Rs. 56/64 u. 58/64 – *Grundig/Consten*, Slg. 1966, 390.
69 GA *Roemer*, Schlussanträge v. 27.4.1966, verb. Rs. 56/64 u. 58/64 – *Grundig/Consten*, Slg. 1966, S. 402, 412 f.

beschränkung vor.[70] Bestehender *Interbrand*-Wettbewerb sorgt in der Regel dafür, dass der Wettbewerbsdruck, der zwischen den Händlern aufgrund der Alleinvertriebsvereinbarung mit Gebietsschutz wegfällt, durch den bestehenden Wettbewerb zwischen den Herstellern ersetzt und an die Händler weitergegeben wird.[71] Sofern auf der Endverbraucherebene zwischen den Herstellern gleicher Produkte ausreichend Wettbewerb besteht, kann es sich ein Hersteller nicht leisten, seinem Händler eine Monopolrente auf die exklusivvertriebenen Produkte zu gewähren.[72] Dieser Argumentation folgte der EuGH jedoch nicht und sah in der Ausschaltung des *Intrabrand*-Wettbewerbs eine Wettbewerbsbeschränkung.[73] Diese sei zunächst in der Abriegelung des französischen Marktes zu sehen, auf dem durch die Vereinbarung kein markeninterner Preiswettbewerb hinsichtlich der Grundig-Produkte mehr stattfinden könne.[74] Da die Vertriebskosten auf den Gesamtpreis letztlich einen erheblichen Einfluss haben, sei der Händlerwettbewerb allein schon schützenswert, da so die Händler derselben Marke bei größerer Konkurrenz zu größeren Verkaufsanstrengungen angeregt werden.[75] Die markterschließenden Effekte durch solch eine Vereinbarung – in Gestalt eines stärker ausgeprägten *Interbrand*-Wettbewerbs – könnten die Möglichkeit einer Beeinträchtigung des Binnenmarktes nicht rechtfertigen.[76]

Diese Ausführungen überzeugen nicht gänzlich, denn sie übersehen gerade das Potential des Herstellerwettbewerbs, den Händlerwettbewerb zu ersetzen, sodass zwar kein markeninterner Preiswettbewerb mehr stattfinden kann, dieser jedoch durch den herstellerexternen Preiswettbewerb kompensiert wird.[77] Vor dem Hintergrund, dass mit nahezu identischer Argumentation der EuGH in seiner Entscheidung *Metro I*[78] eine Wettbewerbsbeschränkung durch selektive Vertriebssysteme ausschloss und dabei auf die Verlagerung des *Intrabrand*-Wettbewerbs auf andere Wettbewerbsparameter als den Preis, sowie vorhandenen und funktionierenden *Interbrand*-Wettbewerb verwies, legt die Schlussfolgerung nahe, dass vornehm-

---

70 GA *Roemer*, Schlussanträge v. 27.4.1966, verb. Rs. 56/64 u. 58/64 – *Grundig/Consten*, Slg. 1966, S. 402, 412 f.
71 *Glöckner*, Rn. 389 ff., 406.
72 *Glöckner*, Rn. 390.
73 EuGH v. 13.7.1966, verb. Rs. 56/64 u. 58/64 – *Grundig/Consten*, Slg. 1966, 390 ff.
74 EuGH v. 13.7.1966, verb. Rs. 56/64 u. 58/64 – *Grundig/Consten*, Slg. 1966, 391.
75 EuGH v. 13.7.1966, verb. Rs. 56/64 u. 58/64 – *Grundig/Consten*, Slg. 1966, 391 f.
76 EuGH v. 13.7.1966, verb. Rs. 56/64 u. 58/64 – *Grundig/Consten*, Slg. 1966, 390.
77 So auch *Glöckner*, Rn. 390, 406.
78 EuGH v. 25.10.1977, Rs. 26/76 – *Metro I*, Slg. 1977, 1905, Rn. 22.

lich wettbewerbspolitische Erwägungen bei der Entscheidung *Consten* und *Grundig* im Vordergrund standen.

III. Die Vertikalbeschränkung im Kontext der Binnenmarktintegration

Im Fall *Consten* und *Grundig* war die Zweckrichtung der vertikalen Abrede ein weiteres Argument des EuGH, das Verhalten als Wettbewerbsbeschränkung einzuordnen. Denn die Alleinvertriebsvereinbarung mit absolutem Gebietsschutz bezwecke eine Abriegelung des französischen Marktes und die künstliche Aufrechterhaltung der nationalen Märkte.[79] Dies steht dem Binnenmarktziel[80] diametral entgegen. Von Beginn an sollte die Sicherung eines wirksamen Wettbewerbs und die Binnenmarktintegration durch das Wettbewerbsrecht gewährleistet und vorangetrieben werden. Die Abschottung nationaler Märkte steht im Widerspruch zu beiden Zielen.[81] Hier tritt die dienende Aufgabe des Europäischen Kartellrechts, integrationspolitische Zielsetzungen zu verwirklichen, besonders deutlich hervor.[82] Dabei stellt sich vor allem hier der *Intrabrand*-Wettbewerb als Schutzobjekt des Kartellverbots aufgrund seiner marktintegrativen Wirkung dar. Er wird mithin für ein übergeordnetes Ziel instrumentalisiert.[83] Nach Ansicht der Kommission dient er, in diesem Fall in Form von Parallelimporten, „als nützliches Korrektiv für die Preisdifferenzen zwischen den verschiedenen Ländern"[84].

Auch im Hinblick auf das Verhältnis der beiden, durch das Wettbewerbsrecht geschützten Ziele untereinander, hat der EuGH in der Entscheidung klar zum Ausdruck gebracht, die freie Wettbewerbsentfaltung,

---

79 EuGH v. 13.7.1966, verb. Rs. 56/64 u. 58/64 – *Grundig/Consten*, Slg. 1966, 388, 392.

80 Vgl. bereits Art. 2 EWGV a.F., wo noch von der „Errichtung eines Gemeinsamen Marktes" gesprochen wurde. Die Terminologie änderte sich erst im Rahmen der Einheitlichen Europäischen Akte (EEA) 1986, durch die die Binnenmarktvorschrift des Art. 8a EWGV a.F. (heutiger Art. 26 AEUV) und der Begriff des Binnenmarktes eingeführt wurden. Art. 26 Abs. 2 AEUV definiert den Binnenmarkt als „einen Raum ohne Binnengrenzen, in dem der freie Verkehr von Waren, Personen, Dienstleistungen und Kapital gemäß den Bestimmungen der Verträge gewährleistet ist".

81 *Glöckner*, Rn. 407.

82 Vgl. *Glöckner*, Rn. 407.

83 *Kirchhoff*, S. 243.

84 Entscheidung der Kommission vom 23. September 1964 über ein Verfahren nach Artikel 85 des Vertrages – *Consten/Grundig*, ABl. 1964 Nr. P 161/2551.

hier in Form der Markterschließung des französischen Marktes, stehe im Zweifel subsidiär zum Binnenmarktziel.[85] Dies stellte er konkretisierend in der Entscheidung *Metro I* fest:

> *„Der in den Artikeln 3 und 85 EWG-Vertrag geforderte unverfälschte Wettbewerb setzt das Vorhandensein eines wirksamen Wettbewerbs (workable competition) auf dem Markt voraus; es muss also soviel Wettbewerb vorhanden sein, dass die grundlegenden Forderungen des Vertrages erfüllt und seine Ziele, insbesondere die Bildung eines einzigen Marktes mit binnenmarktähnlichen Verhältnissen, erreicht werden"*[86].

IV. Bewertung

Durch die ausdrückliche Einbeziehung des *Intrabrand*-Wettbewerbs in den Schutzbereich des Art. 101 Abs. 1 AEUV (ehemals Art. 85 Abs. 1) wird vordergründig der Binnenmarkt geschützt, insbesondere vor Versuchen, Parallelimporte durch geschickt ausformulierte Vertriebsgestaltungen zu verhindern.

Allein werden dabei die marktintegrativen Wirkungen von Alleinvertriebsvereinbarungen mit Gebietsschutz übersehen, die manchem Hersteller möglicherweise erst die Wettbewerbsteilnahme in den entsprechenden Märkten gestatten und so überhaupt einen vielfältigeren Markt ermöglichen. Man muss sich fragen, ob der *Intrabrand*-Wettbewerb ausschließlich aus wirtschaftspolitischen Erwägungen zum Schutzziel erhoben wurde, als Mittel zum Zwecke der Verwirklichung des Binnenmarktziels, und ob dieser vor dem Hintergrund der vorangeschrittenen Marktintegration noch schützenswert ist. Die Vision eines Europäischen Binnenmarktes ist weitgehend verwirklicht.[87] Getrennte Märkte sind kaum noch zu beobachten. Der besondere Schutz des Händlerwettbewerbs erscheint somit nicht mehr als zwangsläufige Notwendigkeit. Die Kommission gibt zudem in ihren Leitlinien zu erkennen, dass die Verwirklichung des Binnenmarktes weit

---

85 *Säcker/Molle*, in: MüKo Bd. 1 EU-Wettbewerbsrecht, Art. 101 AEUV, Rn. 134.
86 EuGH v. 5.10.1977, Rs. 26/76 – *Metro I*, Slg. 1977, 1875, amtl. Leits. Nr. 4.
87 Vgl. *Hatje*, in: Schwarze, Art. 26 AEUV, Rn. 21 ff.; *Khan/Eisenhut*, in: Vedder/ Heintschel von Heinegg, Art. 26 AEUV, Rn. 9; *Voet van Vormizeele*, in: von den Groeben/Schwarze/Hatje, AEUV Art. 26, Rn. 14 f.; so auch *Schröder*, in: Streinz, Art. 26 AEUV, Rn. 39, der zurecht darauf hinweist, dass die Verwirklichung des Binnenmarktes gleichwohl ein ständiger, dynamischer Prozess ist, ohne finalen Endpunkt.

voran geschritten ist und sich das Verhältnis der Schutzziele bereits umgekehrt hat: die Integration des Binnenmarktes soll mittlerweile zur Förderung des Wettbewerbs beitragen und nicht mehr umgekehrt.[88] Ob dem *Intrabrand*-Wettbewerb nach wie vor derselbe Stellenwert innewohnt, nachdem die Binnenmarktverwirklichung so weit vorangeschritten ist oder ob er in dieser Form überhaupt noch schutzbedürftig ist, darf mithin in Zweifel gezogen werden.

B. Rule Of Reason

I. Allgemein

Aufgrund der positiven Wirkungen vertikaler Abreden stellt sich weiterhin die Frage, ob diese bereits auf Tatbestandsebene berücksichtigt werden müssen und somit nach umfassender Abwägung bei überwiegend wettbewerbsförderlichen Wirkungen vom Verbotstatbestand nicht erfasst werden sollten. Anknüpfungspunkt bildet dabei die Auslegung des Tatbestandsmerkmals der Wettbewerbsbeschränkung. Dies wird in der Literatur unter dem Begriff der *rule of reason* diskutiert.[89] Darunter wird gemeinhin eine Tatbestandsreduktion des Art. 101 Abs. 1 AEUV verstanden. Diese stellt sich dogmatisch als Reaktion auf den Verbotstatbestand dar, der als überschießend ausformuliert empfunden wird.[90] Ihren Ursprung hat die *rule of reason* im US-amerikanischen Antitrustrecht. In der Entscheidung *Standard Oil Co. Of New Yersey v. U.S.*[91] im Jahre 1910 stellte der Supreme Court klar, dass Sec. 1 Sherman Act nicht jede Handelsbeschränkung erfasse und verbiete, sondern nur solche mit nachteiligen Auswirkungen auf den Wettbewerb.[92] Daraus entwickelte sich in der Folge ein dynamisches Case Law-

---

88 Vertikalleitlinien, Rn. 7.
89 *Emmerich*, in: Immenga/Mestmäcker, EU-Wettbewerbsrecht Bd. 1, Art. 101 Abs. 1 AEUV, Rn. 134 ff.; *Glöckner*, Rn. 374 ff.; *Grave/Nyberg*, in: Loewenheim/Meessen/ Riesenkampff/Kersting/Meyer-Lindemann, Art. 101 Abs. 1 AEUV, Rn. 314 ff.; *Kapp*, S. 114 ff.; *Säcker/Molle*, in: MüKo Bd. 1 EU-Wettbewerbsrecht, Art. 101 AEUV, Rn. 81 ff.; *Zimmer*, in: Immenga/Mestmäcker, EU-Wettbewerbsrecht Bd. 1, Art. 101 Abs. 1 AEUV, Rn. 231.
90 *Glöckner*, Rn. 397; *Säcker/Molle*, in: MüKo Bd. 1 EU-Wettbewerbsrecht, Art. 101 AEUV, Rn. 81.
91 S.C. 221 U.S. 1 [1910] – *Standard Oil Co. Of New Jersey v. U. S.*
92 *Säcker/Molle*, in: MüKo Bd. 1 EU-Wettbewerbsrecht, Art. 101 AEUV, Rn. 82.

System aus *per-se rules* und *rules of reason*.[93] Dabei fallen Vereinbarungen ohne Berücksichtigung ihrer Wirkungen im Einzelfall unter das *per-se Verbot*, wenn sie ihrer Natur nach den Wettbewerb beschränken. Bei allen anderen Vereinbarungen werden hingegen deren wettbewerbsschädigenden und wettbewerbsfördernden Wirkungen gegenübergestellt und einer Vernünftigkeitsabwägung zugänglich gemacht.[94]

In der europäischen Kartellrechtsliteratur gab es mehrfach Bestrebungen, die *rule of reason* auf den Verbotstatbestand des Art. 101 Abs. 1 AEUV zu übertragen.[95] Ein solches Verständnis nach US-amerikanischem Vorbild lehnten die Rechtsprechung[96] und die Europäische Kommission[97] jedoch ausdrücklich ab. Die richtige Verortung einer solchen Abwägung sei demnach der Art. 101 Abs. 3 AEUV.[98] Die Ausgestaltung des Kartellverbots steht somit einem Verständnis des Art. 101 AEUV mit einer *rule of reason* und der Herausbildung von *per-se rules* entgegen.[99] Würde man die Abwägung in den Art. 101 Abs. 1 AEUV verorten, widerspräche das der Systematik der Vorschrift und der Freistellungstatbestand in Art. 101 Abs. 3 AEUV wäre obsolet. Würde man darüber hinaus auch nicht die vier Einzelfreistellungsvoraussetzungen im Art. 101 Abs. 1 AEUV bei einer möglichen Abwägung berücksichtigen, wäre die Einzelfreistellung nach Art. 101 Abs. 3 AEUV nicht nur überflüssig, man hätte deren Voraussetzungen durch eine Vorverlagerung in Form einer möglichen *rule of reason* zudem noch um-

---

93 *Glöckner*, Rn. 374 f.; *Säcker/Molle*, in: MüKo Bd. 1 EU-Wettbewerbsrecht, Art. 101 AEUV, Rn. 83.

94 *Glöckner*, Rn. 374 f.; *Gonzales Dias*, in: Loewenheim/Meessen/Riesenkampff, 2. Aufl. 2009, Art. 81 Abs. 1 EG, Rn. 135; *Säcker/Molle*, in: MüKo Bd. 1 EU-Wettbewerbsrecht, Art. 101 AEUV, Rn. 82 f.

95 Dazu grundlegend: *Ackermann*, Art. 85 Abs. 1 EGV und die rule of reason; *ders.*, EuZW 1997, S. 271 ff.; *Caspar*, Wettbewerbliche Gesamtwürdigung von Vereinbarungen im Rahmen von Art. 81 Abs. 1 EGV; *Joliet*, The Rule of Reason in Antitrust Law.

96 EuG v. 18.9.2001, Rs. T-112/99 – *M6*, Slg. 2001, II-2459, Rn. 76; v. 23.10.2003, Rs. T-65/98 – *Van den Bergh Foods*, Slg. 2003, II-04653, Rn. 106 f.; v. 2.5.2006, Rs. T-328/03 – *O2 Germany*, Slg. 2006, II-01231, Rn. 69.

97 Mitteilung der Kommission, Weißbuch über die Modernisierung der Vorschriften zur Anwendung der Artikel 85 und 86 EG-Vertrag, ABl. 1999 Nr. C 132/01, Rn. 56 f.

98 Mitteilung der Kommission, Leitlinien zur Anwendbarkeit von Artikel 101 des Vertrags über die Arbeitsweise der Europäischen Union auf Vereinbarungen über horizontale Zusammenarbeit, ABl. 2011 Nr. C 11/01, Rn. 20.

99 *Glöckner*, Rn. 375; *Säcker/Molle*, in: MüKo Bd. 1 EU-Wettbewerbsrecht, Art. 101 AEUV, Rn. 85 f.

gangen.[100] Eine solche Vorverlagerung konterkariert und verwischt somit zugleich die Konzeption eines Verbots- und Ausnahmetatbestands.[101] Mithin widerspricht der systematische Aufbau des Art. 101 AEUV der Anwendung einer solchen *rule of reason* im Verbotstatbestand.

Gleichwohl finden wettbewerbsfördernde Auswirkungen in der Rechtsprechung europäischer Gerichte teilweise schon auf Tatbestandsebene Berücksichtigung. Vereinzelt wird darin - entgegen den Äußerungen der Gemeinschaftsorgane - dennoch eine europarechtliche *rule of reason* gesehen.[102] Andere hingegen interpretieren es als eine Entsprechung der Immanenztheorie[103] aus dem deutschen Kartellrecht.[104] Ein dritter Ansatz versucht, die Entscheidungen den beiden unionsrechtlich anerkannten Bereichsausnahmen von Arbeitsgemeinschaftsgedanken und Nebenabrede zuzuordnen.[105] Die Nichtanwendung des Kartellverbots auf diese Fallgruppen stellt für die Gemeinschaftsorgane dabei keinen Widerspruch dar.

1. Arbeitsgemeinschaftsgedanke

Im Fall des Arbeitsgemeinschaftsgedankens soll keine Wettbewerbsbeschränkung vorliegen, wenn bei Beschränkung des *Interbrand*-Wettbewerbs es unwahrscheinlich erscheint, dass die an der Vereinbarung beteiligten Parteien die Tätigkeit allein durchführen könnten.[106] Bei Beschränkungen des *Intrabrand*-Wettbewerbs wird eine Wettbewerbsbeschränkung ausgeschlossen, sofern sich diese als objektiv notwendig für den Markteintritt eines Vertriebshändlers darstellt.[107] Diese objektive Notwendigkeit

---

100 EuG v. 23.10.2003, Rs. T-65/98 – *Van den Bergh Foods*, Slg. 2003, II-04653, Rn. 107.
101 *Säcker/Molle*, in: MüKo Bd. 1 EU-Wettbewerbsrecht, Art. 101 AEUV, Rn. 94.
102 *Marquis*, E.L.Rev. 2007, Vol. 32, S. 29 ff.; *Roth/Ackermann*, in: FrKo, Grundfragen Art 81 Abs. 1, Rn. 357; *Ulmer*, RIW 1985, S. 517, 522.
103 Dazu ausführlich, *Säcker*, in: MüKo Bd. 2 GWB, § 1, Rn. 21 ff.
104 *Peeters*, AJCL 1989, S. 521, 546.
105 *Gonzales Diaz*, in: Loewenheim/Meessen/Riesenkampff, 2. Aufl. 2009, Art. 81 Abs. 1 EG, Rn. 135 ff.; *Säcker/Molle*, in: MüKo Bd. 1 EU-Wettbewerbsrecht, Art. 101 AEUV, Rn. 95 ff., 127, 148. Dabei werden diese beiden Fallgruppen selbst teilweise als *rule of reason*–Ansatz im europäischen Recht aufgefasst, jedoch klar begrenzt auf diese beiden Ausnahmen. Vgl. *Säcker/Molle*, in: MüKo Bd. 1 EU-Wettbewerbsrecht, Art. 101 AEUV, Rn. 98 f. m.w.N.
106 *Säcker/Molle*, in: MüKo Bd. 1 EU-Wettbewerbsrecht, Art. 101 AEUV, Rn. 102.
107 *Säcker/Molle*, in: MüKo Bd. 1 EU-Wettbewerbsrecht, Art. 101 AEUV, Rn. 105.

kann sich sowohl aus der Art der Vertriebsabsprache[108] ergeben als auch aus der konkreten Marktsituation[109]. Der Arbeitsgemeinschaftsgedanke wird dabei von der Auffassung geleitet, durch die Abrede selbst werde die Entstehung von Wettbewerb erst ermöglicht. Sie gewährleistet somit die Wettbewerbseröffnung und Markterschließung, eine gleichzeitige Beschränkung ist hier schon gar nicht möglich.[110] Beispielhaft dafür steht die Entscheidung „LTM"[111], in der der EuGH den wettbewerbseröffnenden und markterschließenden Charakter einer Alleinvertriebsvereinbarung anerkannte. Grenzen findet der Arbeitsgemeinschaftsgedanke in den Grundsätzen, die der EuGH in der Entscheidung *Consten* und *Grundig*[112] zum Schutz des Binnenmarktes aufgestellt hat. Sobald eine Alleinvertriebsvereinbarung mit einer absoluten Gebietsschutzabsprache auf die Abriegelung eines nationalen Marktes gerichtet ist, können auch markteröffnende oder –erschließende Wirkungen nicht mehr im Rahmen des Art. 101 Abs. 1 AEUV berücksichtigt werden, sondern können ausschließlich in eine Abwägung im Rahmen des Art. 101 Abs. 3 AEUV einfließen.[113]

2. Konzept der Nebenabrede

Im Falle der Nebenabreden (*ancillary restraints*) wiederum wird eine Gesamtvereinbarung in zwei Teile getrennt, die kartellrechtlich unbedenkliche Hauptabrede und die kartellrechtlich bedenkliche Nebenabrede. Diese stellt sich dabei als „jede mit der Durchführung einer Hauptmaßnahme unmittelbar verbundene und für diese notwendige Einschränkung"[114] dar. Das Konzept wird regelmäßig bei Wettbewerbsverboten in Unternehmenskaufverträgen[115] fruchtbar gemacht. Die Unionsorgane gehen hier davon aus, dass alle wettbewerbsbeschränkenden Nebenabreden, die in einem direkten Zusammenhang mit einer Hauptvereinbarung stehen, welche

---

108 Vgl. EuGH v. 28.1.1986, Rs. 161/84 – *Pronuptia*, Slg. 1986, 353.
109 Vgl. EuGH v. 30.6.1966, Rs. 56/65 – *LTM*, Slg. 1966, 337; v. 8.6.1982, Rs. 258/78 – *Nungesser*, Slg. 1982, 2015.
110 *Keßler*, WRP 2009, S. 1208, 1212; *Säcker/Molle*, in: MüKo Bd. 1 EU-Wettbewerbsrecht, Art. 101 AEUV, Rn. 105.
111 EuGH v. 30.6.1966, Rs. 56/65 – *LTM*, Slg. 1966, 337.
112 EuGH v. 13.7.1966, verb. Rs. 56/64 u. 58/64 – *Grundig/Consten*, Slg. 1966, 322.
113 *Säcker/Molle*, in: MüKo Bd. 1 EU-Wettbewerbsrecht, Art. 101 AEUV, Rn. 107.
114 EuG v. 18.9.2001, Rs. T-112/99 – *M6*, Slg. 2001, II-2464, 2489, Rn. 104.
115 Entscheidung der Kommission v. 17.9.1976 – *Reuter/BASF*, ABl. 1976 L 254/40; v. 31.12.1983 – *Nutria/Zuid*, ABl. 1983 L376/22, 26.

gleichwohl nicht gegen Art. 101 Abs. 1 AEUV verstoßen, angemessen und erforderlich sind.[116] Die Anwendung des Verbotstatbestandes auf die Nebenabrede würde somit dem Zweck des Art. 101 AEUV zuwiderlaufen, einen funktionsfähigen Wettbewerb zu gewährleisten.

Beide Bereichsausnahmen stellen sich dabei zugleich als Ausfluss des von Art. 101 AEUV geschützten Binnenmarktprinzips dar, das in Art. 3 Abs. 3 EUV i.V.m. dem Protokoll (Nr. 27) über Binnenmarkt und Wettbewerbs festgehalten ist.[117] Vereinbarungen, die für eine Markteröffnung oder Markterschließung sorgen und mithin eine wettbewerbsbelebende Wirkung haben bzw. sich als Ausdruck funktionierenden Wettbewerbs darstellen, dürfen vom Tatbestand des Art. 101 Abs. 1 AEUV nicht gleichzeitig erfasst und verboten werden.[118] Beide Fallgruppen haben für die Beurteilung von vertikalen Beschränkungen innerhalb eines Vertriebssystems eine große Bedeutung. Eine konkrete Zuordnung stellt sich häufig als schwierig dar und die Grenzen zwischen dem Arbeitsgemeinschaftsgedanken und dem Konzept der Nebenabrede sind schwimmend.

II. Vertikale Fallgruppen

Insbesondere im Vertikalverhältnis bei Vertriebsverträgen zeigte sich, dass nicht jegliche Beschränkung des Selbstständigkeitspostulats eines der an der Abrede beteiligten Unternehmen zugleich auch eine Wettbewerbsbeschränkung darstellt. So bildeten die oben dargestellten Bereichsausnahmen den Ausgangspunkt für die Beurteilung einer Gruppe von Vertikalbeschränkungen, die bereits auf Tatbestandsebene keine Wettbewerbsbeschränkung darstellten.

1. Alleinvertriebsvereinbarungen – Gebietsschutzvereinbarungen

Bei Alleinvertriebsvereinbarungen mit Gebietsschutz ist meist ausschließlich der *Intrabrand*–Wettbewerb betroffen. Durch die Bindung des Herstel-

---

116 Vgl. Bekanntmachung der Kommission — Leitlinien zur Anwendung von Artikel 81 Absatz 3 EG-Vertrag, ABl. 2004 Nr C 101/97, Rn. 28 ff.; EuGH v. 12.12.1995, Rs. C-399/93 – *Luttkhuis*, Slg. 1995, I-4515, Rn. 12 ff.; EuG v. 18.9.2001, Rs. T-112/99 – *M6*, Slg. 2001, II-2464, 2489.

117 *Säcker/Molle*, in: MüKo Bd. 1 EU-Wettbewerbsrecht, Art. 101 AEUV, Rn. 99.

118 *Säcker/Molle*, in: MüKo Bd. 1 EU-Wettbewerbsrecht, Art. 101 AEUV, Rn. 99.

lers an einen Händler in einem begrenzten Gebiet besteht für andere Händler keine Möglichkeit mit diesem hinsichtlich derselben Marke in Wettbewerb zu treten. Dem einzelnen Händler wird mithin ein Verkaufsmonopol zugesprochen. Der Händlerwettbewerb wird bei diesen Vertriebsbindungen in den entsprechend geschützten Gebieten gänzlich ausgeschaltet. Dadurch haftet Alleinvertriebsvereinbarungen mit Gebietsschutz die Gefahr an, eine Marktaufteilung zu ermöglichen.[119] Handelt es sich zudem um Hersteller und Händler mit Marktmacht, erhöht sich das Risiko der Steigerung des Produktpreises, während sie, in Ermangelung an Alternativen der Marktgegenseite, dabei nicht mit Absatzeinbußen rechnen müssen.[120]

Auf der anderen Seite kann eine solche Vereinbarung häufig notwendig sein, um überhaupt das Eindringen eines Herstellers in einen Markt zu ermöglichen, da sich anderenfalls der Händler gar nicht zum Vertrieb bereit erklärt.[121] Gründe hierfür können mitunter das Problem von sog. Trittbrettfahrern sein sowie die Amortisierung von Investitionen zur Markterschließung.

In mehreren Fällen hat der EuGH die wettbewerbseröffnende Wirkung von Alleinvertriebsvereinbarungen anerkannt und den wettbewerbsbeschränkenden Charakter einer solchen Abrede verneint.[122] Ausschlaggebend für eine tatbestandliche Ausnahme ist dabei, ob „sich die Vereinbarung gerade für das Eindringen eines Unternehmens in ein Gebiet, in dem es bisher nicht tätig war, als notwendig erweist"[123]. Hierin kann zum einen der Arbeitsgemeinschaftsgedanke zwischen einem Hersteller und seinem Vertriebspartner zu sehen sein.[124] Zum anderen kann allgemein auch auf den Markterschließungsgedanken abgestellt werden, bei dem eine Wettbewerbsbeschränkung deshalb entfällt, da ohne die Vereinbarung schon gar kein Wettbewerb bestehen würde, der beschränkt werden kann.[125] Teilweise hat der EuGH auch die Spürbarkeit bei solchen Alleinvertriebsver-

---

119 *Säcker/Molle*, in: MüKo Bd. 1 EU-Wettbewerbsrecht, Art. 101 AEUV, Rn. 129.
120 *Säcker/Molle*, in: MüKo Bd. 1 EU-Wettbewerbsrecht, Art. 101 AEUV, Rn. 128 f.
121 *Hengst*, in: Langen/Bunte Bd. 2, Art. 101 AEUV, Rn. 221; *Säcker/Molle*, in: MüKo Bd. 1 EU-Wettbewerbsrecht, Art. 101 AEUV, Rn. 130; *Zimmer*, in: Immenga/Mestmäcker, EU-Wettbewerbsrecht Bd. 1, Art. 101 Abs. 1 AEUV, Rn. 285.
122 EuGH v. 30.6.1966, Rs. 56/65 – *LTM*, Slg. 1966, 337; v. 8.6.1982, Rs. 258/78 – *Nungesser*, Slg. 1982, 2015; v. 6.10.1982, Rs. 262/81 – *Coditel II*, Slg. 1982, 3381.
123 EuGH v. 30.6.1966, Rs. 56/65 – *LTM*, Slg. 1966, 304.
124 *Säcker/Molle*, in: MüKo Bd. 1 EU-Wettbewerbsrecht, Art. 101 AEUV, Rn. 105 ff.
125 M.w.N. *Zimmer*, in: Immenga/Mestmäcker, EU-Wettbewerbsrecht Bd. 1, Art. 101 Abs. 1 AEUV, Rn. 285.

einbarungen mit absolutem Gebietsschutz verneint, aufgrund der schwachen Marktstellung der an der Vereinbarung beteiligten Unternehmen.[126]
Die Grenzen dieser Auslegung finden sich im Vorrang des Binnenmarktprinzips.[127] Diesem hat der EuGH in seiner Grundsatzentscheidung *Consten* und *Grundig*[128] den generellen Vorrang vor der Eröffnung von Wettbewerb und der Markterschließung eingeräumt. In Fällen, in denen durch absoluten Gebietsschutz das Binnenmarktziel gefährdet wird, ist von einem wettbewerbsbeschränkenden Zweck auszugehen, ohne dass es auf die konkrete Wirkung ankommt.[129] Dieser ist dabei in den marktspaltenden Behinderungen des Parallelhandels zu sehen.[130]

2. Selektiver Vertrieb

Ebenfalls keine Wettbewerbsbeschränkung sah der EuGH in selektiven Vertriebssystemen,

> *„sofern die Auswahl der Wiederverkäufer aufgrund objektiver Gesichtspunkte qualitativer Art erfolgt, die sich auf die fachliche Eignung des Wiederverkäufers, seines Personals und seiner sachlichen Ausstattung beziehen, und sofern diese Voraussetzungen einheitlich für alle in Betracht kommenden Wiederverkäufer festgelegt und ohne Diskriminierungen angewendet werden.“*[131]

Die grundsätzliche Freistellung dieser sog. qualitativen selektiven Vertriebssysteme überrascht, denn durch sie wird der *Intrabrand*–Wettbewerb erheblich eingeschränkt. Diese Beschränkung des Händlerwettbewerbs wird dabei jedoch nicht im Rahmen einer Abwägung der Vor- und Nachteile hingenommen. Dies würde in einem Widerspruch stehen zu der Entscheidung *Consten* und *Grundig*[132], in der der EuGH den Herstellerwettbewerb als selbstständiges Schutzgut des Art. 101 Abs. 1 AEUV herausstellte

---

126 EuGH v. 9.7.1969, Rs. 5/69 – *Völk/Vervaecke*, Slg. 1969, 295, Rn. 7; v. 7.6.1983, Rs. 100/80 – *musique diffusion française*, Slg. 1983, 1825, Rn. 85.
127 *Säcker/Molle*, in: MüKo Bd. 1 EU-Wettbewerbsrecht, Art. 101 AEUV, Rn. 107.
128 EuGH v. 13.7.1966, verb. Rs. 56/64 u. 58/64 – *Grundig/Consten*, Slg. 1966, 322.
129 EuGH v. 13.7.1966, verb. Rs. 56/64 u. 58/64 – *Grundig/Consten*, Slg. 1966, 322, 390.
130 *Zimmer*, in: Immenga/Mestmäcker, EU-Wettbewerbsrecht Bd. 1, Art. 101 Abs. 1 AEUV, Rn. 289.
131 EuGH v. 25.10.1977, Rs. 26/76 – *Metro I*, Slg. 1977, 1905, Rn. 20.
132 EuGH v. 13.7.1966, verb. Rs. 56/64 u. 58/64 – *Grundig/Consten*, Slg. 1966, 322.

und keiner Abwägung zugänglich machte.[133] Diesen Widerspruch versucht er aufzulösen, indem das selektive Vertriebssystem sich hier nicht als Beschränkung des Wettbewerbs darstellt, sondern vielmehr als ein mit Art. 101 Abs. 1 AEUV[134] „vereinbarer Bestandteil des Wettbewerbs"[135]. Zudem findet der Händlerwettbewerb zwar nicht mehr hinsichtlich des Preises, sondern nun eben in Bezug auf andere Wettbewerbsparamater statt.[136] Zu denken ist in diesen Fällen insbesondere an die unterschiedlichen Serviceleistungen, die Beratung und Produktpräsentation.

Die Anforderungen an ein solches selektives Vertriebssystem konkretisierten die Rechtsprechung[137] und die Kommission[138] in der Folge, sodass im Ergebnis eine Erforderlichkeitsprüfung über eine Privilegierung im Rahmen des Art. 101 Abs. 1 AEUV entscheidet.[139] Hierfür müssen drei Voraussetzungen erfüllt sein[140]: Zunächst muss die Beschaffenheit des Produkts den Selektivvertrieb erforderlich machen. Dies wurde insbesondere bei hochwertigen, technisch anspruchsvollen und beratungsintensiven Produkten[141] angenommen und schließlich sogar auf hochwertige Erzeugnisse wie Schmuck oder Kosmetika ausgeweitet, denen ein „Luxusimage" anhaftet und mit denen der Verbraucher eine „Aura von Luxus" verbindet.[142] Weiterhin müssen die Kriterien zur Aufnahme in ein solches Vertriebssystem objektiv und einheitlich festgelegt und diskriminierungsfrei angewendet werden. Eine solche Diskriminierung wird angenommen, wenn ein Händler alle qualitativen Kriterien erfüllt und dennoch nicht zum selektiven Vertriebsnetz zugelassen wird.[143] Und zuletzt dürfen die Kriterien nicht über das Erforderliche hinausgehen. Dies ist beispielsweise

---

133 Vgl. oben § 3 A. I.
134 Ehemals Art. 85 Abs. 1 EWG.
135 EuGH v. 25.10.1977, Rs. 26/76 – *Metro I*, Slg. 1977, 1905, Ls. 5.
136 EuGH v. 25.10.1977, Rs. 26/76 – *Metro I*, Slg. 1977, 1905, Rn. 21 f.
137 EuGH v. 11.12.1980, Rs. 31/80 – *L'Oreal*, Slg. 1980, 3775, Rn. 15 f.; v. 23.4.2009, Rs. C-59/08 – *Christian Dior*, Slg. 2009, I-03421, Rn. 28; v. 13.10.2011, Rs. C-439/09 – *Pierre Fabre Dermo-Cosmétique*, Slg. 2011, I-9419.
138 Vertikalleitlinien, Rn. 175.
139 *Zimmer*, in: Immenga/Mestmäcker, EU-Wettbewerbsrecht Bd. 1, Art. 101 Abs. 1 AEUV, Rn. 302.
140 Vgl. Vertikalleitlinien, Rn. 175, mit ausführlichen Nachweisen aus der europäischen Rechtsprechung.
141 EuGH v. 25.10.1977, Rs. 26/76 – *Metro I*, Slg. 1977, 1875; v. 25.10.1983, Rs. 107/82 – *AEG-Telefunken*, Slg. 1983, 3151, Ls. 4.
142 EuG v. 12.12.1996, Rs. T-88/92 – *Givenchy/Leclerc*, Slg. 1996, II-1961, Rn. 108 f.
143 EuGH v. 25.10.1983, Rs. 107/82 – *AEG-Telefunken*, Slg. 1983, 3151, Rn. 37; v. 22.10.1986, Rs. 75/84 – *Metro II*, Slg. 1986, 3021, Rn. 72.

bei Mindestabnahme- oder -umsatzverpflichtungen[144] sowie einem *per se*-Verbot des Internetvertriebs[145] anzunehmen.

Erfüllt das Vertriebssystem die Anforderungen jedoch nicht oder beschränkt der Hersteller den Weiterverkauf anhand quantitativer Kriterien, liegt eine bewirkte und zugleich bezweckte Wettbewerbsbeschränkung vor.[146] Dies liegt in der Gefahr von Marktauschließungseffekten wie der Abschottung ganzer nationaler Märkte.[147] Zudem können für Händler erhöhte Marktzutrittsschranken bestehen und der markeninterne Wettbewerb dadurch verloren gehen.[148] Der quantitative Selektivvertrieb wird aber in der Regel im Rahmen des Art. 101 Abs. 3 AEUV über die Vertikal-GVO ihre Freistellung erfahren. Dies zeigt einen generellen Wertungswandel der Gemeinschaftsorgane. Dieser wird teilweise sogar so weitgehend verstanden, dass in Zukunft auch der quantitative Selektivvertrieb eine positive Beurteilung im Einzelfall schon auf Tatbestandsebene erfährt.[149]

Dogmatisch fällt die Einordnung von qualitativen selektiven Vertriebssystemen in der Literatur uneinheitlich aus. Teilweise wird in ihnen der Beweis einer europäischen *rule of reason* gesehen[150] oder der Ausfluss des Immanenzgedankens[151]. Andere sehen sie als vom Verbotstatbestand ausgenommene Nebenabreden an.[152] An der tatbestandlichen Privilegierung qualitativer selektiver Vertriebssysteme zeigt sich deutlich die Gesamtabwägung, die der EuGH bereits auf Tatbestandesebene im Rahmen der Wettbewerbsbeschränkung vornimmt: Der Preiswettbewerb im *Intrabrand*-Verhältnis, der *Interbrand*-Wettbewerb im Allgemeinen und sogar die

---

144 EuGH v. 25.10.1977, Rs. 26/76 – *Metro I*, Slg. 1977, 1875, Ls. 10.

145 EuGH v. 13.10.2011, Rs. C-439/09 – *Pierre Fabre Dermo-Cosmétique*, Slg. 2011, I-9419.

146 Entscheidung der Kommission v. 11.1.1991 – *Vichy*, ABl 1991 L 75/57, Tz. 18.

147 *Säcker/Molle*, in: MüKo Bd. 1 EU-Wettbewerbsrecht, Art. 101 AEUV, Rn. 141.

148 *Säcker/Molle*, in: MüKo Bd. 1 EU-Wettbewerbsrecht, Art. 101 AEUV, Rn. 141, 293.

149 *Säcker/Molle*, in: MüKo Bd. 1 EU-Wettbewerbsrecht, Art. 101 AEUV, Rn. 142; *Zimmer*, in: Immenga/Mestmäcker, EU-Wettbewerbsrecht Bd. 1, Art. 101 Abs. 1 AEUV, Rn. 305.

150 *Roth/Ackermann*, in: FrKo, Grundfragen Art 81 Abs. 1 Grundfragen, Rn. 357; *Ulmer*, RIW 1985, S. 517, 522.

151 *Hawk*, ECLR 1988, S. 53, 70; *Peeters*, AJCL 1989, S. 521, 546.

152 *Gonzales Diaz*, in: Loewenheim/Meessen/Riesenkampff, 2. Aufl. 2009, Art. 81 Abs. 1 EG, Rn. 159; *Säcker/Molle*, in: MüKo Bd. 1 EU-Wettbewerbsrecht, Art. 101 AEUV, Rn. 148.

Intertype-Konkurrenz werden bei Vorliegen der *Metro*-Kriterien den wettbewerbsbelebenden Wirkungen untergeordnet.[153]

3. Franchise-Vereinbarungen

Hinsichtlich Franchise-Vereinbarungen hat der EuGH mit der Leitentscheidung *Pronuptia*[154] den Grundsatz aufgestellt, dass eine Reihe von vertikalen Beschränkungen in Franchiseverträgen (wie beispielsweise Alleinvertriebsvereinbarungen, selektiver Vertrieb oder Wettbewerbsverbote) nicht vom Verbot des Art. 101 Abs. 1 AEUV umfasst werden. Die Beschränkungen des Franchisenehmers und des *Intrabrand*-Wettbewerbs im Allgemeinen sind dabei als notwendig anzusehen, um den Franchisegeber im Rahmen der Übertragung von Lizenzrechten hinsichtlich Marke und Know-How zu schützen.[155] Sind die Beschränkungen unerlässliche Voraussetzung zur Übertragung, stellen sie keine Wettbewerbsbeschränkung i.S.d. Art. 101 Abs. 1 AEUV dar.[156] Die zwei Voraussetzungen für die Funktionsfähigkeit eines Vertriebsfranchisesystems sieht der EuGH dabei zum einen in der Vermittlung von Know-How und zum anderen in der einheitlichen Identität und Wahrnehmung einheitlicher Qualitätsstandards.[157] Die Grenzen der Bereichsausnahme bilden dabei die Vereinbarungen, die einen Preiswettbewerb unter den Franchisenehmern ausschließen und die Gewährung eines absoluten Gebietsschutzes, also Vereinbarungen, die eine Marktaufteilung zwischen den Franchisenehmern bewirken.[158] Solche Wettbewerbsbeschränkungen, die nicht als „franchiseimmanent" angesehen werden können, können gleichwohl im Rahmen einer Gruppen- oder Einzelfreistellung nach Art. 101 Abs. 3 AEUV freigestellt sein.[159] Alle anderen Beschränkungen werden bereits nicht vom Tatbestand erfasst.

Die dogmatische Einordnung fällt auch hier schwer. Zum Teil wird die Bereichsausnahme dem Gedanken der immanenten Schranken zugeord-

---

153 Vgl. *Zimmer*, in: Immenga/Mestmäcker, EU-Wettbewerbsrecht Bd. 1, Art. 101 Abs. 1, Rn. 303.
154 EuGH v. 28.1.1986, Rs. 161/84 – *Pronuptia*, Slg. 1986, 353.
155 *Gonzales Diaz*, Loewenheim/Meessen/Riesenkampff, 2. Aufl. 2009, Art. 81 Abs. 1 EG, Rn. 158.
156 EuGH v. 28.1.1986, Rs. 161/84 – *Pronuptia*, Slg. 1986, 353, Rn. 16.
157 EuGH v. 28.1.1986, Rs. 161/84 – *Pronuptia*, Slg. 1986, 353, Ls 2.
158 EuGH v. 28.1.1986, Rs. 161/84 – *Pronuptia*, Slg. 1986, 353, Rn. 23 f.
159 *Glöckner*, Rn. 413; *Wollmann/Herzog*, in: MüKo Bd. 1 EU-Wettbewerbsrecht, Art. 101 AEUV, Rn. 297.

net.[160] Andere sehen darin den Beleg für eine „Wettbewerbsbilanz".[161] Manche erblicken darin den Ausfluss des Immanenzgedankens bzw. der US-amerikanischen *ancillary-restraints*-Doktrin.[162] Teilweise wird auch das europäische Konzept der Nebenabrede fruchtbar gemacht.[163] Insbesondere bei Franchisevereinbarungen zeigt sich gleichwohl die Schwäche des Konzepts, so kann man im Rahmen eines Franchisesystems nicht klar zwischen unbedenklicher Haupt- und kartellrechtlich relevanter Nebenabrede trennen.[164]

III. Zusammenfassung und Bewertung

Eine Abwägung der wettbewerbsfördernden Momente vertikaler Beschränkungen gegenüber deren wettbewerbsbeschränkenden Auswirkungen ist nach Ansicht der Unionsorgane im Rahmen des Tatbestandes des Art. 101 Abs. 1 AEUV ausdrücklich nicht vorgesehen. Dies sei kaum mit der Systematik des Verbotstatbestandes vereinbar, der eine Abwägung ausschließlich im Rahmen der Legalausnahme des Art. 101 Abs. 3 AEUV vorsieht. Gleichwohl wird bei einzelnen Vertikalbeschränkungen bereits eine Wettbewerbsbeschränkung und mithin der Verbotstatbestand verneint. Dies wird mit Bereichsausnahmen wie dem Arbeitsgemeinschaftsgedanken und dem Konzept der Nebenabrede gerechtfertigt. Die dogmatische Herleitung dieser Konstruktionen fällt hierbei schwer. In ihnen wird sogar teilweise eine europäische *rule of reason* erblickt. Während der EuGH stets eine ausdrückliche Bezugnahme auf die Nebenabrede vermieden hat und sich mehr auf die markteröffnenden Wirkungen stützte, stoßen die Kommission und das EuG im Zusammenhang vom Konzept der Nebenabrede und Vertriebsvereinbarungen an ihre Grenzen. So ist es insbesondere bei Vertriebsvereinbarungen, wie selektiven Vertriebssystemen oder Franchise-Vereinbarungen kaum möglich, zwischen einer Hauptabrede – die kartellrechtlich unbedenklich sein soll – und wettbewerbsbeschränkender Ne-

---

160 Vgl. *Glöckner*, Rn. 412 f.

161 Vgl. *Braun*, in: Langen/Bunte Bd. 2, Nach Art. 101 AEUV, Rn. 15 m.w.N.

162 *Zimmer*, in: Immenga/Mestmäcker, EU-Wettbewerbsrecht Bd. 1, Art. 101 Abs. 1, Rn. 297 f.

163 *Grave/Nyberg*, in: Loewenheim/Meessen/Riesenkampff/Kersting/Meyer-Lindemann, Art. 101 Abs. 1 AEUV, Rn. 313.

164 *Caspar*, S. 19 ff.; *Weltrich*, S. 165.

benabrede zu trennen.[165] Die Einordnung, welche Vereinbarung dabei nicht tatbestandlich ist und welche Art. 101 Abs. 1 AEUV verwirklicht, wirkt uneinheitlich und willkürlich. Dies verdeutlicht, dass auf unionsrechtlicher Ebene zwar die Einsicht herrscht, dass die effizienzsteigernden und regelmäßig auch wettbewerbseröffnenden Tendenzen vertikaler Absprachen, eine gleichzeitig mitverwirklichte Wettbewerbsbeschränkung rechtfertigen können, die gewählte Methodik die Rechtsanwendung jedoch erheblich erschwert. Insbesondere das Festhalten am *per-se* Verbot vertikaler Absprachen, das durch die Hintertür schon auf der Tatbestandsebene aufgeweicht und somit gleichzeitig konturenlos wird, mag dabei nicht einleuchten. Zudem verdeutlichen die Bereichsausnahmen, dass die ehemalige Gleichsetzung von *Intrabrand* und *Interbrand* nicht mehr im gleichen Maße aufrecht erhalten werden muss, da sich zum einen der Wettbewerbsdruck durch funktionierenden Herstellerwettbewerb auf Händlerebene perpetuiert und zum anderen zwar der Preiswettbewerb auf Händlerebene verringert, dafür aber hinsichtlich anderer Wettbewerbsparameter verstärkt wird.

C. Die Beweislastregelung des Art. 2 VO 1/2003

Auf verfahrensrechtlicher Ebene ist für die Beurteilung von Vertikalbeschränkungen die Beweislastregelung des Art. 2 VO 1/2003 maßgeblich.

I. Der Grundsatz des Art. 2 VO 1/2003

Art. 2 S. 1 VO 1/2003 stellt klar, dass in allen einzelstaatlichen und gemeinschaftlichen Verfahren zur Anwendung des Artikel 101 AEUV die Beweislast für eine Zuwiderhandlung gegen 101 Abs. 1 AEUV der Partei oder der Behörde obliegt, die diesen Vorwurf erhebt.

Soll hingegen im Verwaltungsverfahren oder Zivilprozess der Beweis der Freistellungsfähigkeit einer Vereinbarung, die unter Art. 101 Abs. 1 AEUV fällt, erbracht werden, obliegt nach Art. 2 S. 2 VO 1/2003 die Beweislast der Partei, die sich auf die Freistellung nach Art. 101 Abs. 3 AEUV beruft. Beruft sich die Partei auf die Freistellung nach der Vertikal-GVO, muss die Partei die Beweise erbringen, dass einerseits die allgemeinen An-

---

165 So auch *Säcker/Molle*, in: MüKo Bd. 1 EU-Wettbewerbsrecht, Art. 101 AEUV, Rn. 110.

wendungsvoraussetzungen nach Art. 2 Vertikal-GVO vorliegen und zudem der in Art. 3 Vertikal-GVO maßgebliche Marktanteil von 30% nicht überschritten wird.[166]

II. Die Beweisregelung des Art. 2 VO 1/2003 als Verstoß gegen die Unschuldsvermutung?

Teilweise wird in der Beweislastregelung des Art. 2 VO 1/2003 ein Verstoß gegen den *in dubio pro reo*-Grundsatz gesehen.[167] Insbesondere im Bußgeldverfahren dürfe eine solche Beweislastregelung den Grundsatz der Unschuldsvermutung nicht aushebeln.[168] So wurde die Beweisregelung des Art. 2 S. 2 VO 1/2003 bereits im deutschen kartellrechtlichen Bußgeldverfahren aufgrund entgegenstehender rechtsstaatlicher Grundsätze von der Bundesregierung für nicht anwendbar erklärt.[169] Im deutschen Verwaltungsverfahren steht wohl der Amtsermittlungsgrundsatz der §§ 57, 70 GWB einer Anwendbarkeit des Art. 2 S. 2 VO 1/3003 und mithin einer Beweislastumkehr entgegen.[170] Dies gilt jedoch nicht für das europäische Verwaltungs- und Bußgeldverfahren. Wenngleich auch dort teilweise die Auffassung vertreten wird, dass die Beweislastregelung aufgrund der Unschuldsvermutung unanwendbar sei, die grundsätzlich auch im Europarecht über Art. 48 Charta der Grundrechte der Europäischen Union garantiert wird und letztlich die Kommission beweispflichtig sei, dass die Freistellungsvoraussetzungen gem. Art. 101 Abs. 3 AEUV nicht vorliegen.[171]

Dabei stehen die Möglichkeiten der Beweisführung der Kartellbehörden, aufgrund ihrer zu Recht weitreichenden Ermittlungsbefugnisse[172], in einem strukturellen Ungleichgewicht zu denen des Unternehmens.

In zivilrechtlichen Schadensersatzprozessen ist die Beweislastregel des Art. 2 S. 2 VO 1/2003 ebenfalls anwendbar.[173]. Auch hier ist das Gefälle der Ermittlungsbefugnisse der Kartellbehörden und damit einhergehend die Möglichkeiten die Voraussetzungen des Art. 101 Abs. 3 AEUV zu unter-

---

166 *Schultze/Pautke/Wagener*, Einl., Rn. 98.
167 *Rittner/Dreher/Kulka*, Rn. 894 ff.
168 *Rittner/Dreher/Kulka*, Rn. 896 ff.
169 Protokollerklärung der Bundesregierung CMD 75/82 zu der VO 1/2003.
170 *Rittner/Dreher/Kulka*, Rn. 897.
171 M.w.N. *Bechtold/Bosch/Brinker*, EG Kartellrecht, Art. 2 VO 1/2003, Rn. 24.
172 Vgl. dazu *Glöckner*, Rn. 160 ff. zu den Ermittlungsbefugnissen der Kommission und Rn. 210 ff. zu den Ermittlungsbefugnissen des BKartA.
173 *Kling/Thomas*, § 19 Rn. 16; *Rittner/Dreher/Kulka*, Rn. 896.

suchen und darzulegen augenfällig im Vergleich zu denen der Parteien. Dies erscheint jedoch mit Blick auf den Grundsatz der Waffengleicheit hinnehmbar zu sein.

III. Nachweis des Vorliegens/Nichtvorliegens einer Kernbeschränkung

Hinsichtlich der Kernbeschränkungen nach Art. 4 Vertikal-GVO ist unklar, wer den Beweis des Vorliegens bzw. des Nichtvorliegens zu erbringen hat. Im Bußgeldverfahren kann auf die oben erörterten Grundsätze der Unschuldsvermutung zurückgegriffen werden. Im Zivilprozess werden hingegen zwei Ansichten vertreten. So besteht zum einen die Möglichkeit, das Nichtvorliegen von Kernbeschränkungen als Anwendungsvoraussetzung anzusehen mit der Folge, dass die Partei, die sich auf die Freistellungsfähigkeit nach der Vertikal-GVO beruft, auch das Nichtvorliegen beweisen muss. Sieht man das Vorliegen einer Kernbeschränkung hingegen als Ausnahmetatbestand zur grundsätzlichen Freistellung an, läge die Beweislast bei der Partei, die sich auf die Nichtigkeit der Vereinbarung beruft.[174] Die zweite Ansicht verdient den Vorzug. Sie kann insbesondere durch den Wortlaut gestützt werden, der von einem „Ausschluss des Rechtsvorteils der Gruppenfreistellung" spricht, die Verordnung somit bei Vorliegen der Anwendungsvoraussetzungen der Art. 2, 3 Vertikal-GVO von einer grundsätzlichen Freistellung ausgeht, die ausnahmsweise ausgeschlossen sein kann. Dies spricht letztlich für den Nachweis der Kernbeschränkung durch die Partei, die sich auch auf die Nichtigkeit der Vereinbarung beruft und entsprechend für die nicht freigestellten Vereinbarungen aus Art. 5 Vertikal-GVO.[175] Die Rückausnahmen sind entsprechend jeweils von der Partei zu beweisen, die sich auf die Gruppenfreistellungsfähigkeit beruft.[176]

§ 6 Zusammenfassung, Bewertung und Lösungsansatz

D. Zusammenfassung und Bewertung

Die Behandlung vertikaler Beschränkungen ist äußerst komplex und zeichnet, wie aufgezeigt, ein teilweise zwiespältiges Bild. So werden seit der

---

174 *Schultze/Pautke/Wagener*, Einl., Rn. 99.
175 So im Ergebnis auch *Schultze/Pautke/Wagener*, Einl., Rn. 99.
176 *Schultze/Pautke/Wagener*, Einl., Rn. 100.

Grundsatzentscheidung *Consten und Grundig* zunächst zwar alle Absprachen im Vertikalbereich vom Kartellverbot erfasst, gleichwohl fallen ganze Ausnahmebereiche schon auf Tatbestandsebene wieder aus dem Anwendungsbereich heraus. Dies als *rule of reason* nach US-amerikanischem Vorbild zu interpretieren, wird dabei von Kommission und EuGH aus systematischen Gründen abgelehnt. Eine dogmatisch konsistente Herleitung der Bereichsausnahmen misslingt jedoch. Zudem bringt die teilweise willkürlich anmutende Einbeziehung oder Ausgliederung eine erhebliche Unsicherheit in der Rechtsanwendung mit sich.

Weiterhin wird Absprachen zwischen Unternehmen, deren Marktanteile 15% nicht übersteigen und die keine der Kernbeschränkungen der Vertikal-GVO verwirklichen, keine spürbare Wettbewerbsbeschränkung i.S.d. Art. 101 Abs. 1 AEUV zugesprochen. Eine vergleichbare Privilegierung gilt für kleine und mittlere Unternehmen, selbst wenn sie die Marktanteilsschwelle von 15% überschreiten.

Alle übrigen Absprachen im Vertikalverhältnis, die unter das Kartellverbot fallen, werden sodann im Rahmen des Art. 101 Abs. 3 AEUV großflächig gruppenweise freigestellt, sofern die beteiligten Unternehmen keine Marktanteile über 30% vorweisen und zudem keine Kernbeschränkung verwirklichen. Bei diesen handelt es sich fast ausschließlich um Abreden, die das Binnenmarktziel unterwandern könnten.

Insgesamt erinnert die Regelungstechnik teilweise an einen Flickenteppich. Man kann den Eindruck erlangen, dass die Geister, die man mit der Gleichstellung von horizontalen und vertikalen Beschränkungen rief, wieder vertrieben werden sollen, aber die Möglichkeiten dazu limitiert sind. Den Ausgangspunkt bildet dabei die kartellrechtliche Grundsatzentscheidung *Consten und Grundig*. Vor dem Hintergrund der wirtschaftspolitischen Zielsetzung der damals jungen Europäischen Wirtschaftsgemeinschaft in Form der Errichtung des Gemeinsamen Marktes, ist die Entscheidung durchaus nachvollziehbar - wenngleich nicht zwingend notwendig. Die folgenden knapp 60 Jahre muten teilweise jedoch wie ein Versuch der Korrektur von einer Entscheidung an, deren Folgen man nicht gänzlich überrissen hatte.

Am Anfang dieser Entwicklung standen unzählige Freistellungsanträge, die sich als Konsequenz der grundsätzlichen Einbeziehung aller Vertikalabreden in den Verbotstatbestand darstellten. Die Reaktion der Europäischen Kommission darauf war eine bereichsweise Gruppenfreistellungspraktik. Diese schnürte jedoch besonders den dynamischen und sich ständig wandelnden Vertriebssektor zwanghaft ein. Eine Vertikal-GVO als „Schirm"-GVO sollte daraufhin alle Vertikalabreden erfassen und so für

Rechtssicherheit sorgen. Diese Zielsetzung wurde jedoch durch spezielle Gruppenfreistellungsverordnungen für den Kfz-Sektor und für Lizenzverträge beeinträchtigt. Dennoch trat durch die Vertikal-GVO im Bereich vertikaler Absprachen grundsätzlich ein höheres Maß an Rechtssicherheit ein. Zusammen mit den Vertikalleitlinien bildet sie heute für die Praxis eine Blaupause, an der sich jegliche Vertriebsvereinbarung orientiert. Gleichzeitig nahm man sich durch die starren Vorgaben, wie die Marktanteilsgrenzen, die Möglichkeit, jede Vertikalbeschränkung auf deren tatsächliche effizienzsteigernde Wirkung hin zu überprüfen. Als tatsächliche Alternative stellt sich dabei auch nicht die Einzelfreistellung nach Art. 101 Abs. 3 AEUV dar. Da die Prüfung der Voraussetzungen im Wege der Selbsteinschätzung erfolgt, bleibt für die Unternehmen in der Praxis ein Restrisiko bestehen, welches vor dem Hintergrund der drohenden erheblichen Bußgelder im Zweifel nicht eingegangen wird.

Bei der Behandlung vertikaler Beschränkungen im Europäischen Kartellrecht zeigt sich der Widerstreit von rechtlicher und wirtschaftstheoretischer Ratio auf der einen und den wettbewerbspolitischen Zielvorgaben der Union auf der anderen Seite. Die Einsicht in die wirtschaftliche Unschädlichkeit der meisten Vertikalbeschränkungen konfligiert hier regelmäßig mit dem Binnenmarktziel. Dieses Spannungsverhältnis wurde im Zweifelsfalle immer zugunsten des Integrationsziels aufgelöst.

Das Ziel, einen europäischen Binnenmarkt zu errichten, ist auf stationärer Handelsebene weitestgehend erreicht. Die meisten Barrieren wurden – nicht zuletzt durch die unionsweite Rechtsharmonisierung – erfolgreich beseitigt. Alle Versuche der Unternehmen, nationale Märkte durch Preisbindungen oder Gebietsabsprachen aufrechtzuerhalten oder aufzuteilen, sind durch den Europäischen Gesetzgeber oder extensive Rechtsprechung unterbunden worden. Es stellt sich die Frage, ob die grundsätzliche Erfassung jeglicher vertikaler Absprache im Rahmen des Kartellverbots grundsätzlich noch geboten ist. Eine Vereinfachung des Regelungsgeflechts wäre möglicherweise nicht nur aufgrund der sich veränderten tatsächlichen Umstände eine notwendige Anpassung. Durch eine faktische Umkehr der Beweislast könnte eine bisher nicht vorhandene dogmatisch konsistente Lösung im Bereich der vertikalen Beschränkungen erreicht werden.

§ 4 Lösungsansatz

Unter Zugrundelegung der vorangegangenen Ausführungen, lässt sich folgender Ansatz herausbilden: Die generelle Schädlichkeit von Vertikalbeschränkungen zeigt sich bei den sogenannten Kernbeschränkungen, welche regelmäßig aufgrund ihrer Beschränkungsmöglichkeiten des *Intrabrand*-Wettbewerbs mit einer besonderen Gefahr für den Binnenmarkt verbunden sind.[177] Sie zeigt sich zudem bei Absprachen, an denen Unternehmen mit besonderer Marktmacht[178] beteiligt sind, da hier durch Marktzutrittsschranken der *Interbrand*-Wettbewerb beschränkt werden kann. In diesen Fällen wohnt den Absprachen ein besonders großes wettbewerbsschädigendes Potential inne. In allen anderen Fällen kann man grundsätzlich von der effizienzsteigernden und wettbewerbsfördernden Wirkung ausgehen.

A. Tatbestandslösung

Es liegt nahe, nun im Zusammenhang mit Vertikalbeschränkungen den Begriff der Wettbewerbsbeschränkung oder die Wirkung bzw. den Zweck der Wettbewerbsbeschränkung im Rahmen des Tatbestandes des Art. 101 Abs. 1 AEUV zu konkretisieren, um so den konturenlosen Anwendungsbereich des Kartellverbots im Bereich vertikaler Absprachen zu schärfen. Im Grundsatz sollen nunmehr lediglich Kernbeschränkungen und besonders erhebliche Absprachen, also solche, die mit marktstarken Unternehmen als Beteiligten getroffen werden, als eine Wettbewerbsbeschränkung anzusehen sein. Das führt dazu, dass in allen anderen Fällen bereits eine tatbestandsmäßige Wettbewerbsbeschränkung abzulehnen wäre und bereits auf Tatbestandsebene die für Unternehmen relevante Frage nach der kartellrechtlichen Relevanz einer vertikalen Absprache geklärt werden könnte. Die Selbsteinschätzung im Rahmen der Gruppenfreistellung nach Art. 101 Abs. 3 AEUV würde entfallen. Der vermeintlich sichere Hafen der Gruppenfreistellungsverordnung würde dadurch bereits in den Tatbestand vorverlegt werden und eine Gruppenfreistellungsverordnung mithin obsolet.

Der vorgeschlagen Lösungsansatz hätte zudem konkrete Auswirkungen auf die Beweislastverteilung.

---

177 So auch Europäische Kommission, Pressemitteilung, 20.4.2010, IP/10/445, abrufbar unter: http://europa.eu/rapid/press-release_IP-10-445_de.htm (Seite zuletzt besucht: 21.11.2019), die ausdrücklich feststellt: „Als Kernbeschränkungen gelten [...] feste Weiterverkaufspreise oder Einschränkungen für den Handel im europäischen Binnenmarkt."

178 Die Vertikal-GVO legt hier die Grenze bei 30% fest, vgl. Art. 3 Abs. 1 Vertikal-GVO.

Auf Tatbestandsebene obliegt gem. Art. 2 S. 1 VO 1/2003 die Beweislast der Partei oder der Behörde, die den Vorwurf der Zuwiderhandlung gegen Art. 101 Abs. 1 AEUV erhebt. Dies ist im Rahmen von vertikalen Beschränkungen meist die Kartellbehörde. Bei Vertikalbeschränkungen sind die Anforderungen dabei nicht sehr hoch, da regelmäßig jegliche Absprache in Vertriebsvereinbarungen einen Wettbewerbsparameter der Vertragsparteien einschränkt und mithin eine Wettbewerbsbeschränkung darstellt. Auf Ebene der Freistellung nach Art. 101 Abs. 3 AEUV, die zunächst im Wege der Selbsteinschätzung erfolgt, trägt im Streitfall grundsätzlich in allen Verwaltungsverfahren gem. Art. 2 S. 2 VO 1/2003 das Unternehmen, das sich auf die Freistellung beruft, die Beweislast, das Vorliegen der Freistellungsvoraussetzungen nachzuweisen. Überdies stehen Möglichkeiten der Beweisführung der Kartellbehörden, aufgrund ihrer zu Recht weitreichenden Ermittlungsbefugnisse, in einem Ungleichgewicht zu denen des Unternehmens. Hier zeigt sich das strukturelle Ungleichgewicht der Beweislastregelung besonders deutlich.

Letztlich wird die abschließende Bewertung einer Vertikalbeschränkung in den Freistellungstatbestand des Art. 101 Abs. 3 AEUV verschoben, wo die Beurteilung durch die Unternehmen im Wege der Selbsteinschätzung vorgenommen werden muss und im Streitfalle auch die Unternehmen beweispflichtig sind, dass die Gruppen- oder Einzelfreistellungsvoraussetzungen vorliegen. Die Vorverlagerung hätte zur Folge, dass die Wettbewerbsbehörde den konkreten Nachweis der Schädlichkeit führen müsste und die Frage nach den konkreten Folgen für den Wettbewerb an der Stelle beurteilt würde, an der es darauf ankommt, nämlich am Merkmal der Wettbewerbsbeschränkung bzw. deren Zweck oder Wirkung.

Durch die Lösung auf Tatbestandsebene wäre zugleich eine Entflechtung des komplexen Regelungsregimes der vertikalen Beschränkungen die Folge. Die Notwendigkeit einer Vertikal-GVO würde entfallen und es käme zu einer verbindlichen Feststellung, ob die Vereinbarung die Tatbestandsvoraussetzungen des Art. 101 Abs. 1 AEUV verwirklicht oder nicht.

Eine Lösung auf Tatbestandsebene wäre mithin aus Gründen der dogmatischen Stringenz und der faireren Beweislastverteilung vorzugswürdig.

B. Systematische Vereinbarkeit

Zunächst muss die Frage nach der systematischen Vereinbarkeit einer Lösung auf Tatbestandsebene aufgeworfen werden, da eine Abwägung in Form einer *rule of reason* nach US-amerikanischem Vorbild dem Aufbau des Art. 101 AEUV widerspricht, der eine solche Abwägung unter Berücksichtigung von wettbewerbsfördernden Wirkungen einzelner Absprachen im Rahmen des Art. 101 Abs. 3 AEUV verortet.[179] Dem kann entgegengehalten werden, dass bereits selektive Vertriebssysteme und Franchisevereinbarungen als notwendige Nebenabreden, sowie bestimmte Alleinvertriebsvereinbarungen mithilfe des Markterschließungsgedanken, im Wege der privilegierten Bereichsausnahme keine verbotstatbestandliche Wettbewerbsbeschränkung darstellen. Die für diese Fallgruppen vorgetragenen Argumente können allgemein fruchtbar gemacht werden: Vertikale Abreden, die keine Kernbeschränkung darstellen und in Ermangelung an beteiligten marktstarken Unternehmen auch keine besondere Erheblichkeit aufweisen, sollen aufgrund ihrer wettbewerbsfördernden Wirkungen nicht vom Tatbestand des Art. 101 Abs. 1 AEUV erfasst werden und sind als wesentlicher Bestandteil des Wettbewerbs anzusehen. Durch sie wird zum einen regelmäßig Wettbewerb erst ermöglicht und zum anderen die Möglichkeit eröffnet, neue Märkte erschließen zu können. Eingeschränkt wird dieser Grundsatz dadurch, dass sie jedoch dann in den Anwendungsbereich des Art. 101 Abs. 1 AEUV fallen, wenn Unternehmen mit einer erheblichen Marktmacht beteiligt sind und die vertikale Beschränkung zu Abschottungsproblemen gegenüber Dritten führen kann, sowie, wenn es sich um vertikale Vereinbarungen handelt, die schwerwiegende Wettbewerbsbeschränkungen enthalten. Mithin würden lediglich noch Kernbeschränkungen und marktmachterhebliche Absprachen als tatbestandsrelevante Wettbewerbsbeschränkung des Art. 101 Abs. 1 AEUV erfasst werden.

Dies wäre im Ergebnis nur konsequent. Indem die angeführten Bereichsausnahmen bereits keine Wettbewerbsbeschränkung i.S.d. Art. 101 Abs. 1 AEUV darstellen und durch die Rechtsprechung vom Anwendungsbereich ausgeschlossen werden, wurde die ehemals strenge Einbeziehung aller vertikaler Absprachen in den Tatbestand des Kartellverbots verwässert und konturenlos. Eine kongruente Systematik besteht im Bereich der Vertikalbeschränkungen nicht mehr. In der gruppenweisen Freistellungmechanik der Vertikal-GVO manifestierte sich zudem die Einsicht des Europäischen Gesetzgebers, dass – abgesehen von Kernbeschränkungen und Absprachen von beteiligten Unternehmen über 30% Marktanteilen – alle anderen Vertikalbeschränkungen im Regelfall unschädlich für den Wettbewerb im gemeinsamen Markt sind und darüber hinaus die effizienzsteigernden Wirkungen überwiegen. Einziges Korrektiv, sollte sich die Einschätzung im Einzelfall nicht bewahrheiten, stellt für die Wettbewerbs-

---

179 Vgl. oben § 3 B.

behörden das Instrument der Entziehung des Vorteils der Gruppenfreistellung nach Art. 29 VO 1/2003 dar.

Sodann handelt es sich bei dem in Rede stehenden Ansatz auch nicht um eine *rule of reason* nach US-amerikanischem Vorbild. Denn es kommt schon gar nicht zu einer umfassenden Abwägung, bei der die überwiegend wettbewerbsförderlichen Wirkungen den wettbewerbsschädigenden im Einzelfall gegenübergestellt werden. Vielmehr sind, abgesehen von Kernbeschränkungen und marktmachterheblichen Absprachen, die eine Gefahr für den Binnenmarkt darstellen, alle anderen Absprachen aufgrund ihrer überwiegend wettbewerbsfördernden Wirkungen nicht vom Tatbestand erfasst. Bei ihnen handelt es sich bereits um keine Wettbewerbsbeschränkung. Die Abwägung wird als solche auch nicht in den Tatbestand vorverlagert, es wird lediglich die generalisierende Beurteilung der Vertikal-GVO im Tatbestand verortet. In den Fällen einer Kernbeschränkung oder einer marktmachtsrelevanten Absprache hingegen findet die Abwägung der Vor- und Nachteile einer den Wettbewerb beschränkenden Vertikalvereinbarung nach wie vor an dem dafür vorgesehenen Ort des Art. 101 Abs. 3 AEUV im Einzelfall statt. Eine vermeintlich systemfremde *rule of reason* im Tatbestand, die eine rechtfertigende Freistellung nach Art. 101 Abs. 3 AEUV obsolet werden ließe, läge bereits nicht vor.

Nun könnte man einwenden, dass es sich bei der Vertikal-GVO gleichsam auch um das Ergebnis einer Abwägung handelt, in der generalisierend für eine Gruppe von Vereinbarungen die Prognose getroffen wird, dass bei vertikalen Absprachen, bei denen es sich um keine Kernbeschränkung handelt bzw. keine Unternehmen mit Marktanteilen über 30% beteiligt sind, die wettbewerbsfördernden Auswirkungen überwiegen.[180] Und dass dadurch – zumindest mittelbar – eine Abwägung, die originär im Freistellungstatbestand stattfinden sollte, unzulässig in den Tatbestand verlagert wird. Dem kann zum einen entgegengehalten werden, dass es sich bei den bereits angeführten Bereichsausnahmen ebenfalls um das Ergebnis einer Abwägung handelt, die in den Fällen der selektiven Vertriebssysteme und Franchisevereinbarungen gleichfalls generalisierend stattfindet, in Fällen von Alleinvertriebsvereinbarungen mit marktöffnender Wirkung einzelfallbezogen erfolgt. Eine generalisierende oder einzelfallabhängige Abwägung im Tatbestand des Art. 101 Abs. 1 AEUV steht mithin im Einklang mit der Entscheidungspraxis des EuGH und der Kommission. Zum anderen und noch viel entscheidender ist jedoch, dass eine generalisierende Abwägung auf Tatbestandsebene gängiges Werkzeug der Kommission in

---

180 Vgl. EG 5, 8 ff. Vertikal-GVO.

ihrer Bekanntmachungspraxis ist. So stellen nicht zuletzt die De-minimis-Bekanntmachung oder die Kommissionsempfehlung für kleine und mittlere Unternehmen hinsichtlich der Spürbarkeit einer Wettbewerbsbeschränkung das Resultat eines Abwägungsvorgangs auf Tatbestandsebene dar.

Im Ergebnis ist der Lösungsansatz mithin systematisch mit Art. 101 Abs. 1 AEUV vereinbar.

C. Konkrete Ausgestaltung

Weiterhin muss die konkrete Ausgestaltung einer solchen Tatbestandslösung geklärt werden. Zum einen besteht die Möglichkeit, den Begriff der Wettbewerbsbeschränkung im Vertikalverhältnis anhand einer Kasuistik zu konkretisieren, welche sich an den Kernbeschränkungen und marktmachterheblichen Absprachen orientiert. Eine Verhinderung, Einschränkung oder Verfälschung des Wettbewerbs i.S.d. Kartellverbots wäre nur in den Fällen einer Kernbeschränkung oder marktmachterheblichen Absprache anzunehmen. In allen anderen Fällen wäre eine Beschränkung abzulehnen, da hier – aufgrund der wettbewerbsfördernden Impulse der Absprachen – Wettbewerb erst ermöglicht oder optimiert wird. Zum anderen kann über den Anknüpfungspunkt des wettbewerbsbeschränkenden Zwecks bzw. der Wirkung eine Vermutungsregelung zugunsten vertikaler Beschränkungen geschaffen werden. Diese würde dahin gehen, dass die positiven Auswirkungen von vertikalen Absprachen auf den Wettbewerb überwiegen. Die Widerlegung der Vermutungsregelung würde dabei den Wettbwerbsbehörden obliegen.

In beiden Fällen kann durchaus auf die Wertungen der Vertikal-GVO hinsichtlich der Kernbeschränkungen und der marktmachterheblichen Absprachen zurückgegriffen werden. Wenngleich dies in Bezug auf die Kernbeschränkungen nicht zwingend ist und auch nicht dem derzeitigen Wortlaut folgend geschehen sollte. In Fällen vertikaler Preisbindung und Gebiets- und Kundenbeschränkungen läge sodann immer eine Wettbewerbsbeschränkung vor bzw. wäre der wettbewerbsbeschränkende Zweck von Beginn an widerlegt. Bei marktmachterheblichen Absprachen läge ebenfalls eine Wettbewerbsbeschränkung vor bzw. wäre die wettbewerbsbeschränkende Wirkung von Beginn an widerlegt.

Mithilfe vertikaler Leitlinien könnten die Kernbeschränkungen und die erheblichen Marktanteilsgrenzen konkretisiert und für die Praxis als Auslegungshilfe ausgearbeitet werden.

I. Offene Ausgestaltung – Gefährdung des Binnenmarktes

Zum einen besteht die Möglichkeit, vertikale Absprachen grundsätzlich nur dann als Wettbewerbsbeschränkung zu behandeln, sofern sie eine konkrete Gefährdung für den Binnenmarkt darstellen oder wenn an der Absprache marktmächtige Unternehmen beteiligt sind, da nur solche Absprachen den gemeinschaftsweiten Wettbewerb verhindern, einschränken oder verfälschen können. Dies brächte den Vorteil mit sich, auf zukünftige Entwicklungen flexibel reagieren zu können und zudem, möglichen Beschränkungen des Binnenmarktes mehr nach deren Wirkung im Einzelfall beurteilen zu können. Im Gegenzug würde damit gleichwohl ein gewisser Verlust an Rechtssicherheit einhergehen, da der Begriff der Wettbewerbsbeschränkung im Vertikalverhältnis von einer konkreten Gefährdung des Binnenmarktes abhängig gemacht werden würde. Dies wäre ein auslegungsbedürftiger, unbestimmter Rechtsbegriff. Gleichwohl stünde im Umkehrschluss fest, sofern einer vertikalen Absprache keine Gefahr für den Binnenmarkt innewohnt, dass sie den Wettbewerb nicht beschränken kann und somit auch nicht vom Verbotstatbestand erfasst wäre.

Die konkrete Auslegung des Begriffs der Binnenmarktgefahr, nämlich welche vertikalen Absprachen eine Gefahr für die Verwirklichung des Binnenmarktes darstellen und ob die Marktanteilsgrenze für marktmachtsrelevante Absprachen bei 30% anzusetzen ist, könnte durch Vertikalleitlinien und die Rechtsprechung ausgefüllt werden. Eine solche wäre in der Form möglich, dass grundsätzlich alle Absprachen, die zur Festsetzung von Mindestpreisen oder der Marktabschottung dienen und damit eine Gefahr für den Binnenmarkt darstellen, als Kernbeschränkung zu behandeln sind und mithin vom Kartellverbot erfasst werden.

Dadurch würden alle vertikalen Vereinbarungen, denen keine Gefahr für den Binnenmarkt innewohnt und die nicht marktmachtsrelevant sind, keine Wettbewerbsbeschränkung darstellen und wären bereits nicht vom Tatbestand des Art. 101 Abs. 1 AEUV erfasst. Vertikale Beschränkungen, welche jedoch mindestens eine der beiden Voraussetzungen erfüllen würden, wären lediglich über Art. 101 Abs. 3 AEUV einzelfreistellungsfähig.

II. Konkrete Ausgestaltung – Beispielskatalog von Kernbeschränkungen

Zum anderen wäre auch eine Konkretisierung der Wettbewerbsbeschränkung im Vertikalverhältnis möglich, indem bereits bestimmte Kernbeschränkungen festgelegt werden – ähnlich der enumerativen Aufzählung der Beispielliste des Art. 101 Abs. 1 AEUV oder dem Katalog der Kernbeschränkungen in Art. 4 Vertikal-GVO. Zusammen mit der Festsetzung einer festen Marktanteilsschwelle für marktmachtsrelevante Absprachen könnte so bestimmt werden, welche Vertikalabsprachen als Wettbewerbsbeschränkung anzusehen sind.

Auch in diesem Fall bestünde über vertikale Leitlinien die Möglichkeit der Ausgestaltung eines solchen Beispielkatalogs und der entsprechenden Marktanteilsschwelle. Der Vorteil läge hier in der gesteigerten Rechtssicherheit, die in der Praxis den Unternehmen einen klaren Leitfaden an die Hand geben würde, welche vertikalen Absprachen in Vertriebsverträgen unter den kartellrechtlichen Verbotstatbestand fallen und – abgesehen von einer möglichen Einzelfreistellung nach Art. 101 Abs. 3 AEUV – somit das Risiko nach sich zögen, bußgeldbewehrt zu sein. Der Unterschied zur Vertikal-GVO läge darin, dass dogmatisch stringent bereits auf Tatbestandsebene abschließend die Wettbewerbserheblichkeit einer vertikalen Absprache geklärt werden würde. Die Kernbeschränkungen können dabei festlegen, dass Vertikalabsprachen, die zur Festsetzung von Mindestpreisen oder der Marktabschottung dienen und denen damit eine Gefahr für den Binnenmarkt innewohnt, eine Kernbeschränkung und mithin eine Wettbewerbsbeschränkung i.S.d. Art. 101 Abs. 1 AEUV darstellen. Diese könnten dabei vergleichbar der Liste in Art. 4 Vertikal-GVO konkret ausformuliert werden und dabei auf unterschiedliche Vertriebssysteme eingehen. Hinsichtlich dieser könnte zusätzlich differenziert werden und somit ein verbindliches System von Ausnahmen und Rückausnahmen für den Bereich der Kernbeschränkungen geschaffen werden, welches der Praxis ein hohes Maß an Rechtssicherheit gewähren würde.

Zugleich würde man hier jedoch der Bewertung von Wettbewerbsbeschränkungen im Vertikalverhältnis ein enges Korsett versehen, das die Möglichkeiten erheblich einschränken würde, nicht geregelte, neue Erscheinungsformen, denen ebenfalls binnenmarktgefährdendes Potential innewohnt, nicht sanktionieren zu können. Dem könnte jedoch damit begegnet werde, dass man die Liste an Kernbeschränkungen nicht enumerativ, sondern im Wege der Regelbeispieltechnik nicht abschließend ausgestaltet.

Vertikale Vereinbarungen, die keine Kernbeschränkung darstellen bzw. an denen keine Unternehmen mit Marktanteilen über 30% beteiligt sind, würden auch hier bereits keine Wettbewerbsbeschränkung i.S.d. Verbotstatbestands darstellen. Vertikale Beschränkungen, die hingegen zumindest eine der Voraussetzungen verwirklichen, könnten ausschließlich im Wege der Einzelfreistellung privilegiert werden.

III. Widerlegliche Vermutung des wettbewerbsfördernden Zwecks bzw. deren Wirkung

Weiterhin besteht im Rahmen des wettbewerbsbeschränkenden Zwecks bzw. der wettbewerbsbeschränkenden Wirkung der Absprache die Möglichkeit, eine Vermutungswirkung zugunsten vertikaler Wettbewerbsbeschränkungen zu statuieren. In Fällen, in denen es sich nicht um eine Kernbeschränkung oder marktmachterhebliche Absprache handelt, ginge so von der vertikalen Absprache eine widerlegliche Vermutung aus, dass die positiven Auswirkungen auf den Wettbewerb überwiegen. Hinsichtlich des wettbewerbsbeschränkenden Zwecks ginge die Vermutung dahin, dass vertikale Absprachen – abgesehen von Kernbeschränkungen – nach ihrer Natur und dem Gegenstand der Vereinbarung, eine Verbesserung der Wettbewerbssituation bezwecken. Bezüglich der Wirkung ginge die Vermutung dahin, dass die Absprache – abgesehen von marktmachterheblichen Absprachen – eine tatsächliche oder wahrscheinlich spürbare positive Auswirkung auf den Wettbewerb hat. Die Vermutungswirkung müsste von der Wettbewerbsbehörde widerlegt werden und es wären hohe Anforderungen an diese zu stellen. Der Vorteil der widerleglichen Vermutungswirkung bestünde in der Möglichkeit, vertikale Absprachen, die keine Kernbeschränkung oder marktmachterhebliche Absprache darstellen – bei denen sich jedoch nachträglich deren schädliche Wirkung herausstellt – diese noch über die erfolgreich widerlegte Vermutungsregel als bewirkte Wettbewerbsbeschränkung erfassen zu können. Zwar würde man teilweise die Rechtssicherheit etwas einschränken, da für die Kartellbehörden die Möglichkeit bestünde die Vermutung der Wettbewerbsunschädlichkeit im Einzelfall zu widerlegen. Wären die Anforderungen an diese jedoch entsprechend hoch, könnte eine solche Einschränkung gerechtfertigt sein. So könnte eine Widerleglichkeit nur in Fällen in Betracht kommen, in denen die Wirkung der Vertikalbeschränkung eine den Kernbeschränkungen vergleichbare entfalten würde. Dies käme der Entziehung der Gruppenfreistellung im Einzelfall nach Art. 29 Abs. 1 und 2 VO Nr. 1/2003 bzw. § 32d GWB sehr nahe, würde jedoch bereits auf Tatbestandsebene für Rechtssicherheit sorgen. Zudem würde so die Möglichkeit eröffnet werden, auf nicht absehbare, neuartige Entwicklungen und Beteiligungskonstellationen innerhalb des Vertriebssektors im Notfall reagieren zu können. So bestünde in den Fällen, in denen es sich zwar um keine in den Leitlinien festgelegte Kernbeschränkung oder marktmachterhebliche Absprache handelt, diese jedoch eine vergleichbare Wirkung entfalten würde, die Möglichkeit für die Kartellbehörden, die Vermutung zu widerlegen und deren Schädlichkeit für den Wettbewerb im Einzelfall nachzuweisen. Dieses Lösungsmodell verdient den Vorzug. Durch die Vermutungsregelung wird der Kartellbehörde der Nachweis der Schädlichkeit der Vertikalbeschränkung auferlegt. Dies ist aufgrund der weitreichenden Ermittlungsbefugnisse gerechtfertigt und mit der Beweislastregelung des Art. 2 S. 1 VO 1/2003 vereinbar. Zudem wird die Frage, ob es sich bei einer Vertikalbeschränkung zugleich um eine Wettbewerbsbeschränkung handelt, an der dogmatisch vorgesehenen Stelle beantwortet – im Tatbestand. Die Vermutungsregelung würde zugleich den Wettbewerbsbehörden die Möglichkeit einräumen, flexibel auf veränderte Wettbewerbssituationen zu reagieren und den Nachweis der überwiegend wettbewerbsfördernden Wirkung einer Absprache zu widerlegen.

IV. Einzelfreistellung nach Art. 101 Abs. 3 AEUV

Sofern es sich bei der Vertikalbeschränkung um eine Kernbeschränkung oder marktmachterhebliche Absprache handelt, würde sie grundsätzlich eine Wettbewerbsbeschränkung darstellen bzw. von ihrem wettbewerbsbeschränkenden Zweck oder ihrer wettbewerbsbeschränkenden Wirkung ausgegangen und die vertikale Absprache somit vom Kartellverbotstatbestand erfasst werden. Eine Notwendigkeit für eine Gruppenfreistellungsverordnung entfiele letztlich. Für eine solche bestünde nunmehr keine Notwendigkeit mehr. Gleichwohl wäre weiterhin über Art. 101 Abs. 3 AEUV die Möglichkeit der Einzelfreistellung gegeben, wenn nachgewiesen werden kann, dass die einzelne, in Rede stehende vertikale Kernbeschränkung oder marktmachterhebliche Absprache im Einzelfall die kumulativen Voraussetzungen der Einzelfreistellung erfüllt.

D. Praktische Durchführbarkeit

Weiterhin muss die Frage nach der praktischen Durchführbarkeit geklärt werden. Ein grundlegender Paradigmenwechsel bei der Behandlung vertikaler Wettbewerbsbeschränkungen bedürfte neben der Änderung der Rechtsprechung einer entsprechenden Verankerung zumindest in den Vertikalleitlinien. In diesen müssten sodann die Änderungen des Regelungsregimes hinsichtlich vertikaler Wettbewerbsbeschränkungen begründet und die neuen Grundsätze ausformuliert werden.

Dabei müsste zunächst der Anwendungsbereich von Vertikalbeschränkungen bestimmt werden. Dabei könnten die Definitionen des Art. 1 Abs. 1 lit. a, b Vertikal-GVO zugrunde gelegt werden. Zudem müssten die Grundsätze der Bewertung vertikaler Beschränkungen niedergelegt werden.

Würde man sich an der offenen Ausgestaltung des Tatbestandsmerkmals der Wettbewerbsbeschränkung orientieren[181], müsste hier festgelegt werden, dass diese bei vertikalen Absprachen nur im Falle einer Kernbeschränkung mit binnenmarktgefährdendem Charakter oder marktmachtsrelevanten Absprachen eine Wettbewerbsbeschränkung i.S.d. Art. 101 Abs. 1 AEUV verwirklicht werden würde.

Sofern man sich an der konkreten Ausgestaltung der Wettbewerbsbeschränkung von Vertikalbeschränkungen orientieren würde[182], müssten in bereits die konkreten Kernbeschränkungen bestimmt werden sowie die Marktanteilsschwelle, die festlegt, wann es sich um eine marktmachterhebliche Absprache handelt.

Würde man sich für die widerlegliche Vermutungsregelung entscheiden[183], so müssten deren Grundsätze an dieser Stelle bestimmt und die Anforderungen und Voraussetzungen an deren Widerleglichkeit festgelegt werden.

Zudem müsste die Möglichkeit der Einzelfreistellung über Art. 101 Abs. 3 AEUV aufgezeigt werden.

Letztlich müsste auch das Verhältnis zu einzelstaatlichen Kartellrechtsordnungen geregelt werden. Dabei müsste klargestellt werden, dass einzelstaatliche Kartellrechtsregime nicht zu einer strengeren Anwendung im Bereich vertikaler Absprachen gelangen dürfen, um zu vermeiden, dass durch ein uneinheitliches Anwendungsniveau die gewünschte Rechtssicherheit durch die Hintertür der einzelstaatlichen Regelungen untergraben wird. Da in Deutschland bereits durch die siebte GWB-Novelle im Jahr 2005 aufgrund der Durchführungsverordnung 1/2003 der Verbotstatbestand des § 1 GWB an den des damaligen Art. 81 Abs. 1 EG[184] angepasst wurde, bedürfte es mithin auch keiner Novellierung des materiellen deutschen Kartellrechts. Es wäre lediglich anzuordnen, dass die neuen Beurteilungsgrundsätze von Vertikalbeschränkungen von Rechtsprechung und Kartellbehörden entsprechend angewendet werden.

---

181 Vgl. oben § 4 C. I.
182 Vgl. oben § 4 C. II.
183 Vgl. oben § 4 C. III.
184 Inzwischen Art. 101 Abs. 1 AEUV.

Im Ergebnis könnte die Kommission so in den Vertikalleitlinien – je nachdem für welchen konkreten Ansatz der Tatbestandslösung man sich entscheiden würde – die allgemeinen Aufgreifkriterien und Grundsätze zur Beurteilung von Vertikalbeschränkungen genauer bestimmen und der Praxis somit eine verbindliche Auslegungshilfe bieten.

Kapitel 3: Besonderer Teil: Vertikalbeschränkungen im Internetvertrieb

Einen besonderen Teil im Rahmen der Vertikalbeschränkungen bilden die beschränkende Absprachen des Internetvertriebs. Viele der Problemstellungen, die sich im Rahmen von stationären Vertriebsformen ergeben, finden sich in gleicher oder zumindest ähnlicher Form im Rahmen des Vertriebs über das Internet wieder. Jedoch ergeben sich aufgrund der Dynamik und der sich ständig ändernden Angebote und Vertriebsmodelle auch Konstellationen, die die Frage aufwerfen, inwieweit ein Rückgriff auf bestehende Grundsätze geboten erscheint oder ob neue Grundsätze zur Behandlung entwickelt werden müssen.

Trotz ihrer Sonderstellung bestehen hinsichtlich Beschränkungen des Internetvertriebs keine sekundärrechtlich bindenden Sonderregelungen. Sie sind als Vertikalbeschränkungen grundsätzlich an Art. 101 Abs. 1 AEUV zu messen. Liegen die Voraussetzungen des Verbotstatbestandes vor, besteht über Art. 101 Abs. 3 AEUV i.V.m. der Vertikal-GVO die Möglichkeit der Gruppenfreistellung. Sollten die Voraussetzungen nicht vorliegen, steht letztlich noch die Möglichkeit der Einzelfreistellung über Art. 101 Abs. 3 AEUV offen.

Lediglich in den Vertikalleitlinien von 2010[185] finden sich detailreichere Ausführungen zur Behandlung von Internetvertriebsbeschränkungen. Allein sie sollen in der Praxis als Auslegungshilfe der Vertikal-GVO dienen.

Die Gegenwärtigkeit des Problemfeldes in der kartellrechtlichen Praxis verdeutlicht die Entscheidung *Coty Germany*[186] des EuGH vom 6. Dezember 2017. In dieser äußerte sich der Gerichtshof zu der Vorlagefrage des OLG Frankfurt a.M. hinsichtlich der Zulässigkeit von Plattformverboten innerhalb selektiver Vertriebssysteme. Dem Vorabentscheidungsverfahren vorausgegangen war eine jahrelang divergierende Entscheidungspraxis der deutschen Instanzgerichte und des Bundeskartellamts.[187] Bis dahin war die

---

185 Europäische Kommission, Leitlinien zur Anwendbarkeit von Artikel 101 des Vertrags über die Arbeitsweise der Europäischen Union auf Vereinbarungen über horizontale Zusammenarbeit, ABl. 2011 Nr. C 11/01, Rn. 20.
186 EuGH v. 6.12.2017, Rs. C-230/16 – *Coty Germany*, ECLI:EU:C:2017:941.
187 Vgl. dazu ausführlich unten § 8.

Entscheidung *Pierre Fabre Dermo-Cosmétique*[188] die einzige auf europäischer Ebene, die sich ausdrücklich mit Beschränkungen des Internetvertriebs auseinandersetzt. Hintergrund dieser Entscheidung war die selektive Vertriebsvereinbarung des Kosmetikartikel-Herstellers *Pierre Fabre*, die den Absatzmittlern vorschrieb, die Vertragsprodukte innerhalb eines physischen Verkaufsraums und in Anwesenheit eines Apothekers zu verkaufen. Durch diese Vereinbarung wurde der Internetvertrieb faktisch ausgeschlossen. Sie bildete dabei den Anknüpfungspunkt für eine Vielzahl an Interpretationen und wurde lange Zeit in Ermangelung weiterer europäischer Rechtsprechung regelmäßig als *pars pro toto* für die grundsätzliche Behandlung von Beschränkungen des Internets als Vertriebskanal herangezogen. Mit der *Coty Germany*-Entscheidung hat der EuGH einen weiteren Pflock bei der Beurteilung vertikaler Beschränkungen im Internetvertrieb eingeschlagen, der zu einem vermeintlich stabileren und tragfesteren Fundament beigetragen hat.

§ 5 Stellenwert des Internetvertriebs

Um den Stellenwert des Internetvertriebs zu beleuchten, muss zunächst die Bedeutung des Internets als Vertriebskanal berücksichtigt werden, um danach dessen Stellenwert im Rahmen der EU-Wettbewerbspolitik zu untersuchen.

A. Vertriebliche Bedeutung

Die Bedeutung des Internets als Vertriebskanal im System des Einzelhandels hat innerhalb der letzten zehn Jahre substanziell zugenommen.

Während in Deutschland der Umsatz (netto) des Onlinehandels im Jahre 2010 umsatzsteuerbereinigt noch bei 20,2 Mrd. Euro lag[189], hatte er sich bis 2014 auf 35,6 Mrd. Euro erhöht.[190] 2017 lag er bei 48,9 Mrd. Euro und

---

188 EuGH v. 13.10.2011, Rs. C-439/09 – *Pierre Fabre Dermo-Cosmétique*, Slg. 2011, I-9419.

189 HDE Handelsverband Deutschland, *„Handel digital* – ONLINE-MONITOR 2018"*, abrufbar unter: https://einzelhandel.de/index.php?option=com_attachme nts&task=download&id=9449 (Seite zuletzt besucht: 21.11.2019).

190 . HDE Handelsverband Deutschland, *„Handel digital* – ONLINE-MONITOR 2018"*, abrufbar unter: https://einzelhandel.de/index.php?option=com_attachme nts&task=download&id=9449 (Seite zuletzt besucht: 21.11.2019).

für 2018 lag die Prognose bereits bei 53,6 Mrd. Euro.[191] Während der Anteil des Onlinehandels am Einzelhandel 2010 7,2% betrug, stieg er bis 2014 auf bereits 11,1% an[192] und erreichte 2016 12,7%.[193] Dabei wurde das Umsatzwachstum im Einzelhandel für das Jahr 2017 insgesamt auf lediglich 2% prognostiziert, für den Onlinehandel sah die Prognose hingegen ein Umsatzwachstum von 11% voraus, was ca. 50% des Gesamtwachstums des Einzelhandels ausmachen würde.[194]

In Europa ist eine vergleichbare Entwicklung nachvollziehbar. Auch hier ist der Onlinehandel die am schnellsten wachsende Sparte des Einzelhandels. Der europäische Onlinehandel wird von Großbritannien, Deutschland und Frankreich dominiert, die allein ca. 80% des Gesamtumsatzes verzeichnen.[195] Der Gesamtanteil des Onlinehandels am europäischen Einzelhandel ist mit ca. 9% vergleichsweise gering.[196] Gleichwohl wird innerhalb der nächsten Jahre ein europaweiter Durchschnittsanteil von mindestens 18% des Onlinehandels am Einzelhandel in jedem Mitgliedstaat erwartet.[197]

---

191 HDE Handelsverband Deutschland, *„Handel digital* – ONLINE-MONITOR 2018"*, abrufbar unter: https://einzelhandel.de/index.php?option=com_attachme nts&task=download&id=9449 (Seite zuletzt besucht: 21.11.2019).
192 bevh-Pressepräsentation, „Interaktiver Handel in Deutschland 2014", abrufbar unter: https://www.bevh.org/presse/pressemitteilungen/details/datum/2015/mae rz/artikel/bewegtes-jahr-2014-fuer-online-und-versandhandel/ (Seite zuletzt besucht: 21.11.2019).
193 bevh-Pressepräsentation, „Interaktiver Handel in Deutschland 2016", abrufbar unter: https://www.bevh.org/uploads/media/Auszug_aus_der_bevh-Studie_Inter aktiver_Handel__in_Deutschland_2016_.pdf (Seite zuletzt besucht: 21.11.2019).
194 HDE Handelsverband Deutschland, „Der deutsche Einzelhandel – Stand Februar 2017", abrufbar unter: http://einzelhandel.de/images/presse/Graphiken/DerEi nzelhandelJan2014.pdf (Seite zuletzt besucht: 21.11.2019).
195 Centre for Retail Research, „Online Retailing: Britain, Europe, US and Canada 2017", abrufbar unter: http://www.retailresearch.org/onlineretailing.php (Seite zuletzt besucht: 21.11.2019).
196 statista, Retail e-commerce sales as share of retail trade in selected countries from 2014 to 2017, abrufbar unter: https://www.statista.com/statistics/281241/o nline-share-of-retail-trade-in-european-countries/ (Seite zuletzt besucht: 21.11.2019).
197 Centre for Retail Research, „Online Retailing: Britain, Europe, US and Canada 2017", abrufbar unter: http://www.retailresearch.org/onlineretailing.php (Seite zuletzt besucht: 21.11.2019).

B. Internetvertrieb im Rahmen der EU-Wettbewerbspolitik

I. Allgemein

„Gegen Maßnahmen von Herstellern, die darauf gerichtet sind, ihre traditionellen Vertriebswege vor den wettbewerbsfreundlichen Auswirkungen des elektronischen Geschäftsverkehrs zu schützen, wird [...] vorgegangen werden."[198]

Bereits zum Jahrtausendwechsel erkannte die Europäische Kommission den Internetvertrieb als einen wichtigen Faktor der zukünftigen europäischen Marktintegrationspolitik. Insbesondere in Folge seines rasanten Wachstums in den letzten Jahren nahm er einen noch größeren Stellenwert ein. Das Wohl der Verbraucher, generiert durch einen erhöhten Preiswettbewerb, bessere Qualität, neue Produkte sowie größere Auswahl und Reichweite machten den Internetvertrieb zu einem einzigartigen integralen wirtschaftspolitischen Werkzeug zur Verwirklichung der Binnenmarktkonvergenz.[199] Dabei offenbarten sich jedoch im Onlinehandel mehrere Probleme: Zum einen setzten viele Hersteller unterschiedliche Vereinbarungen in Vertriebsverträgen ein, um den Internetvertrieb entweder gänzlich auszuschließen oder zumindest einzuschränken. Ziel war dabei vordergründig regelmäßig der Markenschutz der Produkte, Hintergrund ist jedoch meist die Vermeidung des erhöhten Preiswettbewerbs.[200] Zum anderen zeigte sich, dass der Onlinevertrieb häufig auch digital an den Landesgrenzen endete. Die Hindernisse, die der Europäische Binnenmarkt auf stationärer Ebene weitestgehend beseitigt hat, zeigten sich nun auch auf digitaler Ebene. Dies ist zu einem Großteil auf die aktiven Bestrebungen der Hersteller zurückzuführen, die versuchen, durch Techniken wie *geo-blocking*[201] grenzüberschreitende Onlinekäufe zu verhindern, um die unterschiedlichen nationalen Preisniveaus auf digitaler Ebene aufrecht zu

---

198 Kommission, XXX. Bericht über die Wettbewerbspolitik 2000, Ziff. 215, abrufbar unter: http://ec.europa.eu/competition/publications/annual_report/2000/de.pdf (Seite zuletzt besucht: 21.11.2019).
199 Europäische Kommission, Pressemitteilung, 20.4.2010, IP/10/445, abrufbar unter: http://europa.eu/rapid/press-release_IP-10-445_de.htm (Seite zuletzt besucht: 21.11.2019); Eine Digitale Agenda für Europa, Mitteilung, 19.5.2010, KOM(2010)245 endg., S. 11 f.
200 Vgl. dazu insbesondere unten § 8.
201 Vgl. dazu ausführlich unten § 7 D.

erhalten.[202] Hinzu kommt zudem die Zurückhaltung der Verbraucher, die aufgrund der unterschiedlichen Verbraucherschutzniveaus innerhalb der Gemeinschaft – hinsichtlich Gewährleistung, Rücktritt und Zahlungsabwicklung – häufig vor Käufen außerhalb der eigenen Landesgrenzen zurückschrecken.[203] Die Intention, diese Grenzen abzubauen und die digitale Marktintegration voranzutreiben, zeigt sich in vielfältiger Art in der Rechtsprechung der Europäischen Gerichte, den Entscheidungen der Kommission und den Rechtsakten der Unionsorgane.

II. Überarbeitung der Gruppenfreistellungsverordnung und der Leitlinien

Die Geltungsdauer der Vertikal-GVO von 1999 als rechtlich relevantestes Regelungswerk für vertikale Vereinbarungen endete zum 31.5.2010 und die Ausarbeitung der Nachfolgeregelung durch die Kommission war somit notwendig.

1. Allgemein

Grundsätzlich hatte sich das Konzept der Vertikal-GVO als „Schirm"-GVO nach Ansicht der Kommission bewährt.[204] Die Überarbeitung der Vertikal-Gruppenfreistellungsverordnung[205] und ihrer Leitlinien resultierte nicht zuletzt zu einem großen Teil aus der gestiegenen Bedeutung und zur besseren Erfassung der Rolle des Internetvertriebs.[206] Dies ergibt sich nicht zuletzt auch aus den Äußerungen der damaligen EU-Wettbewerbskommissarin, *Neelie Kroes*, im Vorfeld der Überarbeitung der Vertikal-GVO und der Leitlinien im Jahre 2009: Sie sah die neuen Vertriebsformen im Internet

---

202 Vgl. dazu Mitteilung der Kommission – Strategie für einen gemeinsamen Binnenmarkt v. 6.5.2015, COM (2015) 192 final, S. 6 f.
203 Vgl. dazu Mitteilung der Kommission – Strategie für einen gemeinsamen Binnenmarkt v. 6.5.2015, COM (2015) 192 final, S. 4 f.
204 Vgl. EG (2) Vertikal-GVO.
205 Verordnung (EU) Nr. 330/2010 der Kommission vom 20. April 2010 über die Anwendung von Artikel 101 Absatz 3 des Vertrags über die Arbeitsweise der Europäischen Union auf Gruppen von vertikalen Vereinbarungen und abgestimmte Verhaltensweisen, (im Folgenden: Vertikal-GVO).
206 *Ellger* in: Immenga/Mestmäcker, EU-Wettbewerbsrecht Bd. 1, Art. 2 Vertikal-GVO, Rn. 10; *Baron*, in: Loewenheim/Meessen/Riesenkampff/Kersting/Meyer-Lindemann, Einf Vert-GVO, Rn. 4; *Schulze/Pautke/Wagener*, Art. 4 lit. b, Rn. 712; *dies.*, BB 2009, S. 2266, 2268.

und die sich durch diese eröffnenden Möglichkeiten mit als wichtigste Entwicklung im Bereich des Wettbewerbsrechts an.[207]

Der gesamte Themenkreis des Internetvertriebs stellte sich dabei als stark umstrittener Bereich dar, dessen Ausarbeitung von vielen Lobby-Initiativen begleitet wurde.[208]

Bereits 2008 lud *Kroes* die Industrievertreter der entsprechenden Großunternehmen zu einem *E-Commerce-Roundtable* zur Diskussion der Schwerpunkte des Online-Vertriebs von Musik und Waren.[209] Die völlig gegensätzlichen Auffassungen der zukünftigen Ausgestaltung des Internetvertriebs wurden schnell deutlich. Zum einen versuchten die großen Internetfirmen, allen voran *eBay*, sich für einen möglichst barrierefreien Internetvertrieb einzusetzen.[210] Das Unternehmen arbeitete dafür sogar einen eigenen Formulierungsvorschlag für eine Vertikal-GVO aus.[211] Demnach sollte jegliche Beschränkung des Internetvertriebs eine Kernbeschränkung darstellen und mithin verboten sein.[212] Demgegenüber traten vornehmlich die Hersteller von Luxusprodukten dafür ein, die maßgebliche Unterscheidung zwischen aktivem und passivem Verkauf[213] aufzuheben.[214] Darüber hinaus sollte in selektiven Vertriebssystemen die Einschränkung – bis hin zum Verbot des Internetvertriebs – möglich sein.[215]

---

207 In: Mitteilung der Kommission v. 28.1.2009, IP/09/1197, zur Veröffentlichung der Konsultationsentwürfe.

208 *Schulze/Pautke/Wagener*, Art. 4 lit. b, Rn. 712; *Simon*, EWS 2010, S. 497, 502; *Robertson*, Pt. 2, ECLR 2012, S. 179, 180.

209 Kommission, Überblick über Diskussionspunkte Unternehmensstatements, abrufbar unter: http://ec.europa.eu/competition/sectors/media/online_commerce. html (Seite zuletzt besucht: 21.11.2019). Teilnehmende Unternehmen waren: *Alcatel, Apple/iTunes, eBay, EMI, Fiat, Lucent, LVMH, Sacem, Which?*.

210 Kommission, Abschlussbericht E-Commerce Roundtable, S. 20, abrufbar unter: http://ec.europa.eu/competition/consultations/2009_online_commerce/roundta ble_report_en.pdf (Seite zuletzt besucht: 21.11.2019).

211 *eBay*, „Empowering Consumers by Promoting Access to the 21st Century Market- A Call for Action", PDF, abrufbar unter: http://ec.europa.eu/competition/se ctors/media/ebay_call_for_action.pdf (Seite zuletzt besucht: 21.11.2019).

212 Kommission, Abschlussbericht E-Commerce Roundtable, S. 20, abrufbar unter: http://ec.europa.eu/competition/consultations/2009_online_commerce/roundta ble_report_en.pdf (Seite zuletzt besucht: 21.11.2019).

213 Dazu ausführlich u. § 10 A. II.

214 Kommission, Abschlussbericht E-Commerce Roundtable, S. 21., abrufbar unter: http://ec.europa.eu/competition/consultations/2009_online_commerce/roundta ble_report_en.pdf (Seite zuletzt besucht: 21.11.2019).

215 Kommission, Abschlussbericht E-Commerce Roundtable, S. 20 f., abrufbar unter: http://ec.europa.eu/competition/consultations/2009_online_commerce/roun

2. Eigene gesetzliche Regelungen für den Internetvertrieb?

Es stellte sich die Frage, ob dem Internetvertrieb im Wettbewerbsrecht, insbesondere in der zu überarbeitenden Vertikal-GVO und ihren Leitlinien, mit neuen eigenen gesetzlichen Regelungen Rechnung getragen werden soll.

Hierfür wurde angeführt, dass die Eigenheiten des Vertriebskanals und dessen erhebliches Potential eine eigene, getrennte gesetzliche Regelung oder zumindest eine zusätzliche, präzisere Berücksichtigung in den vorhandenen Normierungen notwendig machen.[216]

Demgegenüber wurde die Ansicht vertreten, dass dem Internetvertrieb als einzelnen Vertriebskanal im Gesamtsystem des Einzelhandels keine gesetzliche Sonderbehandlung zukommen soll.[217] Hierfür spricht zunächst die Konzeption der Vertikal-GVO, die als „Schirm" ausgestaltet ist und unabhängig von der jeweiligen Vertriebsform eingreifen soll.[218] Diesen Grundsatz verfolgte die Kommission bereits seit der Veröffentlichung „Grünbuch zur EG-Wettbewerbspolitik gegenüber vertikalen Wettbewerbsbeschränkungen"[219] im Jahre 1997.[220] Weiter wurde angeführt, dass die Einführung neuer Sonderregelungen zu einer Rechtsunsicherheit führen und so die Entwicklung des Vertriebskanals möglicherweise eher behindern könnte.[221]

---

dtable_report_en.pdf (Seite zuletzt besucht: 21.11.2019); *Simon*, EWS 2010, S. 497, 502.

216 *Robertson*, Pt. 2, ECLR 2012, S. 179.

217 *Clark/Hughes/Waelbroeck*, G.C.P. Aug 2009, S. 1, 24; *Kirch*, JITLP 2006, Vol. 5, S. 18, 34; *Nolte* in: Langen/Bunte Bd. 2, Nach Art. 101 AEUV, Rn. 781.

218 *Nolte* in: Langen/Bunte Bd. 2, Nach Art. 101 AEUV, Rn. 303, 781; *Ellger* in: Immenga/Mestmäcker, EU-Wettbewerbsrecht Bd. 1, Art. 2 Vertikal-GVO, Rn. 10.

219 Kommission, Grünbuch zur EG-Wettbewerbspolitik gegenüber vertikalen Wettbewerbsbeschränkungen, KOM (1996) 721 endg.

220 *Nolte* in: Langen/Bunte Bd. 2, Nach Art. 101 AEUV, Rn. 303, 781; *Ellger* in: Immenga/Mestmäcker, EU-Wettbewerbsrecht Bd. 1, Art. 2 Vertikal-GVO, Rn. 10.

221 *Font Galarza/Gissler, G.C.P. 2009*, S. 1, 7. Dieser Ansicht ist entgegenzuhalten, dass die Einführung von Sonderregelungen regelmäßig die Beseitigung bestehender Rechtsunsicherheiten beabsichtigt und nicht zwangsläufig neue schafft. Weiterhin bringen die Autoren vor, durch eine Neuregelung des Internetvertriebs, die die Beschränkung des Internetvertriebs streng verfolgt, im Ergebnis dazu führe, dass der angestrebte Verbrauchervorteil ins Gegenteil verkehrt würde. Die daraus resultierende potentielle Klagemöglichkeit benachteiligter Händler würde dazu führen, dass sich bestimmte Anbieter der Möglichkeit des Internetvertriebs ihrer Waren gänzlich verschließen würden, vgl. a.a.O. S. 7 f. Dem ist zu widersprechen. Die generelle Untersagung in Form eines Totalverbots des

Dieser Ansatz schlug sich auch in der überarbeiteten Vertikal-GVO nieder, die keine Sonderregelungen hinsichtlich des Internetvertriebs vorsah. Lediglich in den Vertikalleitlinien von 2010 finden sich detailreichere Ausführungen zur Behandlung von Internetvertriebsbeschränkungen.[222] Sie sollen in der Praxis als Auslegungshilfe der Vertikal-GVO dienen. Dabei erwecken sie teilweise einen inkonsistenten Eindruck und stehen damit sinnbildlich für die Interessenkonflikte, die in der Vorbereitung der neuen Verordnung und ihrer Leitlinien besonders in diesem Teilbereich ausgetragen wurden. So waren es, wie eingangs geschildert, insbesondere die Markenartikelhersteller, die sich für eine weitreichende Regulierung des Internethandels einsetzten, während sich die großen Internethandelsplattformen für einen unbeschränkten Internetvertrieb aussprachen.[223] Es geht zudem aus den Leitlinien teilweise auch nicht eindeutig hervor, welche Vorschrift in der GVO den einzelnen Ausführungen zuzuordnen ist.

Das Festhalten an der Vertikal-GVO als „Schirm"-GVO, ohne eigene gesetzliche Regelungen für den Internetvertrieb, ist im Hinblick auf die unterschiedlichen Ausprägungen der Vertriebsformen im Grundsatz nachvollziehbar. Zwar müssen die Eigenheiten des jeweiligen Vertriebskanals Beachtung finden, gleichwohl darf es letztlich nicht darum gehen, auf jegliche wirtschaftliche Entwicklung kurzfristig mit gesetzlichen Änderungen und Neuerungen zu reagieren, sondern vielmehr die gesetzlichen Grundlagen so auszuformulieren, dass sie einer Vielzahl von Sachverhalten gerecht werden. Entsprechend sind die wettbewerbsrechtlichen Regelungen auf jegliche Vertriebsform anzuwenden und nicht für einzelne Vertriebsformen Sondernormen auszuformulieren. Der aktuelle oder potentielle Stellenwert sollte bei der Ausformulierung der Gesetze grundsätzlich keine Berücksichtigung finden. Bei der Auslegung und Anwendung der wettbewerbsrechtlichen Regelungen hingegen ist für eine solche Berücksichtigung der möglichen Sonderstellung des jeweiligen Vertriebszweigs Platz.

Fraglich ist hingegen, ob es sich beim Internetvertrieb um einen Vertriebskanal wie jeden anderen handelt, der sich nur aufgrund seiner Aktualität als *primus inter pares* darstellt, oder ob es sich dabei um eine Vertriebsform handelt, die sich dergestalt von anderen abhebt, dass sie einer eige-

---

Online-Vertriebs seitens der Anbieter gegenüber ihrer Vertriebshändler war weder durch die Regelungen der alten Vertikal-GVO möglich, noch ist sie es mit der neuen Vertikal-GVO.

222 Vgl. Vertikal-GVO, Rn. 52 ff.
223 Vgl. oben § 5 B. II. 2.

nen rechtlichen Behandlung oder zumindest zusätzlicher spezifischer Regelungen bedarf.

III. „Analoger" Binnenmarkt und digitaler Binnenmarkt

1. „Gemeinsamer Markt" bzw. Binnenmarkt als Zielvorgabe

Bereits 1957 wurde die Verwirklichung des Binnenmarktes in Art. 2 EWG-Vertrag – damals noch als „Gemeinsamer Markt" bezeichnet – als Zielvorgabe verankert. Während die Umsetzung ursprünglich gem. Art. 8 EWG-Vertrag zunächst auf 12 Jahre angelegt war, sollte der Binnenmarkt schließlich durch Art. 14 Abs. 1 EGV bis zum 31.12.1992 verwirklicht werden. Bei Ablauf der Frist waren über 90% der geplanten Rechtsakte erlassen, die von der Kommission in ihrem Weißbuch[224] vorgeschlagen wurden, wenngleich noch nicht vollständig in mitgliedstaatliches Recht umgesetzt.[225] Trotz Ablauf des Datums stellt sich die Verwirklichung des Binnenmarktes nicht als abgeschlossen dar. Vielmehr handelt es sich dabei um eine Daueraufgabe, dessen Erhalt und Weiterentwicklung gleichsam mehr als ein dynamischer Prozess, denn als finaler Zustand verstanden werden muss.[226] Dies zeigte sich schließlich auch darin, dass mit dem Vertrag von Lissabon auf eine erneute Frist zur Umsetzung verzichtet wurde. Wenngleich die Verwirklichung des Binnenmarktes auf „analoger" Ebene in qualitativer wie quantitativer Hinsicht[227] weitgehend erreicht ist, ist in jün-

---

224 Europäische Kommission, Weißbuch der Kommission an den Europäischen Rat – Vollendung des Binnenmarktes v. 14.6.1985, ABl. 85 Nr. 310 endg.
225 *Hatje*, in: Schwarze, Art. 26 AEUV, Rn. 21.
226 Vgl. m.w.N. *Schröder*, in: Streinz, Art. 26 AEUV, Rn. 39; *Hatje*, in: Schwarze, Art. 26 AEUV, Rn. 23.
227 So wurde in qualitativer Hinsicht durch den Binnenmarkt der weltweit größte gemeinsame Markt geschaffen, der mehr als 500 Mio. Menschen umfasst, die 2016 ein Bruttoinlandsprodukt von knap 15 Billionen Euro erwirtschafteten, vgl. statista, Bruttoinlandsprodukt (BIP) in EU und Euro-Zone bis 2016, abrufbar unter: https://de.statista.com/statistik/daten/studie/222901/umfrage/bruttoinlandsprodukt-bip-in-der-europaeischen-union-eu (Seite zuletzt besucht: 21.11.2019).
In quantitativer Hinsicht waren im Jahr 2011 bereits 99,1% aller Richtlinien, die als Rechtsakte aus dem Weißbuch der Kommission zur Vollendung des Binnenmarktes erlassen wurden, umgesetzt, vgl. Binnenmarktanzeiger Nr. 22, 2011, S. 1.

gerer Zeit eine Verlagerung bzw. vielmehr eine Renaissance des Binnenmarktprojekts auf digitaler Ebene zu erkennen.

2. Der digitale Binnenmarkt

a) Vom Monti-Bericht zu den Binnenmarktakten

Bereits in seinem Bericht von 2010[228] zur Neubelebung des Binnenmarktes erkannte *Mario Monti*[229] „das Fehlen eines digitalen Binnenmarktes" und zugleich die Bedeutung und die Möglichkeiten, die der elektronische Handel als ein „gesamteuropäischer Online-Einzelhandelsmarkt" mit sich bringe.[230] Auch in ihrer Binnenmarkt-Akte[231] von 2010 sah die Kommission die Notwendigkeit einer „digitalen Agenda" sowie die „Schaffung eines europäischen digitalen Binnenmarkts" als wesentlich für die wirtschaftspolitische Zukunft Europas an.[232]

Hintergrund für die Fokussierung der Europäischen Gemeinschaftsorgane auf den elektronischen Handel war die verhältnismäßige Stagnation zwischen dem grenzüberschreitenden unionsweiten Onlinehandel und

---

228 *Mario Monti*, Bericht an den Präsidenten der Europäischen Kommission – Eine neue Strategie für den Binnenmarkt v. 9.5.2010, abrufbar unter: http://ec.europa .eu/internal_market/strategy/docs/monti_report_final_10_05_2010_de.pdf (Seite zuletzt besucht: 21.11.2019).

229 Von 1995 bis 2004 EU-Kommissar. Zunächst für den Bereich Binnenmarkt, dann für den Bereich Wettbewerb.

230 *Mario Monti*, Bericht an den Präsidenten der Europäischen Kommission – Eine neue Strategie für den Binnenmarkt v. 9.5.2010, S. 53 ff., abrufbar unter: http://e c.europa.eu/internal_market/strategy/docs/monti_report_final_10_05_2010_de. pdf (Seite zuletzt besucht: 21.11.2019).

231 Mitteilung der Kommission an das Europäische Parlament, den Rat, den Europäischen Wirtschafts- und Sozialausschuss und den Ausschuss der Regionen – Auf dem Weg zu einer Binnenmarktakte Für eine in hohem Maße wettbewerbsfähige soziale Marktwirtschaft 50 Vorschläge, um gemeinsam besser zu arbeiten, zu unternehmen und Handel zu treiben v. 27.10.2010, ABl. 2010 Nr. 608 endg.

232 Mitteilung der Kommission an das Europäische Parlament, den Rat, den Europäischen Wirtschafts- und Sozialausschuss und den Ausschuss der Regionen – Auf dem Weg zu einer Binnenmarktakte Für eine in hohem Maße wettbewerbsfähige soziale Marktwirtschaft 50 Vorschläge, um gemeinsam besser zu arbeiten, zu unternehmen und Handel zu treiben v. 27.10.2010, ABl. 2010 Nr. 608 endg., Punkt 1; Vorschlag Nr. 2.

dem nationalen Onlinehandel innerhalb der Mitgliedstaaten.[233] Eine der wesentlichen Ursachen dafür wurde in den unterschiedlichen Verbraucherschutzniveaus ausgemacht. Die verbraucherschutzrechtliche Zersplitterung mitgliedstaatlicher Regelungen stand damit einem grenzüberschreitenden Onlinehandel entgegen.[234] Um diese Diskrepanz zu verringern, wurden unterschiedliche Harmonisierungsmaßnahmen auf den Weg gebracht und das Wettbewerbsrecht wurde als ein leistungsstarker Antrieb für das Unions-Verbraucherschutzrecht ausgemacht.[235]

In der Binnenmarktakte II[236] von 2012 nimmt sodann der digitale Binnenmarkt als wesentlicher Teil der digitalen Wirtschaft eine zentrale Stellung ein und wird dabei als Markt definiert, „in dem Bürger und Unternehmen ungehindert grenzüberschreitende Online-Geschäfte abschließen können"[237].

b) Strategie für einen digitalen Binnenmarkt

Im Mai 2015 veröffentlichte die Kommission ihre „Strategie für einen digitalen Binnenmarkt für Europa"[238]. In diesem zeichnete sie ihre Maßnahmen und Vorstellungen nach, wie der Binnenmarkt, sobald er auf digitaler Ebene verwirklicht ist, sein ganzes Potential ausschöpfen kann. Das Strategiepapier beruht dabei auf drei Pfeilern[239]: Zum einen soll der Online-Zugang zu Waren und Dienstleistungen für Verbraucher und Unternehmer

---

233 Dazu ausführlich m.w.N. *Rischkowsky*, Wirtschaftsdienst 2010, S. 59 f.

234 *Rischkowsky*, Wirtschaftsdienst 2010, S. 60.

235 *Rischkowsky*, Wirtschaftsdienst 2010, S. 59 f.

236 Mitteilung der Kommission an das Europäische Parlament, den Rat, den Europäischen Wirtschafts- und Sozialausschuss und den Ausschuss der Regionen – Binnenmarktakte II, Gemeinsam für neues Wachstum v. 3.10.2012, ABl. 2012 Nr. 573 endg.

237 Mitteilung der Kommission an das Europäische Parlament, den Rat, den Europäischen Wirtschafts- und Sozialausschuss und den Ausschuss der Regionen – Binnenmarktakte II, Gemeinsam für neues Wachstum v. 3.10.2012, ABl. 2012 Nr. 573 endg., S. 6.

238 Mitteilung der Kommission an das Europäische Parlament, den Rat, den Europäischen Wirtschafts- und Sozialausschuss und den Ausschuss der Regionen – Strategie für einen digitalen Binnenmarkt für Europa v. 6.5.2015, ABl. 2015 Nr. 192.

239 Mitteilung der Kommission an das Europäische Parlament, den Rat, den Europäischen Wirtschafts- und Sozialausschuss und den Ausschuss der Regionen – Strategie für einen digitalen Binnenmarkt für Europa v. 6.5.2015, ABl. 2015 Nr. 192, S. 3 f.

in ganz Europa verbessert werden. Zum anderen sollen die richtigen Bedingungen für florierende digitale Netze und Dienste geschaffen werden. Und nicht zuletzt soll das Wachstumspotential der europäischen digitalen Wirtschaft bestmöglich ausgeschöpft werden. Die Strategie ist dabei auf mehrere Jahre angelegt und durch die Umsetzung der Einzelmaßnahmen verspricht sich die Kommission einen zusätzlichen Beitrag zum europäischen Bruttoinlandsprodukt von 415 Mrd. Euro.[240]

c) Sektoruntersuchung zum elektronischen Handel

Parallel zu der Veröffentlichung der Strategie für einen digitalen Binnenmarkt und als Bestandteil derselben, leitete die Kommission im Mai 2015 eine Sektoruntersuchung über die Anwendung des Wettbewerbsrechts im Bereich des elektronischen Handels[241] ein.

aa) Hintergrund

Dabei sollte untersucht werden, weshalb trotz der stetig steigenden Bedeutung des elektronischen Handels, der grenzüberschreitende Onlinehandel vergleichsweise gering ist. Während 2016 im Durchschnitt 60%[242] aller Personen in der EU innerhalb der letzten 12 Monate online eingekauft hatten, waren es lediglich 18%[243], die grenzüberschreitend in anderen Mitgliedstaaten Waren oder Dienstleistungen kauften. Die Sektoruntersuchung sollte dabei insbesondere der Frage nachgehen, inwieweit Unternehmen selbst Hindernisse für den grenzüberschreitenden Onlinehandel schaffen,

---

240 Mitteilung der Kommission an das Europäische Parlament, den Rat, den Europäischen Wirtschafts- und Sozialausschuss und den Ausschuss der Regionen – Strategie für einen digitalen Binnenmarkt für Europa v. 6.5.2015, ABl. 2015 Nr. 192, S. 3.

241 Beschluss der Kommission über die Einleitung einer Untersuchung des elektronischen Handels nach Artikel 17 der Verordnung (EG) Nr. 1/2003 des Rates v. 6.5.2015, ABl. 2015 Nr. 3026 endg.

242 Vgl. EUROSTAT-Daten, Digitaler Binnenmarkt – Förderung des elektronischen Handels für Einzelpersonen, abrufbar unter: http://ec.europa.eu/eurostat/data/d atabase?node_code=isoc_bdek_smi (Seite zuletzt besuch: 21.11.2019.).

243 Vgl. EUROSTAT-Daten, Personen, die Produkte über das Internet von Anbietern aus anderen EU-Staaten bestellt haben, abrufbar unter: http://ec.europa.eu/ eurostat/tgm/table.do?tab=table&init=1&plugin=1&pcode=tin00003&language =de (Seite zuletzt besuch: 21.11.2019.).

um Wettbewerb zu verhindern und den Binnenmarkt entlang der nationalen Grenzen zu fragmentieren.[244]

bb) Ergebnisse

Im Mai 2017 legte die Kommission die Ergebnisse der Sektoruntersuchung in ihrem Abschlussbericht[245] vor. Die Kommission befragte dabei knapp 1800 Unternehmen und prüfte rund 9000 Vertriebsvereinbarungen.[246]

(1) Verstärkter Rückgriff auf vertikale Beschränkungen durch Hersteller

Dabei zeigte sich, dass das rasante Wachstum des elektronischen Handels innerhalb des letzten Jahrzehnts erhebliche Auswirkungen sowohl auf das Verbraucherverhalten als auch auf die Preisgestaltungs- und Vertriebsstragtegien der einzelnen Hersteller und Einzelhändler hat.[247] Aufgrund der gesteigerten Preistransparenz und dem daraus hervorgehenden erhöhten Preiswettbewerb im Internetvertrieb versuchen Hersteller durch vertikale Beschränkungen den Vertrieb stärker zu kontrollieren, um insbesondere Wettbewerbsparameter wie Qualität und Preis besser steuern zu können.[248] Neben eigenen, unabhängigen Online-Shops greifen Hersteller hierfür verstärkt auf „selektive Vertriebssysteme" zurück.[249] Zudem nutzen Hersteller beispielsweise preisbezogene Beschränkungen, Plattformverbote, Beschränkungen für Preissuchmaschinen und Verweigerungen der Aufnahme in das Vertriebssystem für *internet pure player*, also solche Unternehmen, die ihre Waren und Dienstleistungen ausschließlich über das Internet vertreiben.[250]

---

244 Europäische Kommission – Pressemitteilung, Kartellrecht: Kommission leitet Sektoruntersuchung zum elektronischen Handel ein v. 6.5.1015, IP/15/4921.

245 Europäische Kommission, Bericht der Kommission an den Rat und das Europäische Parlament – Abschlussbericht über die Sektoruntersuchung zum elektronischen Handel v. 10.5.2017, ABl. 2017 Nr. 229 endg. (im Folgenden: Sektoruntersuchung zum elektronischen Handel).

246 Kommission, Sektoruntersuchung zum elektronischen Handel, Rn. 5.

247 Kommission, Sektoruntersuchung zum elektronischen Handel, Rn. 10.

248 Kommission, Sektoruntersuchung zum elektronischen Handel, Rn. 15.

249 Kommission, Sektoruntersuchung zum elektronischen Handel, Rn. 15, 1., 2. Spiegelstrich.

250 Kommission, Sektoruntersuchung zum elektronischen Handel, Rn. 15, 3. Spiegelstrich.

(2) Wettbewerbsrechtliche Bedenken der Kommission

Wettbewerbsrechtliche Bedenken ergaben sich für die Kommission inner-halb selektiver Vertriebssysteme insbesondere für die generelle Verpflichtung zum Betrieb eines physischen Verkaufspunktes, wenn diese nur darauf abzielt, reinen Online-Händlern den Zugang zum Vertriebsnetz zu verwehren, ohne dabei die Förderung anderer Wettbewerbsparameter, die Qualitätssteigerung des Vertriebs oder andere potentielle Effizienzsteigerungen zu bezwecken.[251]

Überdies zeigte sich, dass Preisbeschränkungen und –empfehlungen, die mit Abstand am häufigsten eingesetzten vertikalen Beschränkungen waren.[252] Neben dem Rückgriff auf die klassische vertikale Preisbindung durch Hersteller wurden zudem häufig Doppelpreissysteme eingesetzt, um gegen Trittbrettfahrer vorzugehen.[253]

Hinsichtlich des Einsatzes von Plattformverboten zeigte sich, dass insbesondere für kleine und mittelgroße Einzelhändler Plattformen einen wichtigen Verkaufskanal darstellen.[254] Deutschland ist dabei der Mitgliedstaat mit dem höchsten Anteil an betroffenen Einzelhändlern.[255] Die Beschränkungen sind meist im selektiven Vertrieb zu finden und reichen vom vollständigen Ausschluss bis hin zum Verbot des Verkaufs über einzelne Plattformen, die bestimmte Qualitätsanforderungen nicht erfüllen.[256]

(3) Schlussfolgerungen der Kommission

Die Kommission hat sich nach Auswertung der Sektoruntersuchung zum elektronischen Handel zwei Handlungsziele gesetzt, um den digitalen Bin-

---

251 Kommission, Sektoruntersuchung zum elektronischen Handel, Rn. 26 f.
252 42% aller Einzelhändler unterlagen Preisbeschränkungen oder –empfehlungen. Gefolgt von 18% an Plattformverboten, 11% Beschränkungen des grenzüberschreitenden Verkaufs, 11% Beschränkungen des Verkaufs über die eigene Website, 9% Beschränkungen der Nutzung von Preisvergleichsinstrumenten, 8% Beschränkungen der Online-Werbung und 4% sonstiger Beschränkungen, vgl. Kommission, Sektoruntersuchung zum elektronischen Handel, Rn. 28.
253 Kommission, Sektoruntersuchung zum elektronischen Handel, Rn. 32 ff.
254 Kommission, Sektoruntersuchung zum elektronischen Handel, Rn. 39, 3. Spiegelstrich.
255 Während der gemeinschaftsweite Durchschnitt bei 18% liegt, sind in Deutschland 32% aller befragten Einzelhändler von Plattformverboten betroffen, vgl. Sektoruntersuchung zum elektronischen Handel, Rn. 40.
256 Kommission, Sektoruntersuchung zum elektronischen Handel, Rn. 40.

nenmarkt zu schützen und zu stärken: Zum einen will sie die Durchsetzung der europäischen Wettbewerbsregeln für solche Geschäftspraktiken vorantreiben, die infolge des Wachstums des Onlinevertriebs erst entstanden sind oder sich weiterentwickelt haben und die am weitesten verbreitet sind.[257] Zum anderen soll im Dialog mit den nationalen Wettbewerbsbehörden eine einheitliche Anwendung der europäischen Wettbewerbsregeln forciert werden, um eine unterschiedliche Interpretation in den Mitgliedstaaten zulasten des digitalen Binnenmarktes zu vermeiden.[258]

Dessen ungeachtet sieht sie gleichwohl ausdrücklich keine Notwendigkeit, die Gruppenfreistellungsverordnung für Vertikalvereinbarungen vor dem Ablauf der Geltungsdauer im Mai 2022 zu überarbeiten. Die Daten und Erkenntnisse der Sektoruntersuchung sollen lediglich für die Überarbeitung der zukünftigen Vertikal-GVO fruchtbar gemacht werden.[259]

Zudem spricht sich die Kommission – trotz der Wichtigkeit von Plattformen für kleine und mittelgroße Einzelhändler als Verkaufskanal – indes überraschend eindeutig und lediglich unter allgemeiner Bezugnahme auf die Sektoruntersuchungsergebnisse für eine generelle Freistellbarkeit aller Formen der Plattformverbote aus und empfiehlt für die Fälle, in denen Plattformverbote im Einzelfall gegen die Wettbewerbsregeln verstoßen, den Entzug des Rechtsvorteils der Gruppenfreistellung.[260]

§ 6 Auswirkungen von Beschränkungen des Internetvertriebs

Der unbeschränkte Internetvertrieb bringt viele Vorteile mit sich. Doch stehen diesen auch Nachteile gegenüber. Beide sollen im Folgenden genauer betrachtet werden.

A. Die Vorteile des unbeschränkten Internetvertriebs

Die Vorteile des Internetvertriebs sind vielfältig. Die Verbrauchervorteile stehen hier neben allgemeinen Marktvorteilen.

---

257 Kommission, Sektoruntersuchung zum elektronischen Handel, Rn. 75, 1. Spiegelstrich.
258 Kommission, Sektoruntersuchung zum elektronischen Handel, Rn. 75, 2. Spiegelstrich.
259 Kommission, Sektoruntersuchung zum elektronischen Handel, Rn. 74.
260 Kommission, Sektoruntersuchung zum elektronischen Handel, Rn. 42 f.

I. Erhöhte Preistransparenz und erhöhter Preiswettbewerb

Durch die Möglichkeit des Verbrauchers, Produktpreise der unterschiedlichen Anbieter im Internet vergleichen zu können, erhöht sich die Preistransparenz. Dies ensteht nicht nur dadurch, dass die Verbraucher mit geringem Aufwand und mit einer schnellen Reaktionszeit über Preisvergleichsseiten die unterschiedlichen Angebote sichten können, sondern auch die Unternehmer selbst innerhalb kürzester Zeit überblicken können, zu welchen Konditionen die Mitbewerber ihre Waren und Dienstleistungen anbieten.[261] Dies kann zu positiven Effekten auf die Preisbildung führen, wenngleich es auch die Möglichkeit zu kollusivem Verhalten eröffnen kann.[262]

Denn durch die gesteigerte Preistransparenz kann sich zugleich der Preiswettbewerb insbesondere im *Intrabrand*-Verhältnis erhöhen und mithin können die Produktpreise für den Endverbraucher sinken.[263] Nicht nur zwischen den Einzelhändlern, die ihre Waren und Dienstleistungen online vertreiben, findet ein erhöhter Preiswettbewerb statt, sondern auch zwischen ihnen und den stationären Einzelhändlern.[264]

II. Informiertere Kaufentscheidungen und niedrigere Transaktionskosten der Verbraucher

Die im stationären Vertrieb bestehende „Informationsasymmetrie" hinsichtlich der Qualität von Angeboten kann durch das Internet erheblich reduziert werden.[265] Zum einen durch den Informationsaustausch von Endverbrauchern untereinander – beispielsweise durch direkten Kontakt in Internetforen sowie die Bewertungen oder Kommentierungen der Waren und Dienstleistungen in den jeweiligen Onlineshops. Zum anderen

---

261 BKartA, Vertikale Beschränkungen in der Internetökonomie, S. 16; Kommission, Sektoruntersuchung zum elektronischen Handel, Rn. 11, 13; *Robertson*, Pt. 1, ECLR 2012, S. 132, 134.

262 Vgl. dazu unten § 6 B. II.

263 Kommission, Sektoruntersuchung zum elektronischen Handel, Rn. 12; BKartA, Vertikale Beschränkungen in der Internetökonomie, S. 16; *Nolte* in: Langen/Bunte Bd. 2, Nach Art. 101 AEUV, Rn. 761; *Robertson*, Pt. 1, ECLR 2012, S. 132, 134.

264 Kommission, Sektoruntersuchung zum elektronischen Handel, Rn. 12.

265 BKartA, Vertikale Beschränkungen in der Internetökonomie, S. 16; *Hossenfelder*, S. 35, 36.

kommt die Möglichkeit hinzu, professionelle Warentests, Preis- und Leistungsvergleiche und Rankings aufzurufen. So ist eine weitaus informiertere Kaufentscheidung möglich.[266] Dies kann letzlich sogar – zumindest mittelbar – eine Qualtitätssteigerung bei den Anbietern bewirken.

Nicht zuletzt aufgrund des erleichterten Zugriffs auf Produktinformationen und Produktpreise sinken die Transaktionskosten für die Endverbraucher, da sie nun in der Lage sind, Produkte zentral und mit geringem Aufwand zu suchen, zu vergleichen, zu beziehen und so, das für sie wirtschaftlichste Angebot zu wählen.[267]

III. Niedrigere Transaktions- und Distributionskosten für Hersteller und Händler

Durch den Vertrieb über das Internet wird auch den Händlern und Herstellern die Möglichkeit gegeben, ihre Transaktions- und Distributionskosten im Vergleich zum stationären Vertrieb zu senken. Sie können dem Kunden unter Zuhilfenahme schriftlicher und audio-visueller Darstellung eine umfasssende Produktpräsentation bieten, ohne dass ihnen dabei vergleichbare Beratungs- und Präsentationskosten wie im stationären Vertrieb entstehen würden.[268] Durch den direkten Kontakt zum Endverbraucher über die eigene Homepage, soziale Netzwerke oder Onlineshops besteht die Möglichkeit, die Produkte ebenso unmittelbar zu vertreiben und so die Distributionskosten zu senken.[269]

IV. Erhöhte Produktauswahl

Zudem kann der Internetvertrieb eine weitaus höhere Produktauswahl ermöglichen. Während der stationäre Einzelhandel in seinen Ausstellungs-, Regal- und Lagerflächen limitiert ist, kann der Internethandel eine ungleich größere Produktauswahl gewährleisten.[270] Zusätzlich kann es sich

---

266 BKartA, Vertikale Beschränkungen in der Internetökonomie, S. 16; *Hossenfelder*, S. 35, 36.
267 BKartA, Vertikale Beschränkungen in der Internetökonomie, S. 16; *Hossenfelder*, S. 35, 36.
268 BKartA, Vertikale Beschränkungen in der Internetökonomie, S. 16.
269 *Hossenfelder*, S. 35, 36; *Robertson*, Pt. 1, ECLR 2012, S. 132, 134.
270 BKartA, Vertikale Beschränkungen in der Internetökonomie, S. 16; *Robertson*, Pt. 1, ECLR 2012, S. 132, 134.

für Anbieter lohnen, in sog. Nischensegmenten Waren und Dienstleistungen anzubieten. Die Produktvielfalt ist somit für den Endverbraucher im Vergleich zum stationären Vertrieb regelmäßig breiter.

V. Erhöhte Reichweite/Binnenmarktintegration

Durch die Möglichkeit der Händler ihre Waren und Dienstleistungen weltweit über das Internet verkaufen zu können und dem damit einhergehenden Wegfall von Zeit- und Fahrtkosten für die Abnehmer, hat sich die Reichweite der Händler im Vergleich zum stationären Vertrieb erheblich erhöht.[271] Nachgelagerte, zwingende Voraussetzungen dafür sind die problemlose Lieferung und bargeldlose Zahlung.

Nicht zuletzt stellt die globale Reichweite des Internets ein außergewöhnliches Werkzeug dar, die Binnenmarktintegration auf digitaler Ebene voranzutreiben und grenzüberschreitenden Handel zu gewährleisten.[272] Je weniger Hürden sich dort ergeben, desto größer ist die Erfolgswahrscheinlichkeit eines gemeinsamen Europäischen Binnenmarktes. Dies stellt eines der zentralen Ziele der europäischen Wettbewerbspolitik dar.[273]

B. Die Nachteile

Der unbeschränkte Internetvertrieb kann gleichwohl auch negative Effekte mit sich bringen.

I. Imageverlust

So kann es insbesondere für Unternehmen mit geringer Marktmacht ein erheblicher Nachteil sein, den Internetvertrieb innerhalb des eigenen Vertriebssystems nicht beschränken zu können, da sie auf die Produktpräsen-

---

271 BKartA, Vertikale Beschränkungen in der Internetökonomie, S. 16.
272 *Rohrßen*, ZVertriebsR 2017, S. 274, 280 spricht hier unter Bezugnahme auf *Pitt/ P.R. Berthon/J.-P. Berthon*, Changing Channels: The Impact oft the Internet on Distribution Strategy, 1999, von dem „Ende der Distanz, die Homogenisierung der Zeit und die Irrelevanz des Ortes".
273 Vgl. hierzu bereits oben § 5 B III.

tation und die Verkaufsplattform des Produkts keinerlei Einfluss nehmen können. Dies kann dem Produktimage erheblichen Schaden zufügen.[274] Hersteller hochwertiger Markenprodukte sehen zudem manche Produkte aufgrund ihrer Beratungsintensität als für den Online-Vertrieb ungeeignet an.[275] Ohne vorherige stationäre Kundenberatung besteht so das Risiko, dass das Produktimage darunter leidet, dass der Kunde in Ermangelung einer notwendigen Beratung eine falsche Kaufentscheidung trifft.[276]

II. Überwachung und Kollusion

Für Hersteller besteht die Möglichkeit durch vertikale Beschränkungen ihr Verhalten auf einem oligopolistischen Markt zu koordinieren. Entscheidendes Kriterium hierfür ist die Transparenz des Marktes, um unterscheiden zu können, welche Abweichungen auf lokale Gegebenheiten, wie Nachfrageschwankungen und welche auf bewusst abweichendem Verhalten des Herstellers zurückzuführen sind. Dies ist unabdingbar, um das abweichende Verhalten schnell zu erkennen und sanktionieren zu können.[277] Vereinbaren Hersteller mit ihren Händlern vertikale Preisbindungen, besteht die Möglichkeit, im Wege von wechselseitiger Information über verkaufte Mengen und Preise oder öffentliche Ankündigungen, eine hohe Markttransparenz zu schaffen und so ein stabiles Preisniveau zu koordinieren.[278] Die Wirkungen einer solchen Koordination bzw. Kollusion auf einem transparenten Markt kommen einer kartellartigen Abrede gleich, die stabil hohe Preise herstellt und die Konsumentenwohlfahrt dar-

---

274 Vgl. *Neubauer*, S. 9 f.
275 Hierbei handelt es sich häufig um hochwertige Luxusprodukte wie Parfums oder HiFi-Geräte.
276 *Neubauer*, S. 9.
277 BKartA, Vertikale Beschränkungen in der Internetökonomie, Hintergrundpapier, S. 9; *Kerber/Schwalbe*, in: MüKo Bd. 1 EU-Wettbewerbsrecht, Einl., Rn. 475 f.
278 BKartA, Vertikale Beschränkungen in der Internetökonomie, Hintergrundpapier, S. 9; *Kerber/Schwalbe*, in: MüKo Bd. 1 EU-Wettbewerbsrecht, Einl., Rn. 476; m.w.N. *Motta*, S. 359.

unter erheblich leiden lässt.[279] Hierbei handelt es sich um eine negative horizontale Externalität.[280]

Die erhöhte Preistransparenz[281] im Internetvertrieb kann diese Effekt noch verstärken. Zum einen können Hersteller mit Hilfe von Preissoftware einfacher die Preise ihrer Händler überwachen, Abweichungen entdecken und die Preisgestaltung der Händler beeinflussen.[282]

Dieses sog. *monitoring* war jüngst Gegenstand von vier unabhängigen Bußgeldverfahren der Kommission[283]. In den Verfahren gegen Elektronikhersteller, die mithilfe einer Preissoftware Mindestpreise gegenüber ihren Abnehmern durchsetzten, verhängte die Kommission Bußgelder von insgesamt 111 Millionen Euro. Die Hersteller konnten durch hochentwickelte Überwachungsinstrumente verfolgen, wie sich die Wiederverkaufspreisbildung im Vertriebsnetz entwickelte und sobald es zu Preissenkungen der Einzelhändler kam, rasch eingreifen. Wenn sich die Einzelhändler nicht an die verlangten Preise hielten, reagierten die Hersteller mit Drohungen und Sanktionen – wie beispielsweise Belieferungsstopps.

Zusätzlich setzten viele der Online-Einzelhändler Preisalgorithmen ein. Durch diese wurden ihre Einzelhandelspreise automatisch an die Preise ihrer Wettbewerber angepasst. Die Beschränkungen der Hersteller wirkten sich so für die Onlinehändler auf die gesamten Online-Preise der jeweiligen Produktsparte aus.[284] Inwieweit hier bereits der bloße Einsatz von solchen Algorithmen kartellrechtliche Relevanz besitzt, ist stark umstritten.[285]

Darüber hinaus besteht für die Hersteller aufgrund der hohen Preistransparenz die Möglichkeit, untereinander Preise zu koordinieren und

---

279 *Kerber/Schwalbe*, in: MüKo Bd. 1 EU-Wettbewerbsrecht, Einl., Rn. 477; Vertikalleitlinien, Rn. 100 f.

280 BKartA, Vertikale Beschränkungen in der Internetökonomie, Hintergrundpapier, S. 6; *Kerber/Schwalbe*, in: MüKo Bd. 1 EU-Wettbewerbsrecht, Einl., Rn. 453; *Knieps*, 152 ff.

281 Vgl. oben § 6 A. I.

282 Kommission, Sektoruntersuchung zum elektronischen Handel, Rn. 13; dazu auch *Ellger*, ZWeR 2018, S. 272, 289.

283 Europäische Kommission, Pressemitteilung, 24.7.2018, IP/18/4601, abrufbar unter: http://europa.eu/rapid/press-release_IP-18-4601_de.htm (Seite zuletzt besucht: 21.11.2019).

284 Europäische Kommission, Pressemitteilung, 24.7.2018, IP/18/4601, abrufbar unter: http://europa.eu/rapid/press-release_IP-18-4601_de.htm (Seite zuletzt besucht: 21.11.2019).

285 Vgl. dazu ausführlich *Käseberg/von Kalben*, WuW 2018, S. 2; *Küstner/Franz*, K&R 2017, S. 688; *Ellger*, ZWeR 2018, S. 272, 289.

kollusiv zusammenzuwirken. Auch hier können sie sich Preisalgorithmen im Rahmen horizontaler Preisabsprachen zueigen machen. Diese können sie nutzen, um strategische Informationen mit Wettbewerbern zu übermitteln oder sie einsetzen, um die von Wettbewerbern erhaltenen Informationen zu analysieren.[286] Zudem können Unternehmen untereinander Preise absprechen und zur Implementierung dieser, einen bestimmten Algorithmus einsetzen, um so ein bereits bestehendes Kartell effektiv zu steuern und zu kontrollieren.[287] Auch vorstellbar ist die Vereinbarung zwischen konkurrierenden Unternehmen – vergleichbar eines *hub and spoke*-Kartells – ein von ihnen festgelegtes IT-Unternehmen zu beauftragen, welches ihnen vereinbarungsgemäß einen Algorithmus programmieren soll, mithilfe dessen sie ihre Produktpreise automatisch koordinieren können.[288]

III. Free-riding

Zudem zeigt sich das Problem des *free-riding*[289] im Rahmen des Internetvertriebs in besonders starker Form.

1. Allgemein

Im Vorfeld eines Vertragsschlusses werden häufig zahlreiche Dienstleistungen erbracht. Hersteller investieren in Werbung, Händler in eine angemessene Präsentation des Produkts. Insbesondere entstehen den Händlern Kosten durch die Schulung des Personals, um eine gute Beratung gewährleisten zu können. Diese Leistungen führen dazu, dass der Verkaufspreis des Produkts des Händlers steigt, der im Vorfeld Investitionen getätigt hat, um eine umfangreiche Beratung, Werbung und angemessene Produktpräsentation zu gewährleisten, denn die entstandenen Mehrkosten muss dieser über einen höheren Verkaufpreis kompensieren. Parallel dazu können andere Händler auf diese Zusatzleistungen verzichten und das Produkt zu einem günstigeren Preis verkaufen. Ein sparsamer Verbraucher lässt sich

---

286 *Ellger*, ZWeR 2018, S. 272, 289; *Ylinen*, NZKart 2018, S. 19 f.
287 *Ellger*, ZWeR 2018, S. 272, 289, *Ylinen*, NZKart 2018, S. 19, 20.
288 *Küstner/Franz*, K&R 2017, S. 688, 691.
289 Ausführlich dazu *Kapp*, S. 49 ff; *Glöckner*, Rn. 394; *Kerber/Schwalbe*, in: MüKo Bd. 1 EU-Wettbewerbsrecht, Einl., Rn. 453; *Knieps*, S. 152 f.; *Motta*, S. 314 f.; Vertikalleitlinien, Rn. 107 lit. a.

nun im Einzelfall bei dem ersten Händler beraten und informieren, um dann jedoch bei dem zweiten Händler das günstigere Angebot zu beziehen. Die Nachfrage des ersten Händlers geht somit zurück und die investierten Mehrkosten amortisieren sich nicht. Konsequenz ist, dass die Beratungsleistungen zurückgehen und die Gesamtwohlfahrt in Form von uninformierteren Kaufentscheidungen darunter leidet.[290] Für die Internalisierung dieser negativen horizontalen Externalität halten vertikale Abreden mehrere Möglichkeiten bereit. Zunächst können Hersteller durch ein selektives Vertriebssystem ihre Händler zur Einheitlichkeit des Beratungsniveaus verpflichten.[291] Weitergehend könnte durch eine vertikale Preisbindung ein einheitlicher Mindestpreis gewährleistet werden, sodass Händler mit zusätzlichen Beratungsleistungen, nicht durch andere, beratungsärmere Händler, die den Verkaufspreis unterbieten, vom Markt verdrängt werden.[292] Darüber hinaus könnte durch eine Alleinvertriebsvereinbarung, die zusätzlich einen Gebietsschutz beinhaltet, der Anreiz beim sparsamen Konsumenten verloren gehen, durch weitere Anfahrtswege zum günstigeren konkurrierenden Händler abzuwandern.[293]

2. Free-riding im Internetvertrieb

Anbieter im Internet verzichten in der Regel – abgesehen von ausführlichen Standardtexten zu den jeweiligen Produkten – auf jegliche eigene Leistungen im Vorfeld des Vertragsschlusses und können die Beratungs- und Präsentationsservices von stationären Anbietern ausnutzen und mithin die Produkte zu günstigeren Preisen verkaufen.[294] Die Händler im stationären Vertrieb hingegen können aufgrund ihrer Kosten, beispielsweise für Präsentation oder geschultes Personal, ihre Produkte nicht zu vergleichbaren Preisen anbieten ohne dauerhaft ein wirtschaftliches Verlust-

---

290 BKartA, Vertikale Beschränkungen in der Internetökonomie, Hintergrundpapier, S. 6; *Kerber/Schwalbe*, in: MüKo Bd. 1 EU-Wettbewerbsrecht, Einl., Rn. 453; *Motta*, S. 315.

291 *Kapp*, S. 56 ff.; *Kerber/Schwalbe*, in: MüKo Bd. 1 EU-Wettbewerbsrecht, Einl., Rn. 454.

292 *Kerber/Schwalbe*, in: MüKo Bd. 1 EU-Wettbewerbsrecht, Einl., Rn. 454; *Knieps*, 153 ff.

293 *Kerber/Schwalbe*, in: MüKo Bd. 1 EU-Wettbewerbsrecht, Einl., Rn. 454; *Motta*, S. 315.

294 *Baron*, in: Loewenheim/Meessen/Riesenkampff/Kersting/Meyer-Lindemann, Art. 4 Vert-GVO, Rn. 230.

geschäft zu machen. Aufgrund dessen wird teilweise die Ansicht vertreten, dass durch den unbeschränkten Internetvertrieb die klassische Form des Einzelhandels gefährdet wird, da immer mehr kleine, lokal agierende, stationäre Einzelhändler vom Markt verdrängt werden.[295] Dies kann durch vertikale Beschränkungen wie selektive Vertriebssysteme oder ein Totalverbot des Vertriebs über das Internet ausgeschlossen werden.

C. Zusammenfassung und Bewertung

Der Internetvertrieb bringt viele Vorteile mit sich. Es erhöht sich die Preistransparenz und mithin der Preiswettbewerb. Zudem ist der Verbraucher in der Lage, durch die gesunkene Informationsasymmetrie eine informiertere Kaufentscheidung zu treffen. Für die Hersteller und Händler erhöht sich die Reichweite, ihre Produkte verkaufen zu können. Zusätzlich sinken die Transaktionskosten sowohl für Anbieter als auch Verbraucher, während sich die Produktauswahl erhöht. Nicht zuletzt stellt der Internetvertrieb ein einzigartiges Mittel dar, den Binnenmarkt auf digitaler Ebene voranzutreiben.

Daneben stehen jedoch auch Nachteile. Durch den unbeschränkten Internetvertrieb kann insbesondere das Produktimage hochwertiger Produkte leiden. Diese Problematik zeigt sich vornehmlich im Plattformvertrieb. Aufgrund der erhöhten Preistransparenz können Hersteller zudem die Preise ihrer Händler leichter überwachen und überdies einfacher mit anderen Herstellern die Preise koordinieren und kollusiv zusammenwirken. Algorithmen geben den Händlern und Herstellern hierbei völlig neue Möglichkeiten an die Hand. Besonders wettbewerbsschädigend wirkt sich preisbindendes und kollusives Verhalten auch hier bei erhöter Marktmacht aus. Zusätzlich stellt sich im Internetvertrieb das *free-riding*-Problem in besonderem Maße dar, wo Online-Händler die vorvertraglichen Beratungs- und Präsentationsleistungen der stationären Händler ausnutzen können und mit günstigeren Produktpreisen den klassischen Einzelhandel vermeintlich in Gefahr bringen.

Stellt man die Vorteile und Nachteile des unbeschränkten Internetvertriebs in einer schlichten „bilan économique" gegenüber, überwiegen deutlich die Vorteile, insbesondere solche, von denen der Endverbraucher in Form einer erhöhten Konsumentenwohlfahrt direkt profitiert.

---

295 Vgl. m.w.N. *Neubauer*, S. 8 f.

Gleichwohl sind die nachteiligen Auswirkungen zu berücksichtigen. Speziell durch Qualitätsanforderungen an den Internetvertrieb kann den Herstellern der notwendige Einfluss auf Produktpräsentation und Beratungsfunktion gegeben werden. So kann der Hersteller das *Wie* des Internetvertriebs beeinflussen, das *Ob* hingegen darf dabei nicht in seiner Entscheidungssphäre liegen.

§ 7 *Erscheinungsformen von Internetvertriebsbeschränkungen*

Die Erscheinungsformen von Möglichkeiten, den Vertrieb über das Internet zu beschränken, sind vielfältig. Sie reichen von einem Totalverbot des Internetvertriebs über Plattformverbote hin zu Doppelpreissystemen und Preisparitätsklauseln. Ein besonderer Schwerpunkt soll im Folgenden auf Plattformverboten und sogenannten Preisparitätsklauseln liegen. Diese beiden Erscheinungsformen sind aktuell Gegenstand zahlreicher einzelgerichtlicher und kartellbehördlicher Entscheidungen und bieten aufgrund ihrer umstrittenen Beurteilung eine große Praxisrelevanz.

A. Totalverbot

I. Allgemein

Das Verbot eines Herstellers gegenüber seinen Absatzmittlern, das Internet zu Vertriebszwecken zu nutzen, stellt den größtmöglichen Eingriff in die Weiterverkaufsmöglichkeit des Absatzmittlers über das Internet dar. Ein solches Verbot ist grundsätzlich eine Weiterverkaufsbeschränkung, die den *Intrabrand*-Wettbewerb zwischen Händlern derselben Marke – sowohl im Internet als auch im stationären Vertrieb – erheblich einschränkt. Es handelt sich dabei um eine bezweckte Wettbewerbsbeschränkung nach Art. 101 Abs. 1 AEUV.[296] An dieser Beurteilung ändert auch die Privilegierung von qualitativen selektiven Vertriebssystemen[297] im Rahmen des Tatbestandes des Art. 101 Abs. 1 AEUV nichts. So stellt nach jüngster Rechtsprechung des EuGH auch ein (faktisches) Verbot des Internetvertriebs zum Schutz des Prestigecharakters innerhalb selektiver Vertriebssysteme

---

296 EuGH v. 13.10.2011, Rs. C-439/09 – *Pierre Fabre Dermo-Cosmétique*, Slg. 2011, I-9419, Rn. 47.
297 Vgl. dazu § 3 B. II. 2.

kein objektives Qualitätskriterium dar, da ein solches stets unverhältnismäßig und somit nicht objektiv gerechtfertigt ist.[298]
Es liegt zudem stets eine Kundenbeschränkung i.S.d. Art. 4 lit. b Vertikal-GVO[299] und in Fällen eines selektiven Vertriebssystems zugleich eine Beschränkung des passiven Verkaufs i.S.d. Art. 4 lit. c Vertikal-GVO vor, die als Kernbeschränkung nicht gruppenfreistellungsfähig ist.[300]
Nur in Ausnahmefällen kann ein Totalverbot des Internetvertriebs zulässig sein und aufgrund seiner objektiven Notwendigkeit und Angemessenheit bereits nicht unter Art. 101 Abs. 1 AEUV fallen.[301] Dies kann sich zum einen aus Sicherheits- und Gesundheitsgründen ergeben.[302] Zum anderen kann in Fällen eines echten Markteintritts der Hersteller oder Händler bis zu zwei Jahren den Internetvertrieb untersagen, damit dieser vor möglichen verlorenen Kosten nicht zurückschreckt und die Investitionen in die Markterschließung tätigt.[303] Hier wiegt der verstärkte oder vorstoßende *Interbrand*-Wettbewerb, der mit dem echten Markteintritt verbunden ist, den zeitweise eingeschränkten *Intrabrand*-Wettbewerb auf und stellt sich somit als schützenswerter dar.[304]

II. Exkurs: Unterscheidung „aktiver" und „passiver" Verkauf

Entscheidend für die Einschätzung einer zulässigen bzw. gruppenfreistellungsfähigen Beschränkung des Internetvertriebs ist die Binnendifferenzierung des Art. 4 lit. b, c Vertikal-GVO zwischen aktivem und passivem Verkauf.

---

298 EuGH v. 13.10.2011, Rs. C-439/09 – *Pierre Fabre Dermo-Cosmétique*, Slg. 2011, I-9419, Rn. 46 f.

299 Zur teilweise umstrittenen Auslegung des Begriffs des Internetvertriebs als Kundenkreis nach Art. 4 lit. b Vertikal-GVO, sei auf die Ausführungen unten unter § 11 B. I. 1. b) aa) (2) verwiesen.

300 *Baron*, in: Loewenheim/Meessen/Riesenkampff/Kersting/Meyer-Lindemann, Art. 4 Vert-GVO, Rn. 258; *Neubauer*, S. 37 f.; *Nolte*, in: Langen/Bunte Bd. 2, Nach Art 101 AEUV Rn. 803.

301 *Schultze/Pautke/Wagener*, Art. 4 lit. b, Rn. 730; Vertikalleitlinien, Rn. 60 f.

302 Dazu ausführlich *Schultze/Pautke/Wagener*, Art. 4 lit. b, Rn. 731 ff.

303 *Nolte*, in: Langen/Bunte Bd. 2, Nach Art 101 AEUV Rn. 806; *Rohrßen*, GRUR-Prax 2018, S. 39; *Schultze/Pautke/Wagener*, Art. 4 lit. b, Rn. 737 ff.; Vertikalleitlinien, Rn. 61.

304 *Nolte*, in: Langen/Bunte Bd. 2, Nach Art 101 AEUV Rn. 807.

1. Differenzierung nach Vertriebssystem

So ist es gem. Art. 4 lit. b Ziff. i Vertikal-GVO innerhalb des Alleinvertriebs ausnahmsweise zulässig, den aktiven Verkauf zu unterbinden, wenn sich diesen der Anbieter selbst vorbehalten oder einem anderen Abnehmer exklusiv zugewiesen hat. Die Beschränkung des passiven Verkaufs ist unabhängig von der Vertriebsform *per se* unzulässig. Innerhalb selektiver Vertriebssysteme darf gem. Art. 4 lit. c Vertikal-GVO Mitgliedern auf Einzelhandelsstufe weitergehend weder der aktive noch der passive Verkauf an Endverbraucher untersagt werden.

Der bloße Vertrieb von Waren oder Dienstleistungen über das Internet stellt nach Auffassung des EuGH und der Kommission eine besondere Form des passiven Verkaufs dar.[305] Mithin ist der völlige Ausschluss (Totalverbot) auch immer eine Kernbeschränkung i.S.d. Art. 4 lit. b Vertikal-GVO.

2. Beispiele

Bereits in der Vertikal-GVO von 1999 wurde die Unterscheidung zwischen aktivem und passivem Internetvertrieb gezogen, jedoch aufgrund ihrer Unschärfe häufig kritisiert.[306] Die Kommission reagierte auf diese Kritik und stellte innerhalb der Vertikalleitlinien eine Reihe konkreter Beispiele für aktive und passive Verkaufsformen im Internet auf, blieb jedoch bei der grundsätzlichen Unterscheidung zwischen aktiv und passiv – auch im Internetvertrieb.[307]

---

305 EuGH v. 13.10.2011, Rs. C-439/09 – *Pierre Fabre Dermo-Cosmétique*, Slg. 2011, I-9419, Rn. 54; Vertikalleitlinien, Rn. 52; kritisch dazu: *Jestaedt/Zöttl*, in: MüKo Bd. 1 EU-Wettbewerbsrecht, Art. 4 GVO Nr. 330/2010, Rn. 88; *Seeliger*, in: Wiedemann, § 11, Rn. 188.

306 *Nolte*, in: Langen/Bunte Bd. 2, 11. Aufl. 2010, Art 81, Fallgruppen, Rn. 593; *Pautke/Schultze*, BB 2001, S. 317, 318; *Schultze/Pautke/Wagener*, Vertikal-GVO, 2. Aufl. 2008, Rn. 572, 578.

307 Vertikalleitlinien, Rn. 51 ff.

a) Aktiver Verkauf

Aktiver Verkauf ist demnach die aktive Ansprache von Kunden mithilfe von Direktwerbung oder Massen-E-Mails.[308] Online-Werbung, die gezielt an bestimmte Kunden gerichtet ist, wird in den Leitlinien ebenfalls als aktiver Verkauf eingeschätzt. Hierunter fallen beispielsweise gebietsspezifische Banner auf Seiten Dritter.[309] Auch Zahlungen an Online-Werbeanbieter oder für Suchmaschinen, um Werbung gezielt für Nutzer in bestimmten Gebieten erscheinen zu lassen, werden von der Kommission als aktiver Verkauf gewertet.[310]

b) Passiver Verkauf

Unter passivem Verkauf wird nach Ansicht der Kommission die Erledigung von unaufgeforderten Online-Bestellungen einzelner Kunden verstanden, ebenso wie allgemeine Werbe- und Verkaufsförderungsmaßnahmen.[311] Das Betreiben einer eigenen Website wird dabei notwendigerweise ebenfalls als passive Verkaufsform gesehen. Die Möglichkeit auf diese auch aus exklusiv an andere Händler vergebenen Gebieten oder Kundengruppen zuzugreifen, ist lediglich eine Folge der technischen Entwicklung und nicht als aktive Verkaufsform zu werten.[312] Auch die Möglichkeit aus unterschiedlichen Sprachen zu wählen, ändert nach Auffassung der Kommission nichts am passiven Verkaufscharakter.[313]

---

308 Vertikalleitlinien, Rn. 51, 1. Spiegelstrich.
309 Vertikalleitlinien, Rn. 53. Wohingegen Nachrichten per automatischem Newsletter-Abonnement nicht als aktive Ansprache gewertet werden, vgl. Vertikalleitlinien, Rn. 52.
310 Vertikalleitlinien, Rn. 53. Hierunter sind nach Ansicht der Literatur auch die gezielte *AdWord*-Werbung, sowie die Verwendung von *Meta-Tags* und *Domainnamen* anderer Länder zu verstehen, *Jestaedt/Zöttl*, in: MüKo Bd. 1 EU-Wettbewerbsrecht, Art. 4 GVO Nr. 330/2010, Rn. 105; *Nolte*, in: Langen/Bunte, Nach Art 101 AEUV Rn. 861; *Schultze/Pautke/Wagener*, Art. 4 lit. b, Rn. 749 f.
311 Vertikalleitlinien, Rn. 51, 2. Spiegelstrich.
312 Vertikalleitlinien, Rn. 52.
313 Vertikalleitlinien, Rn. 52.

3. Allgemeiner Abgrenzungstest

Daneben lässt sich aus den Vertikalleitlinien zudem ein allgemeiner Test ableiten, der bei der Abgrenzungsfrage helfen soll, wann es sich um eine aktive und wann um eine passive Verkaufsform im Internetvertrieb handelt. Demnach sind aktive Verkaufsformen solche, „die für den Abnehmer nur interessant sind, wenn sie (auch) eine bestimmte Kundengruppe oder Kunden in einem bestimmten Gebiet erreichen"[314]. Passiver Verkauf liegt hingegen vor, „wenn es für den Abnehmer auch dann attraktiv wäre, die entsprechenden Investitionen zu tätigen, wenn Kunden in den Gebieten oder Kundengruppen, die anderen Händlern (ausschließlich) zugewiesen sind, nicht erreicht würden"[315].

III. Ausschluss des reinen Internetvertriebs

Vom generellen Ausschluss des Internetvertriebs innerhalb eines bestehenden Vertriebssystems zu unterscheiden ist der Ausschluss des reinen Internetvertriebs. Insbesondere innerhalb selektiver Vertriebssysteme sieht es die Kommission als zulässig an, dass den Systemmitgliedern vorgeschrieben werden kann, dass sie über einen oder mehrere physische Verkaufstellen bzw. stationäre Ladenlokale verfügen müssen.[316] Diese sog. *„brickstore"/ „brick & mortar"/ „click & brick"*-Klausel soll es den Herstellern ermöglichen, dem *freeriding*-Problem Herr zu werden, indem sie ihnen die Möglichkeit einräumt, sog. *internet pure player* nicht beliefern zu müssen.[317] Dies deckt sich mit der Ansicht des BGH, der bereits 2003 einem Unternehmen, das kosmetische Produkte ausschließlich über das Internet vertrieb, einen Belieferungsanspruch absprach, sogar dann, wenn die Be-

---

314 Vertikalleitlinien, Rn. 51, 1. Spiegelstrich.
315 Vertikalleitlinien, Rn. 51, 2. Spiegelstrich.
316 Vertikalleitlinien, Rn. 54. Der Wortlaut der Leitlinien ist dabei nicht eindeutig und es wird nicht zweifelsfrei deutlich, ob sich die Ausführungen auf jegliche Vertriebsform beziehen oder ausschließlich auf den selektiven Vertrieb, was der vorstehende Satz zumindest nahelegt: „Dies kann insbesondere für den selektiven Vertrieb von Bedeutung sein" So wohl auch *Polley*, CR 2010, S. 620, 625, die den Auschluss reiner Internethändler innerhalb der Selektionskriterien verortet. A.A. *Simon*, EWS 2010 S. 497, 502, dieser geht ohne Differenzierung nach Vertriebssystemen davon aus, dass Hersteller im Allgemeinen nicht an reine Internethändler liefern müssen.
317 *Rohrßen*, GRUR-Prax 2018, S. 39; *Seeliger/de Crozals*, DB 2017, S. 351, 352; *Schulze zur Wiesche*, K&R 2010, S. 541, 544.

klagte ihren Absatzmittlern den Vertrieb über das Internet in gewissem Umfang zubilligte.[318] Hersteller machen von dieser Klausel in der Praxis häufig Gebrauch, um so zugleich angemessene Qualitätsstandards für das stationäre Ladenlokal auszusprechen.[319] Während die Klausel in den Vertikalleitlinien[320] als uneingeschränkt zulässig angesehen wird, äußert die Kommission in der Sektoruntersuchung erstmals Zweifel an der Notwendigkeit oder der Erforderlichkeit der Klausel im Einzelfall.[321]

B. Umsatz- und Absatzvorgaben

Die Begrenzung von Gesamtverkäufen eines Absatzmittlers in Form von fixen Obergrenzen für Umsatz- und Absatzvolumina im Internetvertrieb stellt nach Auffassung der Kommission[322] und der Literatur[323] eine Kernbeschränkung des passiven Verkaufs gem. Art. 4 lit. b Vertikal-GVO dar. Gleichwohl können dem Absatzmittler Vorgaben zum Mindestwert oder zur Mindestmenge hinsichtlich offline verkaufter Waren gemacht werden, um zu verhindern, dass sich Händler Zugang zum Vertriebssystem des Herstellers, mit der Zusage des Vertriebs über ein stationäres Ladenlokal verschaffen, dieses aber nur *pro forma* betreiben und hauptsächlich Waren über das Internet verkaufen.[324] Dies bedeutet jedoch nicht, dass ein Verbot des überwiegenden Internethandels[325] zulässig sei. Nach Auffassung der

---

318 BGH v. 4.11.2003, Az. KZR 2/02 – *Depotkosmetik im Internet*, WuW/E DE-R 1203, 1204.

319 Kommission, Zwischenbericht Sektoruntersuchung E-Commerce v. 15.9.2016, SWD (2016) 312 final, abrufbar unter: http://ec.europa.eu/competition/antitrust /secto_inquiry_preliminary_report_en.pdf. (Seite zuletzt besucht am: 21.11.2019), Rn. 143 (im Folgenden: Zwischenbericht Sektoruntersuchung E-Commerce).

320 Vgl. Vertikalleitlinien, Rn. 54.

321 Kommission, Zwischenbericht Sektoruntersuchung E-Commerce, Rn. 228.

322 Vertikalleitlinien, Rn. 52 lit.c.

323 *Dreyer/Lemberg*, BB 2012, S. 2004, 2007; *Lettl*, WRP 2010, S. 807, 817 f.; *Pischel*, GRUR 2010, S. 972, 973; *Rösner*, WRP 2012, S. 1114, 1120; *Seeliger/de Crozals*, DB 2017, S. 351, 352; *Schultze/Pautke/Wagener*, Art. 4 lit. b, Rn. 757.

324 *Dreyer/Lemberg*, BB 2012, S. 2004, 2007; *Nolte*, in: Langen/Bunte Bd. 2, Nach Art 101 AEUV Rn. 813 f.; *Schultze/Pautke/Wagener*, Art. 4 lit. b, Rn. 758.

325 Ein Kündigungsrecht des Herstellers gegen ein Mitglied seines selektiven Vertriebssystems aufgrund eines Verstoßes gegen eine stationäre Mindestumsatzvereinbarung von 50% hielt der BGH im Jahre 2003 noch für zulässig – zum Schutze des Markenimages und des Prestigecharakters, BGH v. 4.11.2003, Az. KZR 2/02 – *Depotkosmetik im Internet*, WuW/E DE-R 1203.

Kommission[326] und der Literatur[327] handelt es sich bei einer solchen Vorgabe um eine Begrenzung der Gesamtverkäufe über das Internet und mithin um eine Kernbeschränkung i.S.d. Art. 4 lit b Vertikal-GVO.

C. Doppelpreissysteme

Hersteller können weiterhin die Internetverkäufe ihrer Händler über sog Doppelpreissysteme (*dual pricing*) kontrollieren.[328] Dabei wird vereinbart, dass der Abnehmer für Produkte, die er online weiterverkauft, im Einkauf beim Hersteller einen höheren Preis bezahlen muss, als für die Produkte, die er offline, also im stationären Vertrieb, weiterverkauft.[329] Doppelpreissysteme können zudem subtiler, durch umsatzbezogene Rabatte oder rückwirkend ausgleichende Bonizahlungen (sog. *Kickback*-Zahlungen)[330] etabliert werden.[331]

Ein Doppelpreissystem verfolgt den Zweck, die räumliche Erreichbarkeit der Händler für Internetkunden einzuschränken und im Extremfall den Anteil der Verkäufe über das Internet derart unprofitabel auszugestalten, dass dieser faktisch ausgeschlossen wird bzw. Händler vom Auf- oder Ausbau des Internetvertriebs abgehalten werden.[332]

Das Bundeskartellamt wertete das Doppelpreissystem im Falle *Garmin* im Jahr 2010 zunächst noch als „Preisbindung der zweiten Hand" und mithin als Kernbeschränkung gem. Art. 4 lit. a[333] Vertikal-GVO 1999.[334] Bei

---

326 Vgl. Vertikalleitlinien, Rn. 52 lit. c.

327 *Nolte*, in: Langen/Bunte Bd. 2, Nach Art 101 AEUV Rn. 815; *Pischel*, GRUR 2010, S. 972, 974; *Schultze/Pautke/Wagener*, Art. 4 lit. b, Rn. 757.

328 Vgl. dazu ausführlich *Pautke/Billinger*, ZWeR 2016, S. 40 ff.; *Nolte*, in: Langen/Bunte Bd. 2, Nach Art 101 AEUV Rn. 821 ff.; *Seeliger/de Crozals*, DB 2017, S. 351, 353; *Schultze/Pautke/Wagener*, Art. 4 lit. b, Rn. 759 ff.

329 Vertikalleitlinien, Rn. 64.

330 BKartA, Fallbericht. v. 18.6.2010, B5-100/09 – *Garmin*.

331 *Baron*, in: Loewenheim/Meessen/Riesenkampff/Kersting/Meyer-Lindemann, Art. 4 Vert-GVO, Rn. 254; *Nolte*, in: Langen/Bunte Bd. 2, Nach Art 101 AEUV Rn. 822; *Pautke/Billinger*, ZWeR 2016, S. 40, 43.

332 *Mäger/von Schreitter*, NZKart 2015, S. 62, 64; *Pautke/Billinger*, ZWeR 2016, S. 40, 47.

333 Heute ebenfalls Art. 4 lit. a Vertikal-GVO.

334 BKartA, Fallbericht v. 18.6.2010, B5-100/09 – *Garmin*. Im Fallbericht *BSH* ebenso wie im Hintergrundpapier zu vertikalen Beschränkungen in der Internetökonomie ging das BKartA jedoch dann auch von einer Kunden- oder Gebietsbeschränkung gem. Art. 4 lit. b Vertikal-GVO aus, durch die Beschränkung des passiven Internetvertriebs, vgl. BKartA, Fallbericht v. 23.12.2013, B7-11/13 –

Zugrundelegung der aktuellen Vertikal-GVO ist eine solche Doppelpreisstrategie im Internetvertrieb wohl eher als Beschränkung des passiven Internetvertriebs zu werten und somit als bezweckte Wettbewerbsbeschränkung i.S.d. Art. 101 Abs. 1 AEUV und zugleich als Kernbeschränkung nach Art. 4 lit. b Vertikal-GVO anzusehen.[335] Hierfür spricht auch die Verortung der Problematik in den Vertikalleitlinien. Die Kommission behandelt dort die Erscheinungsform der Doppelpreisstrategie im Internet im Rahmen der Weiterverkaufsbeschränkungen des Art. 4 lit. b Vertikal-GVO und gerade nicht im Zusammenhang mit der „Preisbindung der zweiten Hand" des Art. 4 lit. a Vertikal-GVO.[336]

In wenigen Ausnahmefällen erkennt die Kommission Umstände an, die eine Einzelfreistellung eines Doppelpreissystems rechtfertigen können. Dies soll der Fall sein, wenn die Online-Verkäufe mit ungleich höheren Kosten als Offline-Verkäufe verbunden sind.[337] Beispielhaft wird dabei die Installation vor Ort angeführt, die bei Offline-Verkäufen bereits als Serviceleistung beinhaltet ist und die zu einer Reduktion von Kundenbeschwerden und Haftungsansprüchen beim Hersteller führt.[338]

D. Gebietsbeschränkungen

Eine weitere Erscheinungsform von Beschränkungen des Internetvertriebs sind Gebietsbeschränkungen (*geo-blocking*[339]). Diese können in allgemeinen Vereinbarungen zwischen dem Hersteller und dem Händler bestehen, die verhindern, dass Kunden aus einem anderen Gebiet dessen Website aufrufen können. Dies kann im Speziellen durch automatische Umleitungen auf die Hersteller-Website oder die Website eines anderen Händlers

---

BSH; Vertikale Beschränkungen in der Internetökonomie, Hintergrundpapier, S. 21.

335 So auch *Baron*, in: Loewenheim/Meessen/Riesenkampff/Kersting/Meyer-Lindemann, Art. 4 Vert-GVO, Rn. 255; *Hossenfelder*, S. 35, 46 f.; *Mäger/von Schreitter*, NZKart 2015, S. 62, 64; *Schultze/Pautke/Wagener*, Art. 4 lit. b, Rn. 761 f.; anders *Nolte*, in: Langen/Bunte Bd. 2, Nach Art 101 AEUV Rn. 821, der darin weithin eine „Preisbindung der zweiten Hand" erblickt.

336 Vertikalleitlinien, Rn. 52 lit. d.

337 Vertikalleitlinien, Rn. 64.

338 Vertikalleitlinien, Rn. 64.

339 Vgl. dazu *Seeliger/de Crozals*, DB 2017, S. 351, 355.

geschehen.[340] Ein weiteres Beispiel sind Vereinbarungen, wonach sich der Händler verpflichtet, Internet-Transaktionen zu unterbrechen, wenn sich an der Kreditkarte des Vebrauchers erkennen lässt, dass dieser außerhalb des Gebiets des Händlers liegt.[341]

Auch hier wird der Händler durch den Hersteller erheblich in seinen Vertriebsmöglichkeiten über das Internet eingeschränkt. Bei Einschränkungen des Gebiets handelt es sich somit ebenfalls um eine Kernbeschränkung nach Art. 4 lit. b Vertikal-GVO.

§ 8 Plattformverbote

Bei Plattformverboten handelt es sich um Verbote der Hersteller, die es ihren Absatzmittlern untersagen, die Vertragsprodukte über Internetplattformen Dritter – wie beispielsweise *eBay* oder *Amazon Marketplace* – weiterzuverkaufen. Diese Verbote können unmittelbar in Vertriebsverträgen ausgesprochen werden oder mittelbar, durch nicht erfüllbare Qualitätsanforderungen an die Produktpräsentation, den Vertrieb über Plattformen faktisch ausschließen.[342]

Vordergründig wird dies in der Regel mit der Qualitätssicherung hinsichtlich Präsentation, Beratung, Vertrieb und dem Schutz der Produkte vor „Verramschung" gerechtfertigt.[343] Hintergrund ist jedoch häufig, einen erhöhten Preiswettbewerb auf den in Rede stehenden Plattformen zu verhindern, um das hohe Preisniveau der Produkte zu sichern.[344] Der durch die vereinfachte Vergleichsmöglichkeit der Produkte untereinander und mit denen anderer Hersteller entstandene Preisdruck, soll durch die ausgesprochenen Verbote untersagt oder zumindest abgeschwächt werden.[345] Teilweise werden Plattformverbote aufgrund dessen als „Preisstabi-

---

340 Vertikalleitlinien, Rn. 52 lit. a. Links auf der Website des Händlers, die zur Website des Herstellers oder anderer Händler führen, hält die Kommission hingegen für zulässig.
341 Vertikalleitlinien, Rn. 52 lit. b.
342 Vgl. zur Definition oben § 1 B. I.
343 *Ellger*, ZWeR 2018, S. 272, 275; *Neubauer*, S. 7; *Schweda/Rudowicz*, WRP 2013, S. 590, 591.
344 *Baron*, in: Loewenheim/Meessen/Riesenkampff/Kersting/Meyer-Lindemann, Art. 4 Vert-GVO, Rn. 268, 316; *Ellger*, ZWeR 2018, S. 272, 278; *Kinsella/Melin*, GCP March 2009, S. 1, 12; *Schweda/Rudowicz*, WRP 2013, S. 590, 591.
345 *Baron*, in: Loewenheim/Meessen/Riesenkampff/Kersting/Meyer-Lindemann, Art. 4 Vert-GVO, Rn. 316.

lisierungsmaßnahmen im bloßen Gewand einer Qualitätsanforderung" bezeichnet.[346]

Eine zusätzliche Herausforderung Plattformverbote kartellrechtlich einzuordnen, stellt dabei die Wirkungsweise solcher Verbote dar. Diese wirken sich nicht nur unmittelbar auf den Absatzmittler aus, der nun die Produkte nicht mehr über die Plattformen Dritter vertreiben kann. Zusätzlich wirken sich die Verbote auch auf die Angebotsvielfalt der Plattformen und mithin auf die Plattformbetreiber aus, die als sog. *Intermediäre*[347] nicht in die klassischen Vertriebsketten eingefügt werden können.[348]

Die praktische Relevanz solcher Plattformverbote oder vergleichbarer Restriktionen verdeutlichte die Sektoruntersuchung der Kommission zum elektronischen Handel. Bei dieser gaben EU-weit 18% der Einzelhändler an, Plattformverboten oder sonstigen Plattform-Restriktionen zu unterliegen.[349] In Deutschland lag der Anteil sogar bei 32%.[350]

Die rechtliche Bewertung von Plattformverboten fiel in den vergangenen Jahren sowohl in der Rechtsprechung[351] als auch in der Literatur sehr unterschiedlich aus. Dies führte letztlich zum Vorlageverfahren des OLG Frankfurt a.M.[352], in dem das Gericht dem EuGH vier grundlegende Fragestellungen zu Plattformverboten zur Klärung vorlegte. Im Dezember 2017

---

346 *Mäger/von Schreitter*, NZKart 2015, S. 62, 71.
347 Suchmaschinen, Preisvergleichsseiten, Buchungsplattformen oder eben Online-Handelsplattformen nehmen als sogenannte Intermediäre in der Internetökonomie eine wichtige Vermittlerfunktion auf zweiseitigen Plattformmärkten zwischen Anbieter und Abnehmer wahr. Diese treten sowohl im Verhältnis *b2b* als auch *b2c* in Erscheinung.
348 Vgl. *Mäger/von Schreitter*, NZKart 2015, S. 62, 66.
349 Kommission, Zwischenbericht Sektoruntersuchung E-Commerce, Rn. 431, Fig. B. 65.
350 Kommission, Zwischenbericht Sektoruntersuchung E-Commerce, Rn. 431, Fig. B. 65.
351 Als zulässig erachtet wurde ein Plattformverbot vom LG Mannheim v. 14.3.2008, Az. 7 O 263/07 Kart – *Schulranzen*, WuW 2008, S. 856; OLG Karlsruhe v. 25.11.2009, Az. 6 U 47/08 Kart – *Schulranzen*, EuZW 2010, S. 237; OLG München v. 2.7.2009, Az. U (K) 4842/08 – *Sportartikel*, GRUR-RR 2009, S. 394; als unzulässig hingegen vom LG Berlin v. 5.8.2008, Az. 16 O 287/08 – *eBay-Verbot*, GRUR-RR 2009, S. 115; LG Kiel v. 8.11.2013, Az. 14 O 44/13 Kart – *Digitalkameras*, NZKart 2014, S. 39; OLG Schleswig v. 5.6.2014, Az. 16 U (Kart) 154/13 – *Digitalkameras*, GRUR-RR 2015, S. 34; LG Frankfurt a.M. v. 18.6.2014, Az. 2-03 O 158/13 – *Funktionsrucksäcke*, GRUR-RS 2014, S. 419.
352 OLG Frankfurt a.M. v. 19.4.2016, Az. 11 U 96/14 – *Depotkosmetik II*, NZKart 2016, S. 236.

bezog dieser in der Entscheidung *Coty Germany*[353] Stellung zu den Vorlagefragen. Dies führte zumindest auf den ersten Blick zur Klärung umstrittener Fragen im Zusammenhang mit der Zulässigkeit von Plattformverboten. Ob das Urteil des EuGH der Rechtsunsicherheit ein nachhaltiges Ende bereitet hat, indem es die rechtliche Zulässigkeit von Plattformverboten innerhalb selektiver Vertriebssysteme abschließenden geklärt hat, soll im Folgenden untersucht werden.

A. Auswirkungen von Plattformverboten auf den Wettbewerb

Zunächst ist ein Blick auf die Vor- und Nachteile sowie die Auswirkungen von Plattformen auf den Wettbewerb zu werfen.

I. Wettbewerbsfördernde Auswirkungen von Drittplattformen

Online-Handelsplattformen bringen eine Vielzahl an Vorteilen mit sich. Neben den originären Vorteilen der Plattformbetreiber sind die Händler als Absatzmittler und die Endverbraucher als Abnehmer Nutznießer davon.

1. Erhöhte Kundenreichweite

Der Vorteil bei Drittplattformen besteht für Händler darin, dass sie ohne erhebliche Investitionen einfach Zugang zu einem großen Kundenkreis bekommen.[354] Der Händler muss selbst keine zeit- und kostenintensive Pflege des eigenen Onlineshops aufwenden und kann aufgrund des indirekten Netzwerkeffekts[355] bei etablierten Plattformen bereits eine beträchtliche potentielle Abnehmerzahl mit den eigenen Waren oder Dienstleis-

---

353 EuGH v. 6.12.2017, Rs. C-230/16 – *Coty Germany*, ECLI:EU:C:2017:941.
354 Kommission, Sektoruntersuchung zum elektronischen Handel, Rn. 14; *Schweda/Rudowicz*, WRP 2013, S. 590, 592; *Kumkar*, S. 271 f.; *Neubauer*, S. 60 f.
355 Plattformmärkte sind i.d.R. zweiseitige Märkte, die für Anbieter von Waren oder Dienstleistungen interessanter werden, je mehr potentielle Abnehmer auf dem Markt anzutreffen sind. Zugleich wird der Plattformmarkt für Abnehmer attraktiver, je mehr Anbieter dort in einem regen Preiswettbewerb stehen und so für eine größere Produktauswahl bei gleichzeitig stärkerem Wettbewerb sorgen. Die sich auf demselben Plattformmarkt positiv auswirkende wechselseitige

tungen ansprechen. Händler können zudem zum einen vom Bekanntheitsgrad der Plattform und zum anderen vom gesteigerten oder bereits etablierten Vertrauen aufgrund der häufig vorhandenen hohen Transaktionssicherheit profitieren.[356] Darüber hinaus steigert sich die Auffindbarkeit kleiner und mittelgroßer Händler über Meta-Suchmaschinen, da die Klick-Raten der Plattformen durch die Bündelung von Werbekapazitäten erheblich besser sind als die der einzelnen Händler.[357]

2. Erhöhter Preiswettbewerb

Ein besonderes Charakteristikum solcher Online-Handelsplattformen besteht darin, dass nicht nur die Absatzmittler derselben Marke auf den Plattformen in einem konzentrierten *Intrabrand*-Wettbewerb stehen, auch die Anbieter unterschiedlicher Marken desselben Produkts stehen in intensivem *Interbrand*-Wettbewerb.[358] Die Plattformen führen alle Angebote zusammen, entweder desselben Produkts und derselben Marke oder desselben Produkts und unterschiedlicher Marken. Dies veranlasst die Händler, scharf zu kalkulieren und die Produkte zu einem möglichst günstigen Preis anzubieten.[359] Mithin sorgen solche Plattformen für einen höheren Preiswettbewerb, wovon die Endverbraucher i.d.R. durch günstige Preise profitieren.

3. Verringerte Marktzutrittsschranken

Insbesondere für kleinere Anbieter und Newcomer bieten Drittplattformen durch den vergleichsweise geringen Kostenaufwand eine einzigartige Möglichkeit, eine große Kundenzahl zu erreichen.[360] Mit einem selbst finanzierten Onlineshop durch zusätzliche kostenintensive Werbemaßnah-

---

Wirkung durch jeden neuen Anbieter oder Abnehmer wird als indirekte Netzwerkexternalität bzw. als indirekter Netzwerkeffekt bezeichnet. Vgl. BKartA, Vertikale Beschränkungen in der Internetökonomie, Hintergrundpapier, S. 19; *Ellger*, ZWeR 2018, S. 272, 273; dazu ausfürhlich *Kumkar*, S. 45 ff.

356 *Neubauer*, S. 60 f.; *Schweda/Rudowicz*, WRP 2013, S. 590, 591.
357 *Kumkar*, S. 271; *Lohse*, WuW 2014, S. 120, 122.
358 *Neubauer*, S. 60; *Schweda/Rudowicz*, WRP 2013, S. 590, 591.
359 *Kumkar*, S. 272 f.; *Lohse*, WuW 2014, S. 120, 122; *Robertson*, Pt. 1, ECLR 2012, S. 132, 134; *Schweda/Rudowicz*, WRP 2013, S. 590, 592.
360 *Neubauer*, S. 61; *Schweda/Rudowicz*, WRP 2013, S. 590, 592.

men eine vergleichbare Reichweite zu erzielen, steht in einem starken Missverhältnis.[361] Drittplattformen bauen mithin Markzutrittsschranken ab, indem Unternehmen mit geringen Mitteln in einem bereits etablierten Markt mit markeninterner und -externer Konkurrenz effektiv in Wettbewerb treten können.[362]

Insbesondere wird den Händlern durch den Plattformvertrieb zugleich der Zugang zum Vertrieb über mobile Endgeräte wie Smartphones oder Tablets ermöglicht – den *Mobile Commerce*.[363] Die Entwicklung von eigenen Anwendungen für mobile Endgeräte (*Apps*) oder die Erstellung „mobiler Seiten" für die bessere Kompatibilität des mobilen Endgeräts und des verwendeten Browsers beim Aufruf der jeweiligen Internetseiten stellt dabei für einzelne Händler einen erheblichen finanziellen Mehraufwand dar, den diese regelmäßig scheuen werden.[364] Große Handelsplattformen bieten ihnen gleichwohl die Möglichkeit, ihre Produkte auf deren Apps und mobilen Seiten für Endverbraucher verfügbar zu machen und so einen Zugang zum *Mobile Commerce* zu ermöglichen.[365]

4. Verringerte Suchkosten

Durch Online-Handelsplattformen können die Suchkosten für Verbraucher erheblich gesenkt werden, indem sie effizient die unterschiedlichen Angebote der unterschiedlichen Händler des gewünschten Produkts nebeneinanderstellen und dem Verbraucher zentral, ohne zeitintensiven Aufwand die Möglichkeit geben, diese zu vergleichen.[366] Auch die Kommission erkennt die Vorteile der Plattformen an. Sie geht davon aus, dass Verbraucher durch die Online-Intermediäre ca. 140 Milliarden Euro aufgrund der verringerten Suchkosten gespart haben.[367]

---

361 *Neubauer*, S. 61 f.; *Schweda/Rudowicz*, WRP 2013, S. 590, 592.
362 *Neubauer*, S. 61 f.; *Schweda/Rudowicz*, WRP 2013, S. 590, 592.
363 *Kumkar*, S. 271 f.; *Schweda/Rudowicz*, WRP 2013, S. 590, 592
364 *Kumkar*, S. 271.
365 *Kumkar*, S. 271.
366 *Schweda/Rudowicz*, WRP 2013, S. 590, 592; a.A. *Neubauer*, S. 61, der Preissuchmaschinen als adäquate Alternative auffasst. Dies greift jedoch zu kurz, denn die gesonderte Preisrecherche auf einem anderen Portal verursacht zweifellos einen zusätzlichen Zeitaufwand und ist mithin nicht vergleichbar mit der Möglichkeit bei Drittplattformen als *one-stop shops* Produkte zentral zu suchen, zu vergleichen und zu kaufen.
367 Kommission, „Staff Working Document – Online Platforms, SWD (2016) 172, S. 12, abrufbar unter: https://ec.europa.eu/digital-single-market/en/news/commis

5. Förderung des digitalen Binnenmarktes

Online-Handelsplattformen können weiterhin einen belebenden Einfluss auf den digitalen Binnenmarkt haben.[368] Endverbraucher schrecken häufig aufgrund der unterschiedlichen Verbraucherschutzniveaus, Bedenken hinsichtlich der Zahlungssicherheit oder des Datenschutzes vor grenzüberschreitenden Käufen im Internet zurück.[369] Etablierten Drittplattformen mit guter Reputation wird hingegen ein erhöhtes Vertrauen von Verbrauchern entgegen gebracht und Verbraucher sind eher geneigt, sie bei grenzüberschreitenden Online-Käufen zu nutzen.[370] Zusätzlich können sie durch einen schnellen und zuverlässigen Versand sowie eine unkomplizierte Rückabwicklung von Käufen das Vertrauen stärken. Drittplattformen können mithin bei der Integration des gemeinsamen digitalen Marktes wertvolle Impulse geben.

II. Wettbewerbsbeschränkende Auswirkungen von Drittplattformen

Von Drittplattformen können jedoch auch negative Effekte ausgehen. So sehen Hersteller von Luxusartikeln bei der Nutzung von Drittplattformen insbesondere das Markenimage ihrer Produkte in Gefahr.

1. Beschädigung des Markenimages

Herstellerseitig wird gegenüber Drittplattformen häufig der Vorwurf entgegengebracht, dass bereits der Vertrieb über diese dem Markenimage ihrer Produkte erheblichen Schaden zufügen kann.[371] Insbesondere Plattformmärkten wie *eBay* hafte dabei *per se* ein Ruf des Anrüchigen an, der sich aus dem Vertriebsweg mit Auktionscharakter selbst ergebe.[372]

---

sion-staff-working-document-online-platforms (Seite zuletzt besucht am: 21.11.2019).

368 *Neubauer*, S. 58 f.; *Schweda/Rudowicz*, WRP 2013, S. 590, 592.
369 *Neubauer*, S. 58; *Schweda/Rudowicz*, WRP 2013, S. 590, 592.
370 *Marsden/Whelan*; ECLR 2010, S. 25, 30.
371 *Kumkar*, S. 280 ff.; *Neubauer*, S. 67; *Pichler/Hertfelder*, NZKart 2014, S. 47, 51; *Schweda/Rudowicz*, WRP 2013, S. 590, 593.
372 LG München I v. 24.6.2008, Rs. 33 O 22144/07, Rn. 56 – *Sportartikel*; *Rösner*, WRP 2010, S. 1114, 1122; kritisch hierzu *Kumkar*, S. 292 ff.

Überdies würden Plattformen ein „Flohmarkt-Image" aufweisen, das sich mitunter daraus ergebe, dass regelmäßig Produktfälschungen über solche Drittplattformen abgesetzt werden.[373] Darauf, ob dieses Image zu Recht besteht, komme es gar nicht an.[374] Das gedankliche Inverbindungbringen potentieller Kunden genüge, um die Wertschätzung der Produkte, die über solche Plattformern vertrieben werden, zu beeinträchtigen.[375]

Es gehe insofern nicht um die Frage, inwieweit ein gewähltes Vertriebsmedium in der Lage ist, ein bestimmtes Markenimage überhaupt zu transportieren oder zu verbessern, sondern darum, dass ein von den Absatzmittlern gewählter Vertriebsweg das Markenimage schwächt.[376]

2. Keine angemessene Produktpräsentation

Teilweise wird es als zulässiges Bestreben von Herstellern angesehen, hochwertige Produkte räumlich von weniger hochwertigen zu trennen und so ein repräsentatives Warenumfeld zu schaffen.[377] Auf Drittplattformen kann eine angemessene Produktpräsentation nicht gewährleistet werden. Dies liegt insbesondere in der Natur von Online-Plattformmärkten, auf denen Neuware von Händlern neben Gebrauchtwaren von privaten Verkäufern angeboten werden.[378] Auch spezielle integrierte Händler-Shops können nach dieser Ansicht diesen Eindruck nicht widerlegen, da die Produkte weiterhin zwischen den Angeboten privater Anbieter gelistet werden.[379] Aufgrund des vorgegebenen Formats erfolgt die Präsentation der Waren regelmäßig in einer einzelproduktbezogenen Darstellung und nicht in einer zusammenhängenden Präsentation von Kollektionen.[380] Das führe

---

373 So KG Berlin, v. 19.9.2013, Az. 2 U 8/09 Kart – *Schulranzen*, EuZW 2013, S. 873, 876; *Dieselhorst/Luhn*, WRP 2008, S. 1306, 1309; *Pichler/Hertfelder*, NZKart 2014, S. 47, 51; *Rösner*, WRP 2010, S. 1114, 1122.
374 KG Berlin, v. 19.9.2013, Az. 2 U 8/09 – *Schulranzen*, Kart EuZW 2013, S. 873, 876.
375 *Pichler/Hertfelder*, NZKart 2014, S. 47, 51.
376 *Rösner*, WRP 2010, S. 1114, 1122.
377 *Pichler/Hertfelder*, NZKart 2014, S. 47, 51; *Schultze/Pautke/Wagener*, Art. 1 Abs. 1 lit. e, Rn. 223; kritisch hierzu *Kumkar*, S. 274 ff.
378 Vgl. so KG Berlin, v. 19.9.2013, Az. 2 U 8/09 – *Schulranzen*, Kart EuZW 2013, S. 873, 876 – Schulranzen; OLG Karlsruhe v. 25.11.2009, Az. 6 U 47/08 Kart – *Schulranzen*, EuZW 2010, S. 237, 240; *Pichler/Hertfelder*, NZKart 2014, S. 47, 51; *Rösner*, WRP 2010, S. 1114, 1121 f.; dazu kritisch *Kumkar*, S. 287 ff.
379 *Pichler/Hertfelder*, NZKart 2014, S. 47, 51; *Rösner*, WRP 2010, S. 1114, 1121.
380 *Pichler/Hertfelder*, NZKart 2014, S. 47, 51; *Rösner*, WRP 2010, S. 1114, 1121.

dazu, dass ein ansprechendes Markenumfeld nicht gewährleistet werden kann und Hersteller *a priori* keinen Einfluss auf das sog. *„look and feel"* der Angebote nehmen können.[381]

III. Zusammenfassung

Der Vertrieb mithilfe von Online-Handelsplattformen kann speziell für Händler und Endverbraucher erhebliche Vorteile mit sich bringen. Die Kundenreichweite kann erhöht und Marktzutrittsschranken können verringert werden, wodurch insbesondere auch kleinere Absatzmittler und Newcomer profitieren können. Zugleich herrscht auf den Plattformen ein reger Wettbewerb, sowohl im *Intrabrand-* als auch im *Interbrand*-Verhältnis. Durch die hohe Preistransparenz entsteht zugleich ein erhöhter Preiswettbewerb. Davon profitieren die Endverbraucher, die mit geringen Suchkosten auf den Plattformen, die Produkte zu günstigen Preisen erwerben können. Nicht zuletzt können Plattformen einen belebenden Effekt auf den digitalen Binnenmarkt haben, indem sie durch ihre gute Reputation hinsichtlich Transaktionssicherheit, Datenschutz, Versand und Rückabwicklung, skeptische Verbraucher zu grenzüberschreitenden Onlinekäufen bewegen können.

Hersteller hingegen stehen dem Vertrieb über Online-Handelsplattformen teilweise kritisch gegenüber. Sie sehen insbesondere das Markenimage in Gefahr, das unter dem vermeintlich zweifelhaften Ruf der Plattformen, sowie möglichen Produktfälschungen, die auf denselben vertrieben werden und unzureichender Produktpräsentation leiden kann.

Diese widerstreitenden Interessen von wettbewerbsfördernden Effekten und möglichen Imageschäden sind bei der kartellrechtlichen Einordnung zu berücksichtigen und zu gewichten.

B. Kartellrechtliche Einordnung von Plattformverboten

Da es sich bei Plattformverboten regelmäßig um Vereinbarungen in Vertriebsverträgen handelt, sind diese in vollem Umfang am Verbotstatbestand des Art. 101 Abs. AEUV zu messen. Sind dessen tatbestandliche Voraussetzungen erfüllt, ist in einem zweiten Schritt nach der Möglichkeit einer Gruppenfreistellung nach der Vertikal-GVO zu fragen und, sofern

---

381 *Rösner*, WRP 2010, S. 1114, 1121.

die Voraussetzungen für eine solche nicht vorliegen, zuletzt die Möglichkeit einer Einzelfreistellung nach Art. 101 Abs. 1 AEUV zu prüfen.

I. Unterscheidung nach Vertriebssystemen

Grundsätzlich muss zwischen Plattformverboten im Einzelvertrieb/Exklusivvertrieb und in selektiven Vertriebssystemen unterschieden werden. Diese Unterscheidung ergibt sich bereits aus der Vertikal-GVO[382] und den Vertikalleitlinien[383]. Dahinter steht der Gedanke, dass es sich bei Plattformverboten in selektiven Vertriebssystemen um ein objektives Qualitätskriterium handeln kann, welches als solches bereits keine tatbestandliche Wettbewerbsbeschränkung i.S.d. Art. 101 Abs. 1 AEUV darstellt.[384]

Zudem ist die Binnendifferenzierung den Bedingungen der vertrieblichen Wirklichkeit geschuldet: In der Sektoruntersuchung der Kommission zum elektronischen Handel gaben EU-weit über 55% der Hersteller an, für mindestens eines ihrer Produkte den Selektivvertrieb zu verwenden.[385] Fast 20% der Hersteller gaben zudem an, den selektiven Vertrieb erst als Reaktion auf die gestiegene Bedeutung des Online-Vertriebs etabliert zu haben.[386]

1. Plattformverbote innerhalb selektiver Vertriebssysteme

a) Wettbewerbsbeschränkung nach Art. 101 Abs. 1 AEUV

Das Verbot, über Plattformen Produkte zu verkaufen, beschränkt den Absatzmittler nicht nur unerheblich in seiner wettbewerblichen Handlungsfreiheit.[387] Zudem werden der *Intrabrand*-Wettbewerb sowie der *Interbrand*-Wettbewerb auf den jeweiligen Plattformen durch das Verbot eingeschränkt. Durch die belebenden Wirkungen solcher Online-Handelsplattformen auf den digitalen Binnenmarkt ist in solchen Verboten regelmäßig auch eine Beeinträchtigung des grenzüberschreitenden Handels zu er-

---

382 Vgl. Art. 4 li. b, lit. c Vertikal-GVO.
383 Vgl. Vertikalleitlinien, Rn. 54, 56.
384 Vgl. oben § 3 B. II. 2.
385 Kommission, Zwischenbericht Sektoruntersuchung E-Commerce, Rn. 199.
386 Kommission, Zwischenbericht Sektoruntersuchung E-Commerce, Rn. 200.
387 *Kumkar*, S. 315; *Lohse*, WuW 2014, S. 120, 122; *Neubauer*, S. 77.

kennen. Plattformverbote stellen somit grundsätzlich eine tatbestandliche Wettbewerbsbeschränkung i.S.d. Art. 101 Abs. 1 AEUV dar. Innerhalb von selektiven Vertriebssystemen stellt sich jedoch im Rahmen der Wettbewerbsbeschränkung nach 101 Abs. 1 AEUV die Frage, ob es sich bei Drittplattformverboten um ein sog. objektives Qualitätskriterium handelt, das als solches – innerhalb eines selektiven Vertriebsystems – grundsätzlich nicht vom Anwendungsbereich des Kartellverbots erfasst wird.[388]

aa) Drittplattformverbot als objektives Qualitätskriterium

Hierfür müssen die sog. *Metro*-Kriterien für den qualitativen Selektivvertrieb erfüllt sein.[389] Die Ware oder Dienstleistung muss demnach aufgrund ihrer Beschaffenheit den Selektivvertrieb rechtfertigen, die Mitglieder des Vertriebsnetzes müssen anhand objektiver Kriterien diskriminierungsfrei ausgewählt werden und die Kriterien dürfen nicht über das Erforderliche hinausgehen. Sind diese Voraussetzungen erfüllt, darf der Hersteller den Systemmitgliedern umfangreiche Qualitätsvorgaben vorschreiben.[390] Sind sie nicht erfüllt, ist der Anwendungsbereich des Art. 101 Abs. 1 AEUV eröffnet, eine Gruppen- oder Einzelfreistellung ist jedoch möglich.

(1) Beschaffenheit des Produkts muss den Selektivvertrieb erfordern

Zunächst müsste die Beschaffenheit des Produkts den Selektivvertrieb erforderlich machen. Dies setzt voraus, dass die Eigenschaften des Produkts zur Wahrung seiner Qualität und zur Gewährleistung des richtigen Gebrauchs ein solches Vertriebsnetz erfordern.[391] In Betracht kommen dabei nach Ansicht des EuGH zunächst hochwertige und technisch hochentwickelte Produkte.[392] Bereits diese Voraussetzung erfüllen viele Konsumgü-

---

388 Vgl. oben § 3 B. II. 2.
389 Vgl. oben § 3 B. II. 2.
390 *Nolte*, in: Langen/Bunte Bd. 2, Nach Art 101 AEUV Rn. 844 ff.
391 EuGH v. 25.10.1977, Rs. 26/76 – *Metro I*, Slg. 1977, 1875, Rn. 20, v. 11.12.1980, Rs. 31/80 – *L'Oreal*, Slg. 1980, 3775, Rn. 15 f.; v. 13.10.2011, Rs. C-439/09 – *Pierre Fabre Dermo-Cosmétique*, Slg. 2011, I-9419, Rn. 41.
392 EuGH v. 25.10.1977, Rs. 26/76 – *Metro I*, Slg. 1977, 1875, Rn. 20.

ter nicht. Die Kommission[393] und das EuG[394] erweiterten den Anwendungsbereich für selektive Vertriebssysteme jedoch auch auf hochwertige Erzeugnisse wie Schmuck oder Kosmetika, denen ein „Luxusimage" anhaftet und mit denen der Verbraucher eine „Aura von Luxus" verbindet. Die Wahrung der „Aura prestigeträchtiger Exklusivität" und einer „luxuriösen Ausstrahlung" kann demnach den Selektivvertrieb erforderlich machen.[395] Teilweise wurde sogar die Zulässigkeit von selektiven Vertriebssystemen bei reinen Markenprodukten angenommen.[396] Sowohl vereinzelte nationale Gerichte[397] als auch Stimmen in der Literatur[398] erkannten selbst in diesen Fällen ein schutzwürdiges Interesse der Markeninhaber zur Errichtung eines selektiven Vertriebssystems.

(2) Plattformverbote als objektive qualitative Selektionskriterien

Weiterhin müsste es sich bei Plattformverboten um ein objektives qualitatives Selektionskriterium handeln.

Unter Bezug auf die EuG-Entscheidung *Givenchy/Leclerc*[399] wird in der Literatur[400] und Rechtsprechung[401] vertreten, dass ein Plattformverbot ein

---

393 Entscheidung der Kommission, v. 16.12.1991, ABl. 1992 L 12/24 – *Yves St. Laurent*; v. 24.7.1992, ABl. 1992 Nr. L 236/11, 15 *–Givenchy/Leclerc.*

394 EuG v. 12.12.1996, Rs. T-88/92 – *Givenchy/Leclerc*, Slg. 1996, II-1961, Rn. 108 f.

395 Entscheidung der Kommission, v. 16.12.1991, ABl. 1992 L 12/24 – *Yves St. Laurent*; v. 24.7.1992, ABl. 1992 Nr. L 236/11, 15 *–Givenchy/Leclerc*; bestätigt von EuG v. 12.12.1996, Rs. T-88/92 – *Givenchy/Leclerc*, Slg. 1996, II-1961, Rn. 108 f.; EuGH v. 23.4.2009, Rs. C-59/08 – *Christian Dior*, Slg. 2009, I-3421, Rn. 25.

396 Vgl. dazu *Kumkar*, S. 317 f.

397 Vgl. KG Berlin, v. 19.9.2013, Az. 2 U 8/09 Kart – *Schulranzen*, EuZW 2013, S. 873, 875; OLG Karlsruhe v. 25.11.2009, Az. 6 U 47/08 Kart – *Schulranzen*, EuZW 2010, S. 237; sogar noch nach der Entscheidung *Coty Germany* des EuGH, das OLG Hamburg v. 22.3.2018, Az. 3 U 250/16 – *Forever Living*, WRP 2018, 724.

398 *Dieselhorst/Luhn*, WRP 2008, S. 1306, 1308; *Eggers*, ZLR 2018, S. 397 ff.; *Nägele/ Apel*, WRP 2018, S. 1044 ff.; *Franck*, WuW 2010, S. 772, 782; *Rösner*, WRP 2010, S. 1114, 1115.

399 EuG v. 12.12.1996, Rs. T-88/92 – *Givenchy/Leclerc*, Slg. 1996, II-1961, Rn. 108 f.

400 *Dieselhorst/Luhn*, WRP 2008, S. 1306, S. 1308; *Kumkar*, S. 322 ff.; *Pichler/Hertfelder*, NZKart 2014, S. 47, 51f.

401 OLG Karlsruhe v. 25.11.2009, Az. 6 U 47/08 Kart – *Schulranzen*, EuZW 2010, S. 237; KG Berlin v. 19.9.2013, Rs. 2 U 8/09 – *Schulranzen*, EuZW 2013, S. 873; OLG Frankfurt a.M. v. 22.12.2015, Rs. 11 U 84/14 (Kart) – *Funktionsrucksäcke*, NZKart 2016, S. 84.

den Selektivvertrieb rechtfertigendes, objektives Qualitätskriterium sei, das an die Beschaffenheit der Produkte anknüpft. Bezugspunkt bilde dabei das Markenimage, das geschützt werden müsse. Durch den Verkauf auf Drittplattformen drohe die Gefahr der „Verramschung" und der Verwässerung des Rufes der Marke.[402] Dies liege neben dem zweifelhaften Ruf des Absatzkanals selbst an der unzureichenden Möglichkeit der Warenpräsentation auf den Plattformen.[403] Während im stationären selektiven Vertrieb konkrete Vorgaben hinsichtlich Präsention und Verkaufsumfeld zulässig sind, müsse dies entsprechend auch für den Online-Vertrieb im Allgemeinen und insbesondere für den Plattformvertrieb gelten.[404] Es soll dabei im Hinblick auf Rechtssicherheit und Ressourceneffizienz auch keinen Unterschied machen, ob es sich um einen abstrakten Anforderungskatalog an die Produktpräsentation im Internet handele, der den Plattformvertrieb faktisch ausschließe oder um ein Plattformverbot, welches unmittelbar wirke.[405] Ein Plattformverbot sei demnach eine Anforderung in Bezug auf Art und Weise des Verkaufs, die aufgrund der besonderen Eigenschaften des Produktes gerechtfertigt sei und mithin ein qualitatives Kriterium darstelle.[406]

(3) Berücksichtigung der Entscheidung Pierre Fabre

Die in der Entscheidung *AEG* aufgestellten Grenzen konkretisierte der EuGH schließlich 2011 in der Entscheidung *Pierre Fabre*[407]. In dieser stellte der EuGH klar:

> *„Das Ziel, den Prestigecharakter zu schützen, kann kein legitimes Ziel zur Beschränkung des Wettbewerbs sein und kann es daher nicht rechtfertigen, dass eine Vertragsklausel, mit der ein solches Ziel verfolgt wird, nicht unter Art. 101 Abs. 1 AEUV fällt."*[408]

---

402 Vgl. KG Berlin v. 19.9.2013, Rs. 2 U 8/09 – *Schulranzen*, EuZW 2013, S. 873, S 875.

403 OLG Karlsruhe v. 25.11.2009, Az. 6 U 47/08 Kart – *Schulranzen*, EuZW 2010, S. 237, 240.

404 *Kumkar*, S. 323 m.w.N.

405 *Kumkar*, S. 323 f.

406 *Dieselhorst/Luhn*, WRP 2008, S. 1306, S. 1308.

407 EuGH v. 13.10.2011, Rs. C-439/09 – *Pierre Fabre Dermo-Cosmétique*, Slg. 2011, I-9419,

408 EuGH v. 13.10.2011, Rs. C-439/09 – *Pierre Fabre Dermo-Cosmétique*, Slg. 2011, I-9419, Rn. 46.

Gegenstand der Entscheidung war dabei ein faktisches Totalverbot des Internetvertriebs im Rahmen eines selektiven Vertriebssystems. Das Urteil warf wesentliche Fragen hinsichtlich der Reichweite der zentralen Aussagen auf. Sollte die Aussage ausschließlich Geltung für ein Totalverbot des Internetvertriebs innerhalb eines selektiven Vertriebssystems entfalten?[409] Sollte die Wertung weitergehend, allgemein auf jegliche Beschränkung des Internetvertriebs innerhalb selektiver Vertriebssysteme aus Imagegründen erstreckt werden? Oder sollte die Entscheidung gar bedeutet, dass die Errichtung eines selektiven Vertriebssystems aus Gründen des Imageschutzes nun gänzlich ausgeschlossen sei?[410] Teilweise wurde daraus sogar geschlossen, dass selbst eine mögliche Freistellung für die Beschränkung des Internetvertriebs aus Imagegründen aufgrund der Entscheidung nicht mehr möglich sei.[411]

(4) Vorlageverfahren des OLG Frankfurt a.M. – Depotkosmetik II

Wie umstritten diese Frage war, zeigte im April 2016 das Vorlageverfahren gem. Art. 267 AEUV des OLG Frankfurt a.M.[412] an den EuGH. Dabei legte das Gericht dem EuGH vier Vorlagefragen zur Klärung vor.[413] Zunächst sollte der EuGH allgemein die Frage nach dem Schutz des Luxusimages im Selektivvertrieb klären. Hier sollte der EuGH Stellung beziehen, welche Reichweite seine Aussage in der Entscheidung *Pierre Fabre* einnehmen soll.

Daran anschließend sollte die Zulässigkeit pauschaler Drittplattformverbote in selektiven Vertriebssystemen geklärt werden. Dies betraf die Frage, inwieweit pauschale Drittplattformverbote als objektive Qualitätskriterien erforderlich sind und ob nicht etwa mildere Mittel zur Verfügung stehen.

---

409 So KG Berlin, v. 19. 9. 2013, Az. 2 U 8/09 – *Schulranzen*, Kart EuZW 2013, S. 873, 875; *Lubberger*, WRP 2015, S. 14, 16 ff.; *Nolte*, BB 2014, S. 1155, 1161; *Peeperkorn/Heimann*, GRUR 2014, S. 1175, 1177.

410 So LG Frankfurt a.M. v. 18.6.2014, Az. 2-03 O 158/13 – *Funktionsrucksäcke*, GRUR-RS 2014, 419; BKartA, Beschl. v. 26.8.2015, B2-98/11, Rn. 262 – *ASICS*; *Bonacker*, GRUR-Prax 2012, S. 4, 5; *Knibbe*, ECLR 2012, S. 450, 451; *Kumkar*, NZKart 2016, S. 315, 317; *Mäger/von Schreitter*, NZKart 2015, S. 62, 68; *Neubauer*, EuZW 2013, S. 879, 880; *Rudowicz*, NZKart 2014, S. 253, 256.

411 BKartA, Vertikale Beschränkungen in der Internetökonomie, Hintergrundpapier, S. 24 f.

412 OLG Frankfurt a.M. v. 19.4.2016, Az. 11 U 96/14 – *Depotkosmetik II*, NZKart 2016, S. 236.

413 Dazu ausführlich *Rohrßen*, ZVertriebsR 2016, 278 ff.; *Moritz*, ZVertriebsR 2017, 31 ff.

Und zuletzt sollte in zwei Fragen die Auslegung einzelner Kernbeschränkungstatbestände in Bezug auf Drittplattformverbote beantwortet
werden. Zum einen, ob es sich bei Plattformverboten innerhalb selektiver
Vertriebssysteme um eine bezweckte Kundengruppenbeschränkung i.S.d.
Art. 4 lit. b Vertikal-GVO handelt und zum anderen, ob Plattformverbote
darüber hinaus eine bezweckte Beschränkung des passiven Verkaufs darstellen, nach Maßgabe des Art. 4 lit. c Vertikal-GVO.[414]

(5) Die Entscheidung Coty Germany

Das Vorlageverfahren führte im Dezember 2017 zu der EuGH-Entscheidung *Coty Germany*[415].

In dieser stellte der Gerichtshof im Hinblick auf die erste Vorlagefrage
klar, dass die Errichtung eines selektiven Vertriebssystems in Bezug auf Luxuswaren erforderlich sein könne.[416] Unter ausdrücklicher Bezugnahme
auf das Urteil *Copad*[417] rekurierte er, dass die Qualität solcher Luxuswaren
nicht alleine auf ihren materiellen Eigenschaften beruhe, sondern auch auf
ihrem Prestigecharakter, der ihnen eine luxuriöse Ausstrahlung verleihe.[418]
Diese Ausstrahlung sei ein wesentliches Element dafür, dass die Verbraucher sie von anderen ähnlichen Produkten unterscheiden können und dass
daher eine Schädigung dieser Ausstrahlung geeignet sei, die Qualität der
Waren selbst zu beeinträchtigen.[419] Die Besonderheiten und Modalitäten
eines selektiven Vertriebssystems seien an sich geeignet, die Qualität von
Luxusprodukten zu wahren und ihren richtigen Gebrauch zu gewährleisten.[420] So habe der Gerichtshof entschieden, „dass die Errichtung eines selektiven Vertriebssystems, das sicherstellen soll, dass die Waren in den Ver-
kaufsstellen in einer ihren Wert angemessen zur Geltung bringenden Wei-

---

414 Dazu ausführlich § 11 B. I 1. b) bb) (1).
415 EuGH v. 6.12.2017, Rs. C-230/16 – *Coty Germany*, ECLI:EU:C:2017:941.
416 EuGH v. 6.12.2017, Rs. C-230/16 – *Coty Germany*, ECLI:EU:C:2017:941,
     Rn. 21 ff.
417 EuGH v. 23.4.2009, Rs. C-59/08 – *Copad*, Slg. 2009, I-3421, Rn. 24 ff. und die
     dort angeführte Rechtsprechung.
418 EuGH v. 6.12.2017, Rs. C-230/16 – *Coty Germany*, ECLI:EU:C:2017:941, Rn. 25.
419 EuGH v. 6.12.2017, Rs. C-230/16 – *Coty Germany*, ECLI:EU:C:2017:941, Rn. 25.
420 EuGH v. 6.12.2017, Rs. C-230/16 – *Coty Germany*, ECLI:EU:C:2017:941, Rn. 26.

se dargeboten werden, geeignet ist, zum Ansehen der fraglichen Waren und somit zur Wahrung ihrer luxuriösen Ausstrahlung beizutragen"[421].

Demnach ist die Errichtung eines selektiven Vertriebssystems für Luxuswaren, das primär der Sicherstellung des Luxusimages dieser Waren dient, mit Art. 101 Abs. 1 AEUV vereinbar, sofern es die *Metro*-Bedingungen erfüllt.[422]

Auch die zweite Vorlagefrage, ob ein Drittplattformverbot ein objektives Qualitätskriterium innerhalb selektiver Vertriebssysteme sein könne, bejahte der Gerichtshof.[423] Denn es stehe fest, dass die streitige Vertragsklausel das Luxus- und Prestigeimage der betreffenden Waren sicherstellen soll. Zudem gehe aus den dem Gerichtshof unterbreiteten Akten hervor, dass die Klausel als objektiv und einheitlich anzusehen und davon auszugehen ist, dass sie ohne Diskriminierung auf alle autorisierten Händler angewandt werde.[424]

Entsprechend entschied das OLG Frankfurt a.M. im engen Rahmen seiner Möglichkeiten, dass das im Streit stehende Plattformverbot ein zulässiges qualitatives Selektionskriterium sei.[425]

(6) Vorliegen der weiteren Metro-Kriterien

Weiterhin müsste das Plattformverbot objektiv und einheitlich sowie diskriminierungsfrei angewendet werden und das dürfte nicht über das Erforderliche hinausgehen. Hinsichtlich der einheitlichen und diskriminierungsfreien Anwendung kommt es entscheidend auf die konkrete Ausgestaltung im Einzelfall an. Im Fall *Sennheiser*[426] ließ das Bundeskartellamt die Zulässigkeit des Plattformverbots an dieser Voraussetzung scheitern. So erlegte das Unternehmen seinen Absatzmittlern zwar das Verbot auf, Vertragswaren über Drittplattformen wie beispielsweise *eBay* oder *Amazon*

---

421 EuGH v. 6.12.2017, Rs. C-230/16 – *Coty Germany*, ECLI:EU:C:2017:941, Rn. 27, erneut unter ausdrücklicher Bezugnahme des Urteils, EuGH v. 23.4.2009, Rs.C-59/08 – *Copad*, Slg. 2009, I-3421, Rn. 29.

422 Vgl. oben § 3 B. II. 2..

423 EuGH v. 6.12.2017, Rs. C-230/16 – *Coty Germany*, ECLI:EU:C:2017:941, Rn. 27, ebenfalls unter ausdrücklicher Bezugnahme des Urteils, EuGH v. 23.4.2009, Rs.C-59/08 – *Copad*, Slg. 2009, I-3421, Rn. 37 ff.

424 EuGH v. 6.12.2017, Rs. C-230/16 – *Coty Germany*, ECLI:EU:C:2017:941, Rn. 42.

425 OLG Frankfurt a.M. v. 12.7.2018, Az. 11 U 96/14 (Kart) – *Depotkosmetik II*, BB 2018, S. 2190, 2191 ff.

426 BKartA, Fallbericht. v. 24.10.2013, B7-1/13-35 – *Sennheiser*.

§ 8 Plattformverbote

Marketplace zu vertreiben, belieferte zugleich jedoch selbst *Amazon* in dessen Eigenschaft als Einzelhändler. Mit ähnlicher Argumentation lehnte das KG Berlin ein Drittplattformverbot als objektives Qualitätskriterium ab.[427] Es sah zwar das Drittplattformverbot aus Imagegründen als gerechtfertigt an, ließ es gleichwohl aus Gründen der uneinheitlichen und nicht diskriminierungsfreien Anwendung scheitern, da das Unternehmen *Sternjakob* seine Vertragswaren an eine Discounterkette im Einzelhandel lieferte.[428]

Der EuGH sah im Fall *Coty Germany* die objektive, einheitliche und diskriminierungsfreie Anwendung aufgrund der vom OLG Frankfurt als vorlegendes Gericht getroffenen Feststellungen als gegeben an.[429]

In der darauf erfolgenden Entscheidung sah das OLG Frankfurt a.M. selbst den Verkauf der Produkte an Flughäfen in einem Umfeld, in dem auch sog. „Billigprodukte" verkauft werden, ebenso wenig als schädlich für die diskriminierungsfreie Anwendung des selektiven Vertriebssystems an, wie den Verkauf in stationären Shopping-Malls.[430]

Zuletzt darf das Drittplattformverbot als objektives Qualitätskriterium auch nicht über das hinausgehen, was erforderlich ist.[431] Im Rahmen einer Verhältnismäßigkeitsprüfung ist zu fragen, ob ein milderes Mittel zur Verfügung steht, das eine vergleichbare Wirkung erzielen könnte. So könnte es beispielsweise bereits ausreichen, die Verkäufe auf den Online-Handelsplattformen als Einzelangebote einzuschränken und lediglich über sog. Händlershops zuzulassen.[432] Zudem wird vertreten, dass man gerade nicht davon ausgehen kann, dass allen Plattformen *per se* ein schlechtes Image

---

427 KG Berlin, v. 19.9.2013, Az. 2 U 8/09 Kart – *Schulranzen*, EuZW 2013, S. 873, 876 f.
428 KG Berlin, v. 19.9.2013, Az. 2 U 8/09 Kart – *Schulranzen*, EuZW 2013, S. 873, 876 f. Wenngleich der Vertrieb über *eBay* mit dem Vertrieb über einen stationären Markendiscounter nicht zwangsläufig gleichzusetzen ist, da dort eine angemessenere Produktpräsentation und der Verkauf über Markenshops grundsätzlich möglich ist, ist eine diskriminierungsfreie Anwendung des Vertriebssystems zumindest im Wege des Erst-Recht-Schlusses hier richtigerweise abzulehnen.
429 EuGH v. 6.12.2017, Rs. C-230/16 – *Coty Germany*, ECLI:EU:C:2017:941, Rn. 42.
430 OLG Frankfurt a.M. v. 12.7.2018, Az. 11 U 96/14 (Kart) – *Depotkosmetik II*, BB 2018, S. 2190, 2193.
431 EuGH v. 11.12.1980, Rs. 31/80 – *L'Oreal*, Slg. 1980, 3775, Rn. 15 f.; v. 25.10.1977, Rs. 26/76 – *Metro I*, Slg. 1977, 1875, Rn. 20 f.; v. 25.10.1983, Rs. 107/82 – *AEG*, Slg. 1983, 3151, Rn. 35; EuG v. EuG, 27.2.1992, Rs. T-19/91 – *Vichy/Kommission*, Slg. 1992 II-415, Rn. 65.
432 *Schweda/Rudowicz*, WRP 2013, S. 590, 595. Dies entspricht letztlich auch der Auffassung des OLG Karlsruhe, das im konkreten Fall zwar die Zulässigkeit des Plattformverbots für einen Händler, der ausschließlich Einzelprodukte über eBay verkaufte, annahm. Es vertrat dabei jedoch die Auffassung, dass die Zuläs-

anhafte, sondern insbesondere die in Rede stehenden Plattformen wie *Amazon* oder *eBay* durchaus in der Lage sind, durch Händler- oder Markenshops eine angemessene Produktpräsentation zu gewährleisten.[433] Eine vergleichbare Ansicht vertrat das LG Berlin, welches zwischen einem *eBay*-Händlershop und einem regulären Online-Shop keinen qualitativen Unterschied sah.[434]

Mit ähnlich kritischen Argumenten sah das Bundeskartellamt im Fall *Adidas*[435] ein pauschal ausgesprochenes Drittplattformverbot innerhalb eines selektiven Vertriebssystems als unzulässig an. Demnach sei ein generelles Verkaufsverbot über Drittplattformen nicht erforderlich, wenn „als milderes Mittel regelmäßig die Möglichkeit [besteht], spezifische Regeln zum Umgang mit den Vertragsprodukten aufzustellen".[436]

Eine vergleichbare Auffassung vertrat das Bundeskartellamt [437] – und diesem folgend auch das OLG Düsseldorf[438] – im Fall *Asics*, in dem es festhielt, dass, sobald Vertriebsformate im Internet, die für die Reichweite und die Angebotstransparenz der Händler ausschlaggebend sind, pauschal untersagt werden, die Grenze zur bezweckten Wettbewerbsbeschränkung bzw. zur Kernbeschränkung überschritten ist. Als entscheidend sah es dabei an, dass durch solche *per-se*-Verbote letztlich die Verbraucher daran ge-

---

sigkeit voraussichtlich entfiele, sobald es sich um ein Verbot für den Verkauf aus einen Händlershop handele, vgl. OLG Karlsruhe v. 25.11.2009, Az. 6 U 47/08 Kart – *Schulranzen*, EuZW 2010, S. 237, 240.

433 *Kumkar*, NZKart 2016, S. 315, 317; *Mäger/von Schreitter*, NZKart 2015, S. 62, 70; *Schweda/Rudowicz*, WRP 2013, S. 590, 594 f.; *Lettl*, WuW 2018, S. 114, 119 will wiederum zwischen unzulässigen Plattformen unterscheiden, die Produkte aller Art und Güte anbieten und zulässigen, die das Luxusimage von Produkten wahren oder sogar hervorheben.

434 LG Berlin v. 5.8.2008, Az. 16 O 287/08 –*eBay-Verbot*, GRUR-RR 2009, S. 115, 116.

435 BKartA, Fallbericht v. 19.8.2014, Az. B3-137/12 – *Adidas*.

436 BKartA, Fallbericht v. 19.8.2014, Az. B3-137/12, S. 4 – *Adidas*.

437 BKartA, Beschluss v. 26.8.2015, Az. B2-98/11 – *Asics*. Neben einem Plattformverbot stand hier auch die Nutzung von Preisvergleichsseiten und das Verbot der Verwendung von *Asics*-Markenzeichen auf Internetseiten Dritter, um Kunden auf den eigenen – autorisierten – Online-Shop zu leiten, in Rede. Hinsichtlich beider nahm das BKartA – richtigerweise – erst recht ein unzulässiges qualitatives Selektionskriterium und im Ergebnis eine Kernbeschränkung an.

438 Gegen die Entscheidung des BKartA legte *Asics* Beschwerde ein, diese wurde jedoch vom OLG Düsseldorf zurückgewiesen, OLG Düsseldorf, Beschl. v. 5.4.2017, Az. VI-Kart 13/15 (V) – *Preisvergleichsmaschinenverbot*, NZKart 2017, S. 316.

hindert werden, Produkte im Internet so aufzufinden und zu kaufen, wie sie es wollen.[439]

Dieser Auffassung folgte hingegen der EuGH im Fall *Coty Germany* nicht. Er sah das generelle Verbot des Plattformvertriebs als geeignet an, das Luxusimage der Waren zu schützen.[440] Zum einen gewährleisten die Plattformverbote für den Hersteller von vornherein, dass diese Waren im Internetvertrieb ausschließlich an die autorisierten Händler gebunden sind, was schließlich Ziel eines selektiven Vertriebssystems ist.[441] Zweitens erlaube das Verbot den Herstellern zu kontrollieren, in welcher Verkaufsumgebung seine Waren verkauft werden und ob diese den mit den autorisierten Händlern vereinbarten Qualitätsanforderungen entspricht.[442] Hält ein Händler nämlich die vereinbarten Anforderungen nicht ein, besteht aufgrund des bestehenden Vertragsverhältnisses die Möglichkeit, gegen diesen vorzugehen. Daran fehle es jedoch im Verhältnis zu den Plattformbetreibern. Dies berge die Gefahr einer Verschlechterung der Warenpräsentation, was schließlich das Luxusimage und somit das Wesen der Waren beeinträchtigen könne.[443] Drittens trage die Tatsache, dass Luxuswaren nicht mehr über Plattformen verkauft werden können und ihr Verkauf im Internet ausschließlich über Online-Shops autorisierter Händler erfolge, zum Luxusimage bei den Verbrauchern und damit zur Aufrechterhaltung eines der von den Verbrauchern geschätzten Hauptmerkmale derartiger Waren bei, vor dem Hintergrund, dass solche Plattformen einen Verkaufskanal für Waren aller Art darstellen.[444]

Das Verbot ist nach Auffassung des Gerichtshofs auch erforderlich. Dem Händler stehe schließlich noch die Möglichkeit zur Verfügung die Waren auch über nicht autorisierte Drittplattformen im Internet zu verkaufen sofern deren Einschaltung für den Verbraucher nicht erkennbar ist und der Luxuscharakter der Waren gewahrt bleibt.[445] Ungeachtet der gestiegenen Bedeutung von Plattformen stelle der Vertrieb über eigene Online-Shops, nach Auswertung der von der Kommission durchgeführten Sektoruntersu-

---

439 BKartA, Beschluss v. 26.8.2015, Az. B2-98/11 – *Asics*, Rn. 28, 37.
440 EuGH v. 6.12.2017, Rs. C-230/16 – *Coty Germany*, ECLI:EU:C:2017:941, Rn. 43 ff.
441 EuGH v. 6.12.2017, Rs. C-230/16 – *Coty Germany*, ECLI:EU:C:2017:941, Rn. 44 f.
442 EuGH v. 6.12.2017, Rs. C-230/16 – *Coty Germany*, ECLI:EU:C:2017:941, Rn. 47.
443 EuGH v. 6.12.2017, Rs. C-230/16 – *Coty Germany*, ECLI:EU:C:2017:941, Rn. 48 f.
444 EuGH v. 6.12.2017, Rs. C-230/16 – *Coty Germany*, ECLI:EU:C:2017:941, Rn. 50.
445 EuGH v. 6.12.2017, Rs. C-230/16 – *Coty Germany*, ECLI:EU:C:2017:941, Rn. 53.

chung, den wichtigsten Vertriebskanal im Rahmen des Internetvertriebs dar, der von mehr als 90% der befragten Einzelhändler genutzt werde.[446]

Entsprechend eng war der Beurteilungsspielraum für das OLG Frankfurt a.M. in der Entscheidung letztlich.[447] Wenngleich es nicht der Überzeugung des Senats entsprach, sah er sich aus unionsrechtlicher Bindung gleichsam gezwungen, den Ausführungen des EuGH zu folgen.[448] Im Ergebnis erlaubte sich der Senat einen Kunstgriff und ließ die Frage nach der Verhältnismäßigkeit der Klausel schließlich offen, mit Verweis auf die Gruppenfreistellungsfähigkeit der Vereinbarung, die jedenfalls erfüllt sei.[449]

(7) Bewertung

Die Klarheit, mit welcher der EuGH die ersten beiden Fragen beantwortete, ist zunächst zu begrüßen. Hierdurch konnte der jahrelange Streit, infolge der *Pierre Fabre*-Entscheidung, um die Rechtmäßigkeit der Errichtung eines selektiven Vertriebssystems zum Schutze eines Prestigeimages geklärt werden.[450] Der EuGH bestätigte damit den Grundsatz, dass der Schutz des Luxusimages zur Wahrung der Qualität der Produkte zur Errichtung eines selektiven Vertriebssystems statthaft ist.

Die Zulässigkeit von pauschalen Plattformverboten zum Schutze des Luxusimages der Waren scheint damit geklärt. Die notwendigen Voraussetzungen zur Errichtung eines selektiven Vertriebssystems sah der EuGH zumindest in der Vorlagefrage *Coty Germany* als gegeben an.

Dies wiederum verdient keine Zustimmung. Zunächst stellte der Gerichtshof die Händlerbindung der Waren in den Vordergrund, die besonders durch die Plattformverbote bewirkt werden. Diese sei eines der angestrebten Ziele des Selektivvertriebs und aufgrund dessen eine „schlüssige Beschränkung".[451] Es vermag jedoch nicht zu überzeugen, dass die Plattformnutzung die Händlerbindung schwäche und durch deren Verbot das

---

446 EuGH v. 6.12.2017, Rs. C-230/16 – *Coty Germany*, ECLI:EU:C:2017:941, Rn. 54.
447 OLG Frankfurt a.M. v. 12.7.2018, Az. 11 U 96/14 (Kart) – *Depotkosmetik II*, BB 2018, S. 2190, 2194.
448 OLG Frankfurt a.M. v. 12.7.2018, Az. 11 U 96/14 (Kart) – *Depotkosmetik II*, BB 2018, S. 2190, 2194.
449 OLG Frankfurt a.M. v. 12.7.2018, Az. 11 U 96/14 (Kart) – *Depotkosmetik II*, BB 2018, S. 2190, 2194.
450 So auch *Kumkar*, ZWeR 2018, S. 119, 124.
451 EuGH v. 6.12.2017, Rs. C-230/16 – *Coty Germany*, ECLI:EU:C:2017:941, Rn. 45.

System vor Außenseitern geschützt werden muss. Denn gerade aufgrund der nicht vorhandenen Vertragsbeziehungen zwischen den Plattformbetreibern und den Herstellern kommt es nicht zu einem Weiterverkauf an Außenseiter. Es findet lediglich ein Verkauf auf der Plattform durch den berechtigten Händler statt.

Die Argumentation des EuGH hinsichtlich der Erforderlichkeit des Plattformverbots zum Schutze des Luxusimages der Waren erinnert dabei stark an die des OLG Frankfurt a.M. in einer dem Vorlagebeschluss im Verfahren *Coty Germany* vorausgegangenen Entscheidung. So stellte das Gericht in der Entscheidung *Depotkosmetik II* ebenfalls auf die mangelnde unmittelbare Kontrolle bzw. Beeinflussbarkeit der Internet-„Verkaufsumgebung" ab, die bei Drittplattformen im Gegensatz zu eigenen Online-shops eben gerade nicht bestehe.[452] Heruntergebrochen wird es vom EuGH dabei auf die mangelnde Vertragsbeziehung zwischen Hersteller und Plattformbetreiber.[453] Auch dies vermag nicht zu überzeugen. Für die Hersteller besteht gerade über die Händler und die Vertragsbeziehung zu diesen die Möglichkeit, gegen diese oder eine unzureichende Präsentation vorzugehen, sodass von einer fehlenden Möglichkeit der Einflussnahme hier keineswegs die Rede sein kann.[454] Wenngleich die Notwendigkeit der permanenten Kontrolle des Internetauftritts der Händlershops ein verlockendes Argument für die Zulässigkeit von Plattformverboten darstellt, dürfen dennoch nicht die Host-Eigenschaft eines Onlineshops oder einzelne Vertragsbeziehungen über den Ausschluss eines oder sogar mehrerer Vertriebskanäle im Internet entscheiden. Damit würde man die an dieser Stelle entscheidende Frage über die Qualität der Produktpräsentation auf Online-Handelsplattformen mit dem formalen Argument nach der Hosteigenschaft oder der Vertragsbeziehung umgehen. Hier bestehen mildere Mittel. So kann nach dem *opt-out* Prinzip im Nachhinein immer noch der Vertrieb über Drittplattformen im Einzelfall herstellerseitig verboten werden, wenn sich zeigt, dass den Qualitätsanforderungen an die Verkaufsum-

---

452 OLG Frankfurt a.M. v. 19.4.2016, Az. 11 U 96/14 – *Depotkosmetik II*, NZKart 2016, S. 236, 238. Dieser Auffassung wohl folgend, *Kumkar*, NZKart 2016, S. 315, 317.

453 EuGH v. 6.12.2017, Rs. C-230/16 – *Coty Germany*, ECLI:EU:C:2017:941, Rn. 47 ff; bestätigend *Palzer*, EWS 2018, S. 90, 95.

454 So auch *Kumkar*, ZWeR 2018, S. 119, 129 f., die zutreffend auf die vergleichbare Situation im stationären Vertrieb hinweist. In dieser fehle es regelmäßig auch an einem Vertragsverhältnis zwischen dem Hersteller und dem Vermieter, wenngleich der Vermieter einen erheblichen Einfluss auf die konkrete Ausgestaltung der Verkaufsumgebung nehmen kann.

gebung nicht mehr entsprochen werden kann.[455] Darüberhinaus entkräftet der Gerichtshof die herausgestellte Wichtigkeit der Vertragsbeziehung zwischen Hersteller und Händler und die damit verbundene Kontroll- und Einwirkungsmöglichkeit selbst. Denn er erklärt neben dem Vertrieb über einen autorisierten Online-Shop zusätzlich den Vertrieb über nicht autorisierte Drittplattformen – sofern deren Einschaltung für den Verbraucher nicht erkennbar ist – als zulässig.[456] Auch hier besteht für den Hersteller keine Möglichkeit über ein bestehendes Vertragsverhältnis zu dem Plattformbetreiber auf die Produktpäsentation auf der Seite selbst einzuwirken. Die Differenzierung hinsichtlich der Erkennbarkeit für den Verbraucher als Abgrenzungskriterium vermag nicht zu überzeugen.[457]

Selbst das vorlegende OLG Frankfurt a.M. kritisierte in seiner Entscheidung den Gerichtshof für seine pauschalen Ausführungen im Rahmen der Verhältnismäßigkeit, da sie den mitgliedstaatlichen Gerichten die Prüfung im Einzelfall vollkommen versperren und zudem die Bedeutung des Plattformvertriebs in Deutschland verkennen.[458]

Ein pauschales Verbot ist nach der hier vertretenen Auffassung keineswegs erforderlich, da mildere Mittel in Form von konkreten Anforderungen an die Produktpräsentation genauso geeignet sind, das Luxusimage der Produkte zu wahren, ohne dabei einen ganzen Absatzkanal – in Form von Plattformenmärkten – *per se* auszuschließen.

Bereits 1983 hatte der Gerichtshof hinsichtlich der Grenzen des qualitativen Selektivvertriebs klargestellt, dass die Errichtung eines solchen Vertriebssystems nicht dazu führen darf, dass das System dazu genutzt wird, „sich der Zulassung neuer Handelsformen zu widersetzen"[459]. Plattformverbote verfolgen jedoch zumindest mittelbar unmittelbar den Ausschluss neuer Handelsformen.[460] Dem stehen zudem die vom EuG aufgestellten Grundsätze in der Entscheidung *Givenchy/Leclerc* entgegen. In dieser sah das Gericht die „Aura prestigeträchtiger Exklusivität"[461] grundsätzlich als objektive Rechtfertigung zur Errichtung eines selektiven Vertriebs an, beschränkte dies jedoch auf qualitative Anforderungen hinsichtlich der Art

---

455 In diese Richtung wohl auch *Kumkar*, ZWeR 2018, S. 119, 129 f.
456 EuGH v. 6.12.2017, Rs. C-230/16 – *Coty Germany*, ECLI:EU:C:2017:941, Rn. 53.
457 Ähnlich *Ellger*, ZWeR 2018, S. 272, 277.
458 OLG Frankfurt a.M. v. 12.7.2018, Az. 11 U 96/14 (Kart) – *Depotkosmetik II*, BB 2018, S. 2190, 2194 f.
459 EuGH v. 25.10.1983, Rs. 107/82 – *AEG*, Slg. 1983, 3151, Rn. 76.
460 *Mäger/von Schreitter*, NZKart 2015, S. 62, 69.
461 EuG v. 12.12.1996, Rs. T-88/92 – *Givenchy/Leclerc*, Slg. 1996, II-1961, Rn. 110.

der Produktpräsentation.[462] Das EuG ging in der Entscheidung noch einen Schritt weiter und stellte klar, dass über den Selektivvertrieb „bereits bestehende Vertriebsformen vor dem Wettbewerb neuer Wirtschaftsteilnehmer" nicht geschützt und zudem „der Zugang zu den Produkten nicht über Gebühr beschränkt"[463] werden dürfe. Pauschale Drittplattformverbote gehen jedoch über bloße Anforderungen an die Produktpräsentation hinaus und versuchen so neue Vertriebsformen auszuschließen und den Zugang zu Produkten über den Onlinevertrieb letztlich unverhältnismäßig zu beschränken.[464]

Die Zulässigkeit von Plattformverboten als qualitatives Selektionskriterium hätte zudem zur Konsequenz, dass faktisch die Prüfung einer Kernbeschränkung nach Art. 4 lit. c Vertikal-GVO in das Tatbestandsmerkmal des Art. 101 Abs. 1 AEUV – der Wettbewerbsbeschränkung – systemwidrig vorverlagert würde. Eine nach der Vertikal-GVO vorgesehene Prüfung und eine mögliche Abwägung innerhalb einer Einzelfreistellung nach Art. 101 Abs. 3 AEUV wird mithin umgangen und im Gewand des Qualitätskriteriums und dessen Privilegierung im Rahmen des Kartellverbots einer kartellrechtlichen Beurteilung teilweise entzogen.[465] Dies ist rechtsdogmatisch schwerlich zu rechtfertigen.

Plattformverbote sind nach der hier vertretenen Auffassung zum Schutz des Produktimages mithin nicht erforderlich, da regelmäßig mildere Mittel zur Erreichung des Ziels zur Verfügung stehen. Im Einzelfall ist es zwar denkbar, dass Plattformen besonders strengen Qualitätsanforderungen nicht gerecht werden können und ein Verbot des Vertriebs über die Plattform als qualitatives Selektionskriterium zulässig sein kann, ein pauschales Verbot, auf jeglichen Drittplattformen zu verkaufen, ist jedoch nicht erforderlich und mithin unzulässig.[466] Es fehlt nach der hier vertretenen Auffassung jedenfalls an der letzten Voraussetzung der *Metro*-Kriterien zur Er-

462 EuG v. 12.12.1996, Rs. T-88/92 – *Givenchy/Leclerc*, Slg. 1996, II-1961, Rn. 117.
463 EuG v. 12.12.1996, Rs. T-88/92 – *Givenchy/Leclerc*, Slg. 1996, II-1961, Rn. 116.
464 So auch *Brömmelmeyer*, NZKart 2018, S. 62, 66 f.; *Mäger/von Schreitter*, NZKart 2015, S. 62, 69; a.A. GA *Wahl*, Schlussanträge v. 26.7.2017, Rs. C-230/16 – *Coty Germany*, ECLI:EU:C:2017:603, Rn. 94 ff., der Plattformverbote als zulässige Qualitätsanforderungen innerhalb eines selektiven Vertriebssystems ansieht.
465 So auch *Lohse*, WuW 2014, S. 120, 128; *Mäger/von Schreitter*, NZKart 2015, S. 62, 68; *Neubauer*, S. 80 f.
466 So auch *Brömmelmeyer*, NZKart 2018, S. 62, 66 f.; *Ellger*, ZWeR 2018, S. 272, 277; *Kumkar*, S. 325 f.; *dies.*, ZWeR 2018, S. 119, 129 f.; *Mäger/von Schreitter*, NZKart 2015, S. 62, 70; *Neubauer*, S. 69; *Schweda/Rudowicz*, WRP 2013, S. 590, 594 f.; *Schröder*, WRP 2018, S. 272, 275; selbst *Dieselhorst/Luhn*, WRP 2008, S. 1306, 1309, welche bei Drittplattformverboten für Markenprodukte grund-

richtung eines selektiven Vertriebssystems. Im Ergebnis stellt das generelle Verbot des Verkaufs von Waren über Plattformen Dritter eine bezweckte Wettbewerbsbeschränkung i.S.d. Art. 101 Abs. 1 AEUV dar. Mittelbare Plattformverbote sind jedenfalls als bewirkte Wettbewerbsbeschränkung anzusehen.[467]

bb) Exkurs: Imageschutz nach Coty Germany und markenrechtliche Implikationen

(1) Beschränkung des Imageschutzes auf Luxusgüter

Während es nach der Entscheidung *Pierre Fabre* umstritten war, unter welchen Voraussetzungen die Errichtung des selektiven Vertriebs noch zu rechtfertigen war[468], sollte sich mit der Entscheidung *Coty Germany* zumindest in dieser Frage Klarheit eingestellt haben. So stellte der EuGH klar, dass die Errichtung eines selektiven Vertriebssystems zum Schutz des Prestigeimages von Luxuswaren grundsätzlich zulässig ist.[469] Es ist jedoch zu befürchten, dass die zutreffende begriffliche Beschränkung des EuGH auf Luxusprodukte den Schauplatz der rechtlichen Unsicherheiten und hitzigen Meinungsstreitigkeiten nur verlagert hat.

So erstreckte das OLG Hamburg in seiner Entscheidung *Forever Living*[470], unter ausdrücklicher Bezugnahme auf das Urteil *Coty Germany* und entgegenden den Ausführungen des EuGH, die Zulässigkeit des selektiven Vertriebs und mithin auch das Plattformverbot auf sonstige Produkte hoher Qualität – im vorliegenden Fall auf Nahrungsergänzungsprodukte. Denn nach Auffassung des Gerichts gebe es für eine pauschale Unterteilung der Zulässigkeit selektiver Vertriebssysteme für technisch hochwertige Waren bzw. Luxuswaren auf der einen Seite und sonstige Waren ande-

---

sätzlich von einem zulässigen objektiven Qualitätskriterium ausgehen, gestehen ein, dass in jedem Einzelfall gesondert geprüft werden muss, ob bestimmte Qualitätsanforderungen auf den entsprechenden Plattformen umsetzbar sind.

467 A.A. GA *Wahl*, Schlussanträge v. 26.7.2017, Rs. C-230/16 – *Coty Germany*, ECLI:EU:C:2017:603, Rn. 117 f., der im Ergebnis Plattformverbote als zulässige Qualitätsanforderungen innerhalb eines selektiven Vertriebssystems ansieht und mithin nicht als bezweckte oder bewirkte Wettbewerbsbeschränkung.

468 Vgl. § 8 B. I. 1. a) aa) (1).

469 Vgl. § 8 B. I. 1. a) aa) (5).

470 OLG Hamburg v. 22.3.2018, Az. 3 U 250/16 – *Forever Living*, WRP 2018, S. 724.

rerseits keine hinreichenden Gründe.[471] Es fehle insbesondere an eindeutigen Abgrenzungskriterien zwischen Luxuswaren und solchen Waren, die – ohne Luxuswaren zu sein – ebenfalls von einer solchen Hochwertigkeit oder Besonderheit sind, dass ihr Prestigecharakter einen Selektivvertrieb rechtfertigen würde. Die Beschränkung des Selektivvertriebs auf Luxuswaren oder technisch hochwertige Erzeugnisse finde im Gesetz keine Grundlage. Auch für andere hochwertige oder sonst besondere Produkte könne ein selektives Vertriebssystem erforderlich sein.[472]

Diese Entscheidung erhielt in der Literatur vereinzelt Zuspruch.[473] Es wurde angemerkt, dass aus den Aussagen des EuGH in der Entscheidung *Coty Germany* keinerlei Rückschlüsse auf andere Markenwaren zu ziehen seien und die Beschränkung der Ausführungen auf Luxuswaren ausschließlich der Vorlage geschuldet sei.[474] Zusätzlich wird eine weite Auslegung des Begriffs der „Luxusprodukte" vorgeschlagen, die alle Waren erfassen soll, die aufgrund ihres Prestigewerts gekauft werden.[475]

Überdies wird vertreten, dass die Deutungshoheit über die Erforderlichkeit eines Vertriebssystems dem Hersteller überlassen sein sollte und es letztlich von dessen Wunsch abhängig sein soll, ob er sein Produkt im selektiven Vertrieb absetzt oder nicht.[476] Ob es sich dabei um eine Luxusware oder lediglich ein hochwertiges Konsumgut handelt, könne dabei dahinstehen.[477]

Dem ist nicht zuzustimmen. Zwar ist der Ansicht dahingehend beizupflichten, dass die Auswahl über die Art des Vertriebswegs grundsätzlich in der Hand des Herstellers liegen und diesem auch die Möglichkeit gegeben werden muss, ein besonderes Markenimage – bis hin zum Luxusimage – durch Werbemaßnahmen oder andere vertriebliche Maßnahmen aufzubauen. Es darf jedoch nicht im Ermessen eines Herstellers liegen, ob ein Vertriebssystem der kartellrechtlichen Kontrolle unterliegt oder dieser

---

471 OLG Hamburg v. 22.3.2018, Az. 3 U 250/16 – *Forever Living*, WRP 2018, S. 724, 727.

472 OLG Hamburg v. 22.3.2018, Az. 3 U 250/16 – *Forever Living*, WRP 2018, S. 724, 727.

473 *Eggers*, ZLR 2018, S. 397, 399; *Nägele/Apel*, WRP 2018, S. 1044, 1046 f.; *Voogd*, GRUR-Prax 2018, S. 278; so bereits nach der *Coty Germany*-Entscheidung *Linsmeier/Haag*, WuW 2018, S. 54, 57; *Rohrßen*, GRURPrax 2018, S. 39, 41; *Siegert*, BB 2018, S. 131, 134 f.

474 *Metzlaff*, ZVertriebsR 2018, S. 1, 3.

475 *Nägele/Apel*, WRP 2018, S. 1044, 1046; *Palzer*, EWS 2018, S. 90, 94; *Rohrßen*, DB 2018, S. 300, 302 f.; *ders*., GRURPrax 2018, S. 39, 41.

476 *Eggers*, ZLR 2018, S. 397, 399.

477 *Eggers*, ZLR 2018, S. 397, 399.

gänzlich entzogen wird.[478] Denn die Einordnung als erforderliches und mithin zulässiges Selektionskriterium hätte zur Folge, dass das Vertriebssystem und dessen mögliche inhärente Wettbewerbsbeschränkungen grundsätzlich als Bereichsausnahme nicht mehr am Tatbestand des Art. 101 Abs. 1 AEUV zu messen wären. Eine solche abschließende Einschätzung muss jedoch bei der behördlichen und gerichtlichen Beurteilungspraxis verbleiben.

Unabhängig von der Unbestimmtheit der Begrifflichkeit der Luxuswaren und der Notwendigkeit, diese – in Ermangelung an klaren Auslegungskriterien – bis auf weiteres in jedem Einzelfall positiv bestimmen zu müssen, ist die Begrenzung von geschützen Warenimages auf Luxusprodukte erforderlich, um den kartellrechtlichen Schutz vor vertikalen Wettbewerbsbeschränkungen nicht auszuhöhlen und der behördlichen und gerichtlichen Kontrolle endgültig zu entziehen. Verbotstatbestandliche Ausnahmen, wie selektive Vertriebssysteme, sollten nur unter den engen *Metro*-Voraussetzungen[479] zulässig sein. Eine Ausdehnung der Erforderlichkeit des Selektivvertriebs über Gebühr würde vor dem Hintergrund der Gruppen- oder Einzelfreistellung von Vertikalbeschränkungen nach Art. 101 Abs. 3 AEUV der Systematik des Verbotstatbestands und den eindeutigen Aussagen des EuGH im Fall *Coty Germany* entgegenstehen.

(2) Markenrechtliche Implikationen

Aufgrund der ausdrücklichen Bezugnahme des Gerichtshofs auf seine markenrechtliche Rechtsprechung *Copad*[480] in der Enstcheidung *Coty Germany*[481], sind für die Beurteilung der Reichweite des Imageschutzes von Waren womöglich markenrechtliche Grundsätze zu berücksichtigen.[482] Hin-

---

478 So wohl auch *Schröder*, WRP 2018, S. 272, 274 f.
479 Vgl. oben § 3 B. II. 2.
480 EuGH v. 23.4.2009, Rs.C-59/08 – *Copad*, Slg. 2009, I-3421.
481 EuGH v. 6.12.2017, Rs. C-230/16 – *Coty Germany*, ECLI:EU:C:2017:941, Rn. 25.
482 So auch GA *Wahl*, Schlussanträge v. 26.7.2017, Rs. C-230/16 – *Coty Germany*, ECLI:EU:C:2017:603, Rn. 71: Der Schutz des Luxusimages lässt sich „mit den Erwägungen in der Rechtsprechung, die zum Markenrecht entwickelt wurde, das wegen seiner spezifischen Wettbewerbsfunktion unbestreitbar mit dem Kartellverbot in Wechselwirkung steht, vergleichen. Soweit die Marke die Gewähr bietet, dass alle Waren oder Dienstleistungen, die sie kennzeichnet, unter der Kontrolle eines einzigen Unternehmens hergestellt oder erbracht worden sind, dem sich die Verantwortung für ihre Qualität zuordnen lässt, erfüllt sie nämlich

sichtlich der Kollision von Marken- und Kartellrecht führte der EuGH aus, dass die Ausübung des gewerblichen Schutzrechts zwar der kartellrechtlichen Kontrolle unterliege, das Kartellrecht jedoch keine Anwendung auf Fragen finde, die den „spezifischen Gegenstand" der Marke und somit seinen Bestand betreffen.[483] Dazu zählen alle spezifischen Funktionen der Marke.[484] Fraglich ist, ob auch das Markenimage darunter zu subsumieren ist und imagebezogene Vorgaben mithin ausschließlich nach markenrechtlichen Grundsätzen zu beurteilen und sie so einer kartellrechtlichen Kontrolle entzogen sind.[485] Hinsichtlich der Reichweite des Markenrechts gilt jedenfalls, dass der markenrechtliche Schutz sich mit dem Inverkehrbringen der Ware grundsätzlich erschöpft. Dieser Grundsatz der Erschöpfung ist in § 24 Abs. 1 MarkenG bzw. Art. 15 Abs. 1 UMV geregelt und sieht als Rechtsfolge vor, dass der Markeninhaber nicht einem Dritten die Benutzung der Marke untersagen kann, wenn dieser die Marke selbst in den Verkehr gebracht hat oder dies mit seiner Zustimmung geschehen ist.[486] Der § 24 Abs. 2 MarkenG bzw. Art. 15 Abs. 2 UVM sieht jedoch Ausnahmen vom Erschöpfungsgrundsatz vor. Dies gilt, sofern der Markeninhaber sich aus berechtigten Gründen der Markennutzung widersetzt, insbesondere wenn der Zustand der Waren nach ihrem Inverkehrbringen verändert oder verschlechtert wird. Im Hinblick auf den Imageschutz einer Marke hat der EuGH dabei festgestellt, dass durch Werbemaßnahmen die Wertschätzung der Ware nicht dadurch verletzt werden dürfe, dass der Luxus- und Prestigecharakter der betreffenden Waren und die von diesen ausgehende luxuriöse Ausstrahlung beeinträchtigt werde.[487] Diesen Schutz für Luxuswaren erweiterte der EuGH in der in Rede stehenden Entscheidung *Copad* nochmals[488] und erkannte an, dass der Verkauf von Prestigeprodukten durch den Lizenznehmer an Dritte, die nicht dem selektiven Vertriebs-

---

eine wesentliche Aufgabe im System eines unverfälschten Wettbewerbs, das der AEU-Vertrag errichten und erhalten will."; vgl. dazu auch *Kumkar*, S. 310 ff.

483 EuGH v. 18.2.1971, Rs. 40/70 – *Sirena*, Slg. 1971, 69.

484 EuGH v. 22.6.1994, Rs. 9/93 – *Ideal Standard II*, Slg. 1994, I-2789; vgl. ausführlich zu den Funktionen der Marke in der Rechtsprechung des EuGH, *Fezer*, Markenrecht, Einl. Teil D. Rn. 21 ff.

485 Vgl. *Kumkar*, S. 311.

486 *Fezer*, Markenrecht, § 24 Rn. 1.

487 EuGH v. 4.11.1997, Rs. C-337/95 – *Parfums Christian Dior*, Slg. 1997, I-6013, Rn. 45.

488 EuGH v. 23.4.2009, Rs. C-59/08 – *Copad*, Slg. 2009, I-3421, Rn. 24 ff., zunächst stellte er klar, dass bei Luxusprodukten, deren Qualität nicht allein auf ihren materiellen Eigenschaften beruhe, sondern auch auf ihrem Prestigecharakter, der ihnen eine luxuriöse Ausstrahlung verleihe. Daher sei eine Schädigung die-

netz angehören, die Qualität dieser Waren selbst beeinträchtigen könne und hier der Grundsatz der Erschöpfung eine Ausnahme vorsehen müsse.[489] Dies bestätigte jüngst das OLG Düsseldorf[490], indem es die Berufung auf die markenrechtliche Erschöpfung versagte, da anderenfalls durch die Umgehung eines selektiven Vertriebssystems für exklusiv verwertete Marken – sowohl im Offline- als auch im Onlinevertrieb – die Gefahr einer Rufschädigung begründet werde.[491] Ein Wiederverkäufer müsse deshalb bei Waren mit "Luxus- und Prestigecharakter" darauf achten, diesen Charakter sowie die "luxuriöse Aura" der Waren nicht zu schädigen.[492]

Somit gehört der markenrechtliche Imageschutz von Luxuswaren ebenfalls zum spezifischen Gegenstand der Marke und ist als solches dem Bestand zuzuordnen, hinsichtlich dessen das Kartellrecht keine gegenläufigen Entscheidungen treffen darf.[493] Aufgrund der unterschiedlichen Schutzzwecke und Zielvorgaben der Rechtsgebiete kann zwar die Markenrechtsprechung keine unmittelbare Geltung für die kartellgerichtliche Kontrolle entfalten, gleichwohl ist hier die Einheitlichkeit der Rechtsordnung zu wahren, indem der markenrechtliche Erschöpfungsgrundsatz und die kartellrechtliche Wettbewerbsbeschränkung kohärent zueinander auszulegen sind.[494] Dies ist im Hinblick auf die der vielfachen Verzahnungen von Marken- und Kartellrecht im Bereich selektiver Vertriebssysteme auch notwendig.[495] Und wie die Rechtsprechung zeigt, sind hier gegenseitige Rückschlüsse gewollt. Gleichwohl sollte es nicht Aufgabe des Kartellrechts sein, im Spannungsfeld mit dem Markenrecht originär markenrechtliche Problemfelder an deren Grenzbereichen auszuleuchten und zu erweitern. Eine Erstreckung des Schutzes von Luxuswaren auch auf hochwertige Markenwaren sollte nach der hier vertretenen Auffassung Aufgabe des Mar-

---

ser luxuriösen Ausstrahlung geeignet, die Qualität der Waren selbst zu beeinträchtigen.

489 EuGH v. 23.4.2009, Rs.C-59/08 – *Copad*, Slg. 2009, I-3421, Rn. 28 ff.

490 OLG Düsseldorf v. 6.3.2018, Rs. I-20 U 113/17, WRP 2018, S. 1102, Rn. 28 ff.

491 OLG Düsseldorf v. 6.3.2018, Rs. I-20 U 113/17, WRP 2018, S. 1102, Rn. 28.

492 OLG Düsseldorf v. 6.3.2018, Rs. I-20 U 113/17, WRP 2018, S. 1102, Rn. 26, 37.

493 So auch *Kumkar*, S. 313; *Lubberger*, ZWeR 2018, S. 57, 75 geht davon aus, dass „unter Anwendung des Verhältnismäßigkeitsgrundsatzes der Schutz des Markenrechts und der Schutz des ungestörten Wettbewerbs in eine praktische Konkordanz zu bringen" sind; strenger wohl *Glöckner*, WRP 2018, S. 1150, 1152, der davon ausgeht, dass das „immaterialgüterrechtlich geschützte Zeichenrecht unter dem Vorbehalt der Allgemeininteressen [steht], zu denen das Interesse an einem funktionsfähigen Wettbewerb zählt".

494 *Kumkar*, S. 313 f.; dazu ausfürhlich *Querndt*, S. 95 ff.

495 *Kumkar*, S. 313 f.; *Querndt*, S. 101 ff.

kenrechts sein, welches die Marke als absolutes immaterielles Schutzrecht im Blick hat und nicht des Kartellrechts, welches den Wettbewerb und dessen unverfälschte Marktstrukturen als Schutzziel hat.

(3) Stellungnahme

Es bleibt somit festzuhalten, dass zwischen dem markenrechtlichen und dem kartellrechtlichen Schutz des Markenimages somit ein Gleichlauf bestehen muss.[496] Nur so kann ein kohärentes Schutzniveau in der Rechtsprechung gewährleistet werden und das Prestigeimage von Luxuswaren kartellrechtlich ebenso geschützt werden, wie das Markenrecht Ausnahmen vom Erschöpfungsgrundsatz erlaubt. Dies muss jedoch, wie vom EuGH ausdrücklich festgestellt, auf Luxuswaren beschränkt sein. Das Kartellrecht sollte über die Privilegierung des selektiven Vertriebssystems dem Hersteller, der regelmäßig auch Markeninhaber ist, kein über das Markenrecht hinausgehendes Quasi-Schutzrecht gewähren, indem es auch hochwertige Marken der kartellrechtlichen Kontrolle entzieht. Anderenfalls würde das Kartellrecht zu einem verlängerten Arm des Markenrechts werden. Hier ist ein kohärentes Verständnis zugrunde zu legen. Zwischen dem Markenrecht und dem Kartellrecht besteht zwar eine Wechselwirkung. Ein über das Luxusniveau hinausgehender Schutz für hochwertige Marken sollte – falls überhaupt – vom Markenrecht gewährleistet werden und nicht durch das Kartellrecht. Nach der hier vertretenen Auffassung obliegt es der markenrechtlichen Rechtsprechung, die weitgehend im Dornröschenschlaf befindlichen Vorschriften des § 24 MarkenG bzw. Art. 15 UMV zu erwecken und mit Leben zu füllen. Sollte die markenrechtliche Rechtsprechung eine Erstreckung auf hochwertige Marken für notwendig erachten, könnte dies sodann im Rahmen der Erforderlichkeit selektiver Vertriebssysteme berücksichtigt werden.

cc) Zusammenfassung

Die EuGH-Entscheidung *Coty Germany* hat im Bereich des Selektivvertriebs für die in der Praxis lang erhoffte Klarheit gesorgt. So ist nach Auffassung des Gerichtshofs die Errichtung eines selektiven Vertriebssystems

---

496 Ähnlich OLG Düsseldorf v. 6.3.2018, Rs. I-20 U 113/17, WRP 2018, S. 1102, Rn. 28; vgl. auch *Kumkar*, S. 313 f.

zum Schutz des Prestigeimages der Ware weiterhin zulässig. Dies ist jedoch – im Einklang mit der markenrechtlichen Rechtsprechung – auf Luxuswaren beschränkt. Darüber hinaus werden pauschale Plattformverbote als zulässige qualitative Selektionskriterien im Rahmen eines solchen Vertriebssystems erachtet.

Dem ist nach hier vertretener Ansicht gleichwohl entgegenzutreten. Bei pauschalen Plattformverboten in selektiven Vertriebssystemen handelt es sich – entgegen den pauschalen Ausführungen des EuGH im Verfahren *Coty Germany* – nicht um objektive Qualitätskriterien zur Errichtung eines selektiven Vertriebssystems. Es fehlt an der Erforderlichkeit zur Errichtung eines selektiven Vertriebssystems, da mildere Mittel in Form von konkret ausgestalteten Präsentationsanforderungen denkbar sind.

Überdies stellt die pauschale Zulässigkeit eine nicht nachvollziehbare systematische Umgehung der Prüfung der Gruppen- oder Einzelfreistellungsfähigkeit dar.

Pauschal ausgesprochene Plattformverbote sind im Ergebnis als bezweckte Wettbewerbsbeschränkungen im Rahmen des Art. 101 Abs. 1 AEUV einzustufen.

b) Gruppenfreistellung nach der Vertikal-GVO

Nun stellt sich die Frage nach einer Gruppenfreistellung nach der Vertikal-GVO. Drittplattformverbote stellen grundsätzlich vertikale Vereinbarungen gem. Art. 1 Abs. 1 lit. a Vertikal-GVO dar und beinhalten vertikale Beschränkungen i.S.d. Art. 1 Abs. 1 lit. b Vertikal-GVO. Als solche sind sie nach Art. 2 Abs. 1 Vertikal-GVO freigestellt, sofern sie nicht die Marktanteilsschwelle nach Art. 3 Vertikal-GVO von 30% überschreiten und keine der Kernbeschränkungen des Art. 4 Vertikal-GVO verwirklichen. Während die Überschreitung der Marktanteilsschwelle von 30% von den konkreten Marktanteilen der Unternehmen im Einzelfall abhängig ist, stellt sich abstrakt die Frage, ob es sich bei Plattformverboten um eine Kernbeschränkung i.S.d. Art. 4 Vertikal-GVO handelt. Insbesondere ein Verstoß gegen Art. 4 lit. b Vertikal-GVO und Art. 4 lit c Vertikal-GVO kommen hier in Betracht.

aa) Kernbeschränkung nach Art. 4 lit. b Vertikal-GVO

Zunächst ist eine Beschränkung der Kundengruppe nach Art. 4 lit. b zu prüfen.

(1) Keine Anwendbarkeit aufgrund lex specialis?

Teilweise wird in der Praxis und Literatur an dieser Stelle bereits eingewandt, dass der Selektivvertrieb nicht in den Anwendungsbereich der Norm falle, da Art. 4 lit. c Vertikal-GVO als *lex specialis* Sonderregelungen für selektive Vertriebssysteme enthalte, die den allgemeinen Regelungen vorgingen.[497] Eine solche Unterscheidung kann jedoch weder aus dem Wortlaut hergeleitet werden, der nicht zwischen unterschiedlichen Vertriebssystemen unterscheidet, noch aus dem Normzweck, der Weiterverkaufsbeschränkungen für Händler in Bezug auf Gebiet und Kundenkreis unterschiedslos in jedem Vertriebssystem als Kernbeschränkung ausweist.[498] Ebenso spricht der systematische Aufbau des Art. 4 lit. b Vertikal-GVO, der in Ziff. iii eine Rückausnahme speziell für selektive Vertriebssysteme enthält, gegen ein Spezialitätsverhältnis.[499] Auch die historische Auslegung kann an dieser Stelle keine Belege für einen Anwendungsvorrang liefern. Der Katalog der Kernbeschränkungen in Art. 4 Vertikal-GVO 1999 wurde fast wortgleich in die Vertikal-GVO 2010 übernommen. Hätte die Kommission an dieser Stelle ein Spezialitätsverhältnis vorgesehen, hätte sie dies in der Neufassung der Vertikal-GVO, den Erwägungsgründen oder zumindest in den Vertikal-Leitlinien klarstellen können. Nicht zuletzt wäre

---

497 So BKartA, Vertikale Beschränkungen in der Internetökonomie, Hintergrundpapier, S. 23; *Jestaedt/Zöttl*, in: MüKo Bd. 1 EU-Wettbewerbsrecht, GVO Nr. 330/2010, Art. 4, Rn. 129; *Lettl*, WRP 2010, S. 807, 820; *Lohse*, WuW 2014, S. 120, 120; *Rahlmeyer*, ZVertriebsR 2012, S. 55, 57; *Rösner*, WRP 2010, S. 1114, 1121; *Rudowicz*, NZKart 2014, S. 253, 259; wohl auch *Schweda/Rudowicz*, WRP 2013, S. 590, 596, die Plattformverbote im Selektivvertrieb ausschließlich an Art. 4 lit. c Vertikal-GVO messen. Vgl. auch zu dieser redaktionellen Schwäche in der Systematik *Baron*, in: FS Loewenheim, S. 423, 432.
498 So auch *Baron*, in: Loewenheim/Meessen/Riesenkampff/Kersting/Meyer-Lindemann, Art. 4 Vert-GVO, Rn. 252; *Mäger/von Schreitter*, NZKart 2015, S. 62, 67; *Neubauer*, S. 85; wohl auch *Pichler/Hertfelder*, NZKart 2014, S. 47, 49 ff.
499 *Kumkar*, S. 328.

durch eine solche Auslegung die dritte Vorlagefrage des OLG Frankfurt a.M. im Vorlageverfahren *Depotkosmetik II* damit gänzlich überflüssig.[500]

Dies entspricht auch den Ausführungen des EuGH in der Rechtssache *Coty Germany*, in der er in der dritten bzw. vierten Vorlagefrage den Verstoß von Plattformverboten gegen die Art. 4 lit. b und c Vertikal-GVO prüfte, ohne ein Spezialitätsverhältnis anzunehmen.[501]

Im Ergebnis ist ein Spezialitätsverhältnis zwischen Art. 4 lit. b und c Vertikal-GVO abzulehnen und der Art. 4 lit. b Vertikal-GVO ist mithin auf Plattformverbote in selektiven Vertriebssystemen anwendbar.

(2) Drittplattformverbot als Beschränkung der Kundengruppe bzw. des „Kundenkreises"

Es stellt sich somit die Frage, ob Drittplattformverbote eine Beschränkung des Gebiets oder der Kundengruppe darstellen. Das Verbot steht dabei unter dem Vorbehalt der Beschränkung des Orts der Niederlassung. Die Frage, ob es sich bei dem Verbot des Onlinevertriebs mithin um eine zulässige Beschränkung des Niederlassungsortes i.S.d. Art. 4 lit. b Vertikal-GVO handelt, hat der EuGH in der Entscheidung *Pierre Fabre* unmissverständlich beantwortet.[502] Demnach ist eine extensive Auslegung des Begriffs der Niederlassung auch auf virtuelle Niederlassungen aufgrund der Möglichkeit der Einzelfreistellung nach Art. 101 Abs. 3 AEUV abzulehnen und der Verkauf über das Internet grundsätzlich nicht als Beschränkung der Niederlassung anzusehen.

---

500 Vgl. OLG Frankfurt a.M. v. 19.4.2016, Az. 11 U 96/14 – *Depotkosmetik II*, NZ-Kart 2016, S. 236, wo das Gericht in Vorlagefrage 3 fragt: „Ist Art. 4 lit b der Verordnung (EU) Nr. 330/2010 dahingehend auszulegen, dass ein den auf der Einzelhandelsstufe tätigen Mitgliedern eines selektiven Vertriebssystems auferlegtes Verbot, bei Internetverkäufen nach außen erkennbar Drittunternehmen einzuschalten, eine bezweckte Beschränkung der Kundengruppe des Einzelhändlers darstellt?"; dies deckt sich schließlich auch mit den Ausführungen des GA *Wahl* hinsichtlich der Vorlagefrage 3, der konkludent auch nicht von einem Spezialitätsverhältnis ausgeht und somit eine grundsätzliche Anwendbarkeit des Art. 4 lit. b auf selektive Vertriebssysteme annimmt, vgl. GA *Wahl*, Schlussanträge v. 26.7.2017, Rs. C-230/16 – *Coty Germany*, ECLI:EU:C:2017:603, Rn. 152 ff.
501 EuGH v. 6.12.2017, Rs. C-230/16 – *Coty Germany*, ECLI:EU:C:2017:941, Rn. 62 ff.; so auch *Kumkar*, ZWeR 2018, S. 119, 132.
502 EuGH v. 13.10.2011, Rs. C-439/09 – *Pierre Fabre Dermo-Cosmétique*, Slg. 2011, I-9419, Rn. 56 ff., wenngleich sich die Ausführungen auf die Rückausnahme des Art. 4 lit. c beziehen, entfalten sie hier entsprechend Geltung.

Eine Gebietsbeschränkung liegt aufgrund der Ubiquität des Internets fern.[503] Somit kommt allenfalls die Beschränkung einer Kundengruppe in Betracht. Hier muss zunächst die Begrifflichkeit genauer untersucht werden, denn sowohl in Art. 4 lit b als auch in der Ziff. i Vertikal-GVO ist von Kundengruppen die Rede. In der englischen, französichen und spanischen Sprachfassung wird hingegen der Begriff der „Kunden" (*customers, la clientèle, la clientela*) in Art. 4 lit. b Vertikal-GVO verwendet. Es wird deutlich, dass es sich bei der deutschen Übersetzung um eine sprachlich redaktionelle Ungenauigkeit handelt und die Begriffe keineswegs gleichbedeutend verwendet werden sollten. So wird teilweise ein Rückgriff auf die Sprachfassung der Vorgänger-GVO vorgenommen und anstelle der Kundengruppe der Begriff des „Kundenkreises" verwendet.[504]

Somit stellt sich weiterhin die Frage, ob es sich bei Käufern, die über Drittplattformen Waren beziehen, um einen eigenständigen Kundenkreis handelt. Hierbei müsste es sich um eine Zusammenfassung einer Mehrheit von Kunden nach abstrakten Merkmalen handeln.[505] Dies wird kontrovers diskutiert.[506] Das OLG München[507] kommt zu dem Ergebnis, dass man zwischen einer verbotenen Kundenkreisbeschränkung und einer bloßen – zulässigen – Verkaufs- oder Vertriebsmodalität differenzieren müsse. Dabei stellt die Gesamtheit der Interneteinkäufer den Kundenkreis dar, von denen Drittplattformkunden sachlich nicht abgegrenzt werden können. Entscheidend sei, dass potentielle Kunden auch über andere Vertriebskanäle im Internet erreicht werden können.[508] Dem schloss sich auch

---

503 So auch *Kumkar*, NZKart 2016, S. 315, 318; *Rahlmeyer*, ZVertriebsR 2012, S. 55, 57.

504 *Neubauer*, S. 86; *Ellger*, in: Immenga/Mestmäcker, EU-Wettbewerbsrecht Bd. 1, Art. 4 Vertikal-GVO, Rn. 41; *Schultze/Pautke/Wagener*, Art. 4 lit. b, Rn. 591; ähnlich *Kumkar*, S. 333 f., die lediglich hinsichtlich der begrifflichen Unterscheidung eine andere Bezeichnung wählt.

505 Zur Vertikal-GVO 1999: *Veelken*, in: Immenga/Mestmäcker, Wettbewerbsrecht EG, 4. Aufl. 2007, Vertikal-GVO, Art. 4, Rn. 200.

506 Dafür sprechen sich aus: *Dieselhorst/Luhn*, WRP 2008, S. 1306, 1310; *Mäger/von Schreitter*, NZKart 2015, S. 62, 66; dagegen OLG München v. 2.7.2009, Az. U (K) 4842/08 – *Sportartikel*, GRUR-RR 2009, S. 394, 395; OLG Frankfurt a.M. v. 19.4.2016, Az. 11 U 96/14 – *Depotkosmetik II*, NZKart 2016, S. 236, 239; *Dethof*, ZWeR 2012, S. 503, 518; *Lubberger*, WRP 2015 S. 14, 21.

507 OLG München v. 2.7.2009, Az. U (K) 4842/08 – *Sportartikel*, GRUR-RR 2009, S. 394.

508 OLG München v. 2.7.2009, Az. U (K) 4842/08 – *Sportartikel*, GRUR-RR 2009, S. 394, 395; so auch bereits in der Vorinstanz LG München I v. 24.6.2008, Rs. 33 O 22144/07 – *Sportartikel*; auch *Immenga*, BB 2009, S. 2561, 2562; *ders.*, K&R 2010, S. 24, 27.

das OLG Frankfurt a.M. an.[509] Das Verbot von Drittplattformen stellt nach dieser Auffassung lediglich eine freigestellte Vertriebsmodalität dar.

Nach anderer Ansicht[510] sei dies jedoch zu kurz gegriffen, denn im Rahmen des Art. 4 lit. b soll nicht so sehr entscheidend sein, ob es sich bei Drittplattformkunden um einen eigenen Kundenkreis handelt. Schon dem Wortlaut nach gehe es einzig darum, ob der festgelegte Kundenkreis beschränkt werde. Ein völliger Ausschluss sei nicht entscheidend. Da Plattformkunden sachlich nicht abgegrenzt werden können, soll somit die Gesamtheit von Internetkunden der Kundenkreis sein, an den angeknüpft wird. Dieser muss durch das Verbot eingeschränkt werden. Drittplattformen wie *eBay* oder *Amazon Marketplace* haben eine hohe Kundenreichweite. Das Verbot, über solche Plattformen Waren zu verkaufen, schränke dabei den Abnehmer nicht nur unerheblich ein. Im Ergebnis soll es sich bei Drittplattformen um eine Beschränkung des Kundenkreises und somit bereits um eine Kernbeschränkung nach Art. 4 lit. b Vertikal-GVO handeln. Dies stehe zudem im Einklang mit den Vertikalleitlinien. Diese stellen klar, dass die Möglichkeit „über das Internet mehr oder andere Kunden"[511] zu erreichen nicht beschränkt werden dürfe und anderenfalls eine Kernbeschränkung in Form einer Weiterverkaufsbeschränkung nach Art. 4 lit. b Vertikal-GVO vorliege.[512]

Eine weitere Ansicht differenziert an dieser Stelle und sieht die Kernbeschränkung erst erfüllt, sobald man von einer vollständigen Nichterreichbarkeit des identifizierten Kundenkreises ausgehen kann.[513] Hierfür spreche der Wortlaut, der durch das Wort „darf" die Erforderlichkeit eines Ver-

---

509 OLG Frankfurt a.M. v. 19.4.2016, Az. 11 U 96/14 – *Depotkosmetik II*, NZKart 2016, S. 236, 239.
510 OLG Schleswig v. 5.6.2014, Az. 16 U (Kart) 154/13 – *Digitalkameras*, GRUR-RR 2015, S. 34, 38; KG Berlin, v. 19.9.2013, Az. 2 U 8/09 Kart – *Schulranzen*, EuZW 2013, S. 873, 878 f.; LG Kiel v. 8.11.2013, Az. 14 O 44/13 Kart – *Digitalkameras*, NZKart 2014, S. 39, 40; *Baron*, in: Loewenheim/Meessen/Riesenkampff/Kersting/Meyer-Lindemann, Art. 4 Vert-GVO, Rn. 272; *Ellger*, in: Immenga/Mestmäcker, EU-Wettbewerbsrecht Bd. 1, Art. 4 Vertikal-GVO, Rn. 58; *Kumkar*, S. 339 f.; *Lohse*, WuW 2014, S. 120, 127; *Mäger/von Schreitter*, NZKart 2015, S. 62, 67; *Neubauer*, S. 91 f; *Rudowicz*, NZKart 2014, S. 253, 259.
511 Vertikalleitlinien, Rn. 52.
512 OLG Schleswig. v. 5.6.2014, Az. 16 U (Kart) 154/13 – *Digitalkameras*, GRUR-RR 2015, S. 34, 38; *Mäger/von Schreitter*, NZKart 2015, S. 62, 67.
513 OLG München v. 2.7.2009, Az. U (K) 4842/08 – *Sportartikel*, GRUR-RR 2009, S. 394, 395; *Kumkar*, S. 341 ff.; *dies*. ZWeR 2018, S. 119, 134 f.; *Pichler/Hertfelder*, NZKart 2015, S. 47, 50.

kaufsverbots nahelege.[514] Auch die Systematik im Vergleich mit Art. 4 lit. c Vertikal-GVO streite für ein enges Verständnis und somit für einen vollständigen Ausschluss des Kundenkreises. Während es im Art. 4 lit. c Vertikal-GVO lediglich einer Beschränkung des Verkaufs bedürfe, sei die Formulierung der „Beschränkung einer Kundengruppe" in Art. 4 lit. b Vertikal-GVO enger.[515]

(3) Auffassung der Kommission

Die Kommission differenziert im Allgemeinen zwischen einer Kernbeschränkung nach Art. 4 lit. b und c Vertikal-GVO als „(Weiter-) Verkaufsbeschränkung" und bloßer „Qualitätsanforderung" an den Vertrieb.[516] Bei Beschränkungen des Internetvertriebs, „die Händler daran hindern, über das Internet mehr oder andere Kunden zu erreichen"[517] handelt es sich demnach um Kernbeschränkungen. Bei „Qualitätsanforderungen an die Verwendung des Internets zum Weiterverkauf" von Produkten, die „im Einklang" mit Anforderungen an den stationären Vertrieb stehen bzw. diesem „gleichwertig sind" (sog. Äquivalenztest), handelt es sich hingegen um freistellungsfähige Qualitätsanforderungen.[518] Inmitten dieses Spannungsverhältnisses zwischen unzulässiger Kernbeschränkung und zulässiger Qualitätsanforderung bewegen sich Plattformverbote. Die Auffassung der Kommission ist hinsichtlich der Drittplattformverbote missverständlich. So äußert die Kommission in den Leitlinien zunächst, dass Hersteller innerhalb selektiver Vertriebssysteme grundsätzlich Qualitätsanforderungen an den Internetvertrieb ihrer Händler stellen und Händler Plattformen Dritter im Einklang mit den Normen und Voraussetzungen nutzen dürfen, welche zwischen Anbieter und Händler vereinbart wurden.[519] Wenige Sätze später stellt sie jedoch klar:

> „Befindet sich die Website des Händlers zum Beispiel auf der Plattform eines Dritten, könnte der Anbieter verlangen, dass Kunden die Website des Händ-

---

514 *Kumkar*, S. 341 f.; *dies.* ZWeR 2018, S. 119, 135.
515 *Kumkar*, S. 342.
516 Vgl. Vertikalleitlinien, Rn. 52, 54.
517 Vertikalleitlinien, Rn. 56.
518 Vertikalleitlinien, Rn. 54, 56.
519 Vertikalleitlinien, Rn. 54.

lers nicht über eine Website aufrufen, die den Namen oder das Logo dieser Plattform tragen."[520]

Demnach sieht die Kommission ein Drittplattformverbot grundsätzlich nicht als Kernbeschränkung sondern vielmehr als Qualitätsanforderung und letztlich als freistellungsfähig an. Diese Auffassung bestätigte die Kommission auch in dem Abschlussbericht der Sektoruntersuchung.[521] Im Zwischenbericht führte die Kommission dazu aus, dass die große Mehrheit der Händler über ihren eigenen Internetshop ihre Waren absetze und lediglich 4% der Händler ausschließlich ihre Waren über Plattformen verkaufen.[522] Daher stellen nach ihrer Aufassung Verkaufsverbote für Plattformen grundsätzlich keine Kernbeschränkung nach Art. 4 lit. b oder c Vertikal-GVO dar.[523] Dieser Auffassung folgten auch teilweise Stimmen in der Literatur.[524] Auch Generalanwalt *Wahl* sah in seinen Schlussanträgen zur Vorlagefrage *Coty Germany* in Plattformverboten keine Kernbeschränkungen, weder i.S.d. Art. 4 lit. b noch lit. c Vertikal-GVO.[525]

Teilweise wird vertreten, dass es sich bei dieser sog. „Logo-Klausel" um eine im letzten Moment eingeführte Aussage zu Kompromisszwecken handelte, um Luxusmarkeninhaber zu beruhigen, die im Entwurf der Vertikalleitlinien nicht enthalten war.[526] Die konsequente Anwendung führe dazu, dass die Kernaussage der Vertikalleitlinien, bezweckte Beschränkungen des Online-Vertriebs als Kernbeschränkungen zu behandeln, dazu im Wider-

---

520 Vertikalleitlinien, Rn. 54.

521 Demnach sollten „(absolute) Marktplatzverbote nicht als Kernbeschränkungen im Sinne von Artikel 4 Buchstabe b und Artikel 4 Buchstabe c der Gruppenfreistellungsverordnung für Vertikalvereinbarungen angesehen werden [...].", Kommission, Sektoruntersuchung zum elektronischen Handel, Rn. 42.

522 Kommission, Zwischenbericht Sektoruntersuchung E-Commerce, Rn. 469.

523 Kommission, Zwischenbericht Sektoruntersuchung E-Commerce, Rn. 472; gleichwohl stellt die Kommission es den nationalen Kartellebhörden frei, im Einzelfall von pauschalen Plattformverboten zu einer gegenläufigen Einschätzung zu kommen und diese als Kernbeschränkungen einzuordnen oder den Unternehmen nachträglich die Gruppenfreistellung wieder zu entziehen, Rn. 473.

524 *Nolte*, BB 2017, S. 1987, 1991; bereits unter Bezugnahme auf die „Logo-Klausel": *Dreyer/Lemberg*, BB 2012, S. 2004, 2008; *Pichler/Hertfelder*, NZKart 2014, S. 47, 50; *Rösner*, WRP 2010, S. 1114, 1125; *Wiring*, MMR 2010, S. 659, 661.

525 GA *Wahl*, Schlussanträge v. 26.7.2017, Rs. C-230/16 – *Coty Germany*, ECLI:EU:C:2017:603, Rn. 140 ff., 152 ff.; dazu ausführlich *Rohrßen*, ZVertriebsR 2017, S. 274, 278 f.; kritisch zu den Schlussanträgen *Schweda*, NZKart 2017, S. 585.

526 *Lohse*, WuW 2014, S. 120, 127; *Mäger/von Schreitter*, NZKart 2015, S. 62, 71; *Simon*, EWS 2010, S. 497, 502; *Schweda/Rudowicz*, WRP 2013, S. 590, 597;

spruch stehen würde.[527] Insofern dürfe die „Logo-Klausel" mit ihrem „obskuren Gehalt"[528] auch nur im Zusammenhang mit dem Äquivalenztest beurteilt werden.[529]

(4) Auffassung des EuGH in der Entscheidung *Coty Germany*

Ohne sich mit den zahlreichen Argumenten aus der instanzgerichtlichen Rechtsprechung und der Literatur tiefergehend auseinanderzusetzen, verneinte der EuGH in der Entscheidung *Coty Germany* einen Verstoß gegen die Kernbeschränkung des Art. 4 lit. b und c Vertikal-GVO.[530] Beide Kernbeschränkungstatbestände prüfte er dabei zusammen. Zunächst konstatierte er, „dass innerhalb der Gruppe der Online-Käufer die Kunden von Drittplattformen nicht abgrenzbar sein dürften"[531]. Zudem gestatte es der Depotvertrag, den autorisierten Händlern unter bestimmten Bedingungen über das Internet auf Drittplattformen und mittels Online-Suchmaschinen Werbung zu betreiben, sodass Kunden der Zugang zum Internetangebot der autorisierten Händler gestattet sei.[532] Zwar beschränke das Plattformverbot eine bestimmte Form des Internetverkaufs, jedoch stelle es keine Beschränkung der Kundengruppe der Einzelhändler gem. Art. 4 lit. b Vertikal-GVO dar.[533]

Damit folgte der EuGH schließlich der Auffassung des Generalanwalts *Wahl*[534] in seinen Schlussanträgen und der Kommission[535] in der Sektoruntersuchung, welche Plattformverbote grundsätzlich als zulässig erachteten. Mit der bloßen Feststellung, dass Plattformkunden keine abgrenzbare Kundengruppe seien, schloss er sich zudem der Ansicht des OLG Frank-

---

527 *Lohse*, WuW 2014, S. 120, 128; *Mäger/von Schreitter*, NZKart 2015, S. 62, 71.
528 *Mäger/von Schreitter*, NZKart 2015, S. 62, 71.
529 So auch OLG Schleswig v. 5.6.2014, Az. 16 U (Kart) 154/13 – *Digitalkameras*, GRUR-RR 2015, S. 34; *Kumkar*, S. 347.
530 EuGH v. 6.12.2017, Rs. C-230/16 – *Coty Germany*, ECLI:EU:C:2017:941, Rn. 62 ff.
531 EuGH v. 6.12.2017, Rs. C-230/16 – *Coty Germany*, ECLI:EU:C:2017:941, Rn. 66.
532 EuGH v. 6.12.2017, Rs. C-230/16 – *Coty Germany*, ECLI:EU:C:2017:941, Rn. 67.
533 EuGH v. 6.12.2017, Rs. C-230/16 – *Coty Germany*, ECLI:EU:C:2017:941, Rn. 68.
534 GA *Wahl*, Schlussanträge v. 26.7.2017, Rs. C-230/16 – *Coty Germany*, ECLI:EU:C:2017:603, Rn. 123 ff.
535 Vgl. Kommission, Sektoruntersuchung zum elektronischen Handel, Rn. 41.

furt a.m.[536] und des OLG München[537] an, die dies mit dem Argument verneinten, dass die Plattformkunden für die Händler noch über andere Vertriebswege im Internet erreichbar seien.

(5) Stellungnahme

Die den Entscheidungen der Instanzgerichten zugrunde liegende Argumentation hinsichtlich der Abgrenzbarkeit des Kundenkreises verdient keine Zustimmung. Bei der in Rede stehenden Kundengruppe bzw. dem Kundenkreis handelt es sich – in Ermangelung eines abgrenzbaren Plattformkundenkreises – um den Kundenkreis der Internetkäufer. Der Verkauf an diese ist durch die Plattformverbote zunächst auch betroffen. Die Frage nach einer noch möglichen Erreichbarkeit von Kunden ist dabei keine Frage der Abgrenzbarkeit der Kundengruppe, sondern vielmehr der Beschränkung einer solchen.[538] In der Beantwortung dieser Frage, ist dem Gerichtshof hier im Ergebnis zuzustimmen. Für das zugrunde gelegte Verständnis, das einen vollständigen Ausschluss des Verkaufs an einen Kundenkreis fordert und nicht nur eine Einschränkung, spricht zum einen der Wortlaut der Vorschrift, der durch das Wort „darf" ein Verkaufsverbot nahelegt. Zum anderen spricht die Systematik im Hinblick auf den strengeren Art. 4 lit. c Vertikal-GVO für ein eher weiteres Verständnis des Art. 4 lit. b Vertikal-GVO im Rahmen der Prüfung von selektiven Vertriebssystemen. Schließlich streitet auch der Telos für ein weiteres Verständnis der Vorschrift. Denn legt man die Internetkäufer als Kundenkreis i.S.d. Art. 4 lit. b Vertikal-GVO zugrunde und fordert lediglich eine Beschränkung der Erreichbarkeit dieser, wäre die Konsequenz, dass weitgehend jegliche Beschränkung des Internetvertriebs eine Kernbeschränkung darstellen würde. Dies würde zu weit gehen. Normzweck von Art. 4 lit. b Vertikal-GVO ist es, die künstliche Marktaufteilung nach Gebieten und Kunden zu verhindern[539]. Innerhalb selektiver Vertriebssysteme droht dies im Hinblick auf Plattformverbote zumindest nicht zwangsläufig. Indem den Händlern

---

536 OLG Frankfurt a.M. v. 19.4.2016, Az. 11 U 96/14 – *Depotkosmetik II*, NZKart 2016, S. 236, 239.

537 OLG München v. 2.7.2009, Az. U (K) 4842/08 – *Sportartikel*, GRUR-RR 2009, S. 394, 395.

538 So auch *Kumkar*, S. 339.

539 Vgl. Vertikalleitlinien, Rn. 50; so auch *Herrlinger*, NZKart 2014, S. 92, 95; *Kumkar*, S. 343; *dies.*, ZWeR 2018, S. 119, 135; *Pichler/Hertfelder*, NZKart 2014, S. 47, 50.

noch die Möglichkeit gegeben wird, Plattformkunden über den eigenen Onlineshop und durch Preisvergleiche zu erreichen, ist ihnen zwar der Zugang zu diesen erschwert, jedoch nicht vollkommen ausgeschlossen. Dies ist – zumindest nach Art. 4 lit. b Vertikal-GVO – gleichwohl Voraussetzung, um als Kernbeschränkung eingestuft zu werden.

Durch den vollständigen Ausschluss von Plattformen wird, nach hier vertretener Auffassung, die Verkaufsmöglichkeit der selektiven Vertriebshändler an die Kundengruppe der Internetkäufer nicht in einer unverhältnismäßigen Weise eingeschränkt und mithin nicht der Tatbestand der Kundenbeschränkung nach Art. 4 lit. b Vertikal-GVO verwirklicht.

(6) Anwendbarkeit der Rückausnahme, Art. 4 lit. b Ziff. i Vertikal-GVO

Bewertet man Plattformverbote entgegen der hier vertretenen Auffassung als unzulässige Kundenkreisbeschränkung i.S.d. Art. 4 lit. b Vertikal-GVO, stellt sich weiterhin die Frage, ob die Rückausnahme aus Art. 4 lit. b Ziff. i Vertikal-GVO anwendbar ist.[540] Demnach müsste es sich bei dem Verkauf über Drittplattformen um einen aktiven Verkauf an eine Kundengruppe handeln, den sich der Hersteller selbst vorbehalten oder einem anderen Händler ausschließlich zugewiesen hat. Hierfür müsste es sich zunächst bei Drittplattformkunden um eine Kundengruppe i.S.d. Art. 4 lit. b Vertikal-GVO handeln. Dafür müsste es sich bei diesen um eine abgrenzbare Kundengruppe nach objektiven Kriterien handeln, hinsichtlich derer man den Verkauf in aktiv und passiv aufteilen kann.[541] Plattformkunden unterscheiden sich jedoch nur nach subjektiven Präferenzen bzgl. des Einkaufsortes im Internet – hier auf Drittplattformen – von anderen Käufern, die Waren oder Dienstleistungen über das Internet kaufen.[542] Eine solche Abgrenzung ist jedoch nicht tauglich zur Bestimmung einer Kundengruppe i.S.d. Art. 4 lit. b Ziff. i. Vertikal-GVO, da sie nicht nach objektiven Eigenschaften differenziert. Dies zeigt sich darin, dass es schwerlich vorstellbar ist, wie man zwar den aktiven Verkauf über Drittplattformen untersagen, zugleich jedoch den passiven Verkauf noch ermöglichen kann. Ein Plattformverbot untersagt die Nutzung *per se*. Eine passive Verkaufsmöglichkeit

---

540 *Kumkar*, S. 357, verneint bereits den Anwendungsbereich der Rückausnahme, da dies in selektiven Vertriebssystemen sogleich eine Kernbeschränkung nach Art. 4 lit. c Vertikal-GVO darstellen würde.

541 *Neubauer*, S. 87.

542 *Neubauer*, S. 87.

ist somit nicht möglich.[543] Dies entspricht letztlich auch der Auffassung des EuGH, der in der Entscheidung *Coty Germany* klarstellte, dass innerhalb der Gruppe der Online-Käufer die Kunden von Drittplattformen nicht abgrenzbar sein dürften.[544]

Die Rückausnahme gem. Art. 4 lit. b Ziff. i Vertikal-GVO ist bereits in Ermangelung einer klar abgrenzbaren Kundengruppe nach objektiven Kriterien nicht anwendbar.

Geht man jedoch trotz allem von einer möglichen Beschränkung der Kundengruppe aus, muss geklärt werden, ob es sich bei dem Vertrieb über Drittplattformen um aktiven oder passiven Verkauf handelt. Die Verordnung selbst gibt keine Auskunft über die Abgrenzung von aktivem und passivem Verkauf, sodass bei der Auslegung auf die Leitlinien zurückgegriffen werden muss.[545] Diese äußern sich jedoch lediglich zum Verkauf über die eigene Website.[546] Teilweise wird vertreten, dass allein das Erstellen der plattformeigenen Shops, das Einstellen der einzelnen Angebote aktiv auf den Plattformseiten, das Betreiben und die Pflege derselben, sowie die Werbemaßnahme der Plattformen selbst als aktive Verkaufsformen zu bewerten seien.[547] Diese Handlungen sind jedoch vergleichbar mit dem Erstellen, Betreiben und der Pflege der eigenen Website sowie dem Erstellen einzelner Angebote auf dieser. Dies wird jedoch nicht als aktiver Verkauf i.S.d. Verordnung angesehen.[548] Im Gegenteil sieht die Kommission den Verkauf über die eigene Website als passive Verkaufsform an.[549] Die Verkaufsinitiative geht, wie bei jeglicher passiven Verkaufsform hauptsächlich vom Käufer aus, ein „aktiveres" Betreiben als bei dem Verkauf über die eigene Website ist nicht ersichtlich.[550] Im Ergebnis ist auch nach dieser Ansicht die Rückausnahme des Art. 4 lit. b Ziff. i Vertikal-GVO nicht anwendbar. Ginge man entgegen der hier vertretenen Ansicht gleichwohl davon aus, dass es sich bei dem Verkauf über Drittplattformen um eine akti-

---

543 So auch *Neubauer*, S. 87 f.

544 EuGH v. 6.12.2017, Rs. C-230/16 – *Coty Germany*, ECLI:EU:C:2017:941, Rn. 66.

545 Vgl. zur Abgrenzung aktiver und passiver Verkauf im Internet bereits oben § 10 A. II.

546 Vertikalleitlinien, Rn. 52 f.

547 *Dieselhorst/Luhn*, WRP 2008, S. 1306, 1311; *Lubberger*, WRP 2015, S. 14, 20 f.; *Immenga*, K&R 2010, S. 24, 27; *Pahnke*, NJW 2014, S. 3104, 3109; *Rösner*, WRP 2010, S. 1114, 1121.

548 *Kumkar*, NZKart 2016, S. 315, 319.

549 Vertikalleitlinien, Rn. 52.

550 OLG Frankfurt a.M. v. 19.4.2016, Az. 11 U 96/14 – *Depotkosmetik II*, NZKart 2016, S. 236, 239.

ve Verkaufsform handelt, müsste sich der Hersteller, um in den Genuss der Rückausnahme zu kommen, selbst den Verkauf über Drittplattformen vorbehalten oder den Verkauf einem anderen Händler ausschließlich zugewiesen haben.[551] An dieser Voraussetzung scheitert jedoch letztlich jedes Drittplattformverbot, da es dem Hersteller nicht darum geht, den Verkauf über Drittplattformen selbst vorzunehmen oder einem einzelnen Händler exklusiv zuzuweisen, sondern den Verkauf über Drittplattformen insgesamt zu verbieten.[552]

(7) Zusammenfassung

Herstellerseitig pauschal ausgesprochene Plattformverbote sind grundsätzlich an Art. 4 lit. b Vertikal-GVO zu messen. Ein Spezialitätsverhältnis zwischen lit. b und c Vertikal-GVO ist weder dem Wortlaut noch dem Telos des Gesetzes zu entnehmen. Dies bestätigte der EuGH in der Entscheidung *Coty Germany*, indem er beide Vorschriften zur Anwendung brachte. Im Ergebnis ist den Ausführungen des EuGH zuzustimmen. Pauschale Plattformverbote verwirklichen nicht den Tatbestand der Kundenkreisbeschränkung. Sie sind dabei an allgemeinen Qualitätsanforderungen an den Vertrieb der Vertikalleitlinien zu messen, die sich zu denen des stationären Vertriebs äquivalent verhalten müssen. Da innerhalb selektiver Vertriebssysteme grundsätzlich hohe Anforderungen an die Produktpräsentation und das Verkaufsumfeld gestellt werden dürfen, sollte dies – zumindest innerhalb der Wertung des Art. 4 lit b Vertikal-GVO – auch hier möglich sein. So bleiben Anforderungen an Produktpräsentation und Beratung auch im Internetvertrieb möglich. Ein *per se*-Verbot stellt demnach innerhalb selektiver Vertriebssysteme keine Kernbeschränkung in Form einer Weiterverkaufsbeschränkung im Internet nach Art. 4 lit. b Vertikal-GVO dar.

bb) Kernbeschränkung nach Art. 4 lit. c Vertikal-GVO

Fraglich ist weiterhin, ob bei Drittplattformverboten eine Kernbeschränkung i.S.d. Art. 4 lit c Vertikal-GVO verwirklicht wird. In der Entschei-

---

551 Vgl. Art. 4 lit. b Ziff. i Vertikal-GVO.
552 *Neubauer*, S. 101.

dung *Coty Germany*[553] lehnte der EuGH, ohne sich mit der umstrittenen Auslegung der Kernbeschränkungstatbestände tatsächlich auseinanderzusetzen, mit derselben Argumentation auch eine Kernbeschränkung nach Art. 4 lit. c Vertikal-GVO ab.[554] Auch hier reiche die verbleibende Erreichbarkeit der Plattformkunden für die Händler mithilfe von Suchmaschinen aus, um eine aktive oder passive Verkaufsbeschränkung i.S.d. Art. 4 lit. c Vertikal-GVO zu verneinen.[555] Dieser Einschätzung kann nicht gefolgt werden.

(1) Aktive oder passive Beschränkung des Verkaufs

Gem. Art. 4 lit. c Vertikal-GVO ist jedwede Beschränkung des Verkaufs von Mitgliedern eines selektiven Vertriebssystems auf Einzelhandelsstufe untersagt. Auf die Unterscheidung von aktivem oder passivem Verkauf, die im Rahmen des Alleinvertriebs bei Art. 4 lit. b Vertikal-GVO entscheidend ist, kommt es an dieser Stelle somit nicht an.[556]

Teilweise wird angenommen, dass das Verbot der aktiven sowie der passiven Verkaufsbeschränkung des Art. 4 lit. c Vertikal-GVO bereits vollständig innerhalb Art. 4 lit. b Vertikal-GVO enthalten ist und sich der Anwendungsbereich darin erschöpft, dass ausschließlich die Kombination von Selektiv- und Einzelvertrieb ausgeschlossen werden soll.[557] Einer solchen Lesart ist nicht zuzustimmen. Indem sich der Art. 4 lit. b Ziff. i Vertikal-GVO auf Gebiete und Kundengruppen im Allgemeinen und der Art. 4 lit. c Vertikal-GVO insbesondere auf die Beschränkung des Verkaufs an Endverbraucher bezieht, kann nicht von einem solchen Verhältnis ausgegangen werden. Beide Vorschriften sind nebeneinander anwendbar, und im Einzelfall ist die jeweils strengere Vorschrift maßgeblich.[558] Ein solches Ver-

---

553 EuGH v. 6.12.2017, Rs. C-230/16 – *Coty Germany*, ECLI:EU:C:2017:941, Rn. 59 ff.

554 Vgl. oben § 8 B. I. 1. b) aa) (4).

555 EuGH v. 6.12.2017, Rs. C-230/16 – *Coty Germany*, ECLI:EU:C:2017:941, Rn. 67.

556 So auch *Schultze/Pautke/Wagener*, Art. 4 lit. c, Rn. 787; vgl. zu dieser Abgrenzung ausführlich § 11 B. I. b) bb) (1). Nach hier vertretener Ansicht handelt es sich beim Plattformvertrieb um eine Form des passiven Verkaufs.

557 *Neubauer*, S. 94 f.

558 Vgl. *Baron*, in: Loewenheim/Meessen/Riesenkampff/Kersting/Meyer-Lindemann, Art. 4 Vert-GVO, Rn. 307, der das Verhältnis von Art. 4 lit. b und c Vertikal-GVO in Fn. 494 als eine Art „Zwei-Schranken-Theorie" beschreibt.

ständnis legte der EuGH auch der Entscheidung *Coty Germany* zugrunde, in der er beide Kernbeschränkungen nebeneinader prüfte.[559] Die Vorschrift des Art. 4 lit. c Vertikal-GVO soll selektive Vertriebsmitglieder umfassend vor jeglicher Verkaufsbeschränkung schützen, um den verbleibenden *Intrabrand*-Wettbewerb aufrechtzuerhalten.[560] Der Maßstab ist dabei vergleichsweise streng. Während es im Rahmen des Art. 4 lit. b Vertikal-GVO eines vollständigen Ausschlusses i.S. eines Verkaufsverbots bedarf[561], genügt es im Rahmen des Art. 4 lit. c Vertikal-GVO, wenn der Verkauf lediglich erschwert wird.[562] Bei Plattformverboten handelt es sich grundsätzlich um die Beschränkung des passiven Verkaufs.[563] Dieser wird durch das Plattformverbot auf Einzelhandelsstufe an Endverbraucher über Online-Plattformmärkte ausgeschaltet. Dadurch wird der markeninterne Wettbewerb (*Intrabrand*) auf den Plattformen gänzlich unterbunden und im Internetvertrieb allgemein nicht nur unerheblich eingeschränkt.[564] Insoweit kann dem EuGH nicht gefolgt werden. Der Verweis auf die weiterhin erreichbaren Händlershops im Internet überzeugt nicht. Während dies innerhalb des Art. 4 lit. b Vertikal-GVO noch genügen mag, um eine Kernbeschränkung auszuschließen, kann dies für Art. 4 lit. c Vertikal-GVO jedoch keine Geltung mehr beanspruchen.[565] Hier genügt bereits eine Beschränkung des aktiven oder passiven Verkaufs. Ließe man die Erreichbarkeit über die eigene Internetseite genügen, um ein Plattformverbot zu rechtfertigen und mithin eine Verwirklichung der Kernbeschränkung gem. Art. 4 lit. c Vertikal-GVO auszuschließen, würden pauschale und mittelbare Plattformverbote, die faktisch den Plattformbetrieb ausschließen, grundsätzlich gruppenfreigestellt sein. Dies kann innerhalb selektiver Vertriebsysteme jedoch nur für angemessene Präsentationsanforderungen gel-

---

559 EuGH v. 6.12.2017, Rs. C-230/16 – *Coty Germany*, ECLI:EU:C:2017:941, Rn. 59 ff.

560 Vgl. *Baron*, in: Loewenheim/Meessen/Riesenkampff/Kersting/Meyer-Lindemann, Art. 4 Vert-GVO, Rn. 305, 314; *Kumkar*, ZWeR 2018, S. 119, 135.

561 Vgl. dazu oben § 9 B. I. 1. b) aa).

562 *Jestaedt/Zöttl*, in: MüKo Bd. 1 EU-Wettbewerbsrecht, Art. 4 GVO Nr. 330/2010, Rn. 127; ebenfalls in diese Richtung *Baron*, in: Loewenheim/Meessen/Riesenkampff/Kersting/Meyer-Lindemann, Art. 4 Vert-GVO, Rn. 311; *Mäger/von Schreitter*, NZKart 2015, S. 62, 67.

563 Vgl. ausführlich dazu oben § 9 B. I. 1. b) aa) (6).

564 Ähnlich *Rudowicz*, NZKart 2014, S. 253, 260.

565 Ähnlich *Ellger*, ZWeR 2018, S. 272, 277, der jedoch bereits eine Kernbeschränkung nach Art. 4 lit. b Vertikal-GVO annimmt; ebenso *Schröder*, WRP 2018, S. 272, 277, der eine Kernbeschränkung nach Art. 4 lit. b und c Vertikal-GVO annimmt.

ten, die – je nach Plattform und Anforderung – im Einzelfall ein Plattformverbot rechtfertigen, gleichwohl nicht generell einen Plattformvertrieb ausschließen könnnen.

Eine solch weitgehende gruppenweise Freistellung ist zudem nicht erforderlich. Durch die der Entscheidung *Coty Germany* zugrundegelegte Auslegung der Kernbeschränkungstatbestände widerspricht der EuGH letztlich auch seinem eigenen Ansatz, der aufgrund der Möglichkeit der Einzelfreistellung von einem Gebot der engen Auslegung der Vertikal-GVO ausgeht.[566]

Plattformverbote verwirklichen mithin eine Verkaufsbeschränkung i.S.d. Art. 4 lit. c Vertikal-GVO.[567]

(2) Plattformverbote als verbotene Kernbeschränkung oder zulässige Qualitätsanforderung

Gleichwohl sind Plattformverbote nach Auffassung der Kommission in den Leitlinien ebenfalls am Äquivalenztest[568] zu messen.[569] Qualitätsanforderungen an den Internetvertrieb müssen demnach denen gleichwertig sein, welche im Rahmen eines Selektivvertriebs auch an die stationären Ladenlokale gestellt werden dürfen.[570] Sie müssen dabei nicht mit den Anforderungen an den stationären Vertrieb identisch sein. Mit ihnen sollen lediglich die selben Ziele verfolgt und vergleichbare Ergebnisse erzielt wer-

---

566 Vgl. EuGH v. 13.10.2011, Rs. C-439/09 – *Pierre Fabre Dermo-Cosmétique*, Slg. 2011, I-9419, Rn. 57; so auch *Ellger*, ZWeR 2018, S. 272, 277.

567 So auch LG Frankfurt a.M. v. 18.6.2014, Az. 2-03 O 158/13, GRUR-RR 2014, S. 419; *Brömmelmeyer*, NZKart 2018, S. 62, 68 f.; *Baron*, in: Loewenheim/Meessen/Riesenkampff/Kersting/Meyer-Lindemann, Art. 4 Vert-GVO, Rn. 274, 314 ff.; *Schweda/Rudowicz*, WRP 2013, S. 590, 596; a.A. OLG Karlsruhe v. 25.11.2009, Az. 6 U 47/08 Kart – *Schulranzen*, EuZW 2010, S. 237, 239; *Kumkar*, S. 362 unter Verweis auf die Ergebnisse der Sektoruntersuchung, die Vertikalleitlinien und den darin verankerten Äquivalenztest; *dies.*, ZWeR 2018, S. 135 f.; *Peeperkorn/Heimann*, GRUR 2014, S. 1175, 1178.

568 Vgl. dazu bereits oben § 8 B. I. 1. b) aa) (4).

569 Vgl. *Kumkar*, S. 362, die zwar den strengeren Maßstab des Art. 4 lit. c Vertikal-GVO anerkennt, gleichwohl unter Bezug auf die Sektoruntersuchung der Kommission und den Äquivalenztest keine unzulässige Beschränkung des Verkaufs an Endverbraucher erkennen kann.

570 Vertikalleitlinien, Rn. 56.

den.[571] Unterschiedliche Kriterien müssen dabei in den unterschiedlichen Wesen der beiden Vertriebswege begründet sein.[572]

(3) Bewertung und Kritik am Äquivalenztest

Zunächst ist die Frage aufzuwerfen, wie ein solcher Äquivalenztest in Grenzfällen wie Plattformverboten auszulegen ist. Denn an einer Entsprechung von Plattformverboten im stationären Vertrieb fehlt es regelmäßig.[573] Teilweise wird aus der Formulierung in den Leitlinien herausgelesen, dass eine strengere Regelung zulasten des Internetvertriebs zulässig sein soll.[574] Ungeachtet dessen, dass die Leitlinien eine strengere Regelung im Einzelfall in beide Richtungen vorsehen[575], wäre eine Grundsatzregelung zulasten des Internetvertriebs mit der wettbewerbspolitischen Zielsetzung des digitalen Binnenmarktes schlechterdings unvereinbar.[576]

Bereits aus der Formulierung und der ausdrücklichen Klarstellung der unterschiedlichen Wesen der beiden Vertriebsformen erscheint es schwer nachvollziehbar, weshalb hier das veraltete Regelungsregime der einen Vertriebsform der anderen – zu deren Lasten – aufgezwungen werden soll.[577] Die Grundsätze, die sich zur Behandlung von selektiven Vertriebssystemen im stationären Vertrieb herausgebildet haben, gehen auf die *Metro I*-Entscheidung[578] des EuGH aus dem Jahre 1977 zurück. Es erscheint wenig sinnvoll eine Vertriebsform, die Anfang des neuen Jahrtausends in

---

571 Vertikalleitlinien, Rn. 56.
572 Vertikalleitlinien, Rn. 56.
573 *Baron*, in: Loewenheim/Meessen/Riesenkampff/Kersting/Meyer-Lindemann, Art. 4 Vert-GVO, Rn. 315; *Mäger/von Schreitter*, NZKart 2015, S. 62, 71 vergleichen offene Online-Plattformen mit Einkaufzentren. Ein Argument für Drittplattformverbote können sie jedoch daraus ebenso wenig ableiten.
574 Anknüpfungspunkt ist die Formulierung in den Vertikalleitlinien, Rn. 56.
575 Vgl. Vertikalleitlinien, Rn. 56. Im Hinblick auf Verkäufe an nicht zugelassene Händler innerhalb eines selektiven Vertriebssystems und mengenmäßige Beschränkungen eines Händlers hinsichtlich seiner Verkäufe an Endverbraucher stellt die Kommission fest: „Diese Untersagung kann eventuell für Online-Verkäufer strenger sein, wenn es für einen nicht zugelassenen Händler leichter ist, diese Produkte über das Internet zu erlangen. Entsprechend kann sie aber auch strenger sein, wenn es leichter ist, sie über ein Geschäft zu beziehen".
576 Anders *Kumkar*, S. 360, die überraschend keine Gründe (mehr) erkennen kann, eine strengere Haltung gegenüber internetbezogenen Beschränkungen einzunehmen.
577 Ählich m.w.N. *Neubauer*, S. 134.
578 EuGH v. 25.10.1977, Rs. 26/76 – *Metro I*, Slg. 1977, 1875.

Erscheinung getreten ist und deren Entwicklung weder abgeschlossen noch deren Folgen abzusehen sind, mit denselben bzw. im Zweifel mit strengeren Grundsätzen zu behandeln. Es lässt sich vor dem Hintergrund, dass es sich um den Internetvertrieb im Rahmen eines selektiven Vertriebssystems handelt, zwar argumentieren, dass ein einheitlicher Qualitätsmaßstab gewährleistet werden soll und deshalb entsprechend derjenige des stationären Selektivvertriebs zugrunde zu legen ist. Da es sich jedoch im Ergebnis um zwei unterschiedliche Vertriebsformen handelt – den stationären Vertrieb und den Internetvertrieb – die sich in ihrer Natur wesentlich voneinander unterscheiden, ist die Schlussfolgerung, dass die Grundsätze des stationären Vertriebs maßgeblich sein müssen, keineswegs zwangsläufig.

Von der Argumentationsstruktur erinnert die sehr weitgehende Beschränkbarkeit der Händler in ihrer Vertriebsfreiheit im Internet stark an die Rechtfertigungsaspekte des Versandhandelsverbots[579]. Im Zusammenhang mit dem Äquivalenztest stellt die Kommission etwa selbst diesen Vergleich an.[580] Dieser wurde zunächst auch noch teilweise von der Rechtsprechung hinsichtlich der Einschränkbarkeit des Internetvertriebs im Allgemeinen entsprechend herangezogen.[581] Die Grundsätze zum Versandhandelsverbot sollten gleichwohl nicht erneut fruchtbar gemacht werden. Während diese hinsichtlich des Versandhandels noch zutreffend gewesen sein mögen, ist dies im Hinblick auf den Internetvertrieb im Allgemeinen und den Plattformvertrieb im Besonderen, jedoch keineswegs anzunehmen. Es fehlt an der strukturellen Vergleichbarkeit der Absatzkanäle, die sich bereits im Hinblick auf die Relevanz, die Dynamik und nicht zuletzt die zahlreichen Innovations- und Präsentationsmöglichkeiten[582] von Produkten erheblich voneinander unterscheiden.[583] Weder eine imagebezoge-

---

579 Vgl. grundlegend zum Versandhandelsverbot: Entscheidung der Kommission v. 10.7.1985 – *Grundig I*, ABl. 1985 Nr. L 233/1; v. 18.1.1992 – *Yves St. Laurent*, ABl. 1992 Nr. L 12/ 24; v. 21.12.1993 – *Grundig II*, ABl. 1994 Nr. L 20/15.

580 Vertikalleitlinien, Rn. 54.

581 Vgl. BGH v. 4.11.2003, Az. KZR 2/02 – *Depotkosmetik im Internet*, WuW/E DE-R 1203, 1204; zustimmend *Bauer*, WRP 2003, S. 243, 247; *Rheinländer*, WRP 2005, S. 285 ff.

582 Beispielhaft zu nennen sind hier: hochwertige Fotos und Produktvideos, ausführliche Produktbeschreibungen und Erfahrungsberichte, Größenberatung, spezielle Herstellershops. Dabei können die Beratungsmöglichkeiten teilweise umfangreicher und abschließender sein, als sie es im stationären Vertrieb sind.

583 *Jestaedt/Zöttl*, in: MüKo Bd. 1 EU-Wettbewerbsrecht, Art. 4 GVO Nr. 330/2010, Rn. 93 sprechen von signifikanten Unterschieden „in technischer, kaufmännischer und wettbewerblicher Hinsicht"; so auch *Palzer*, EWS 2018, S. 90, 91.

ne Rechtfertigung noch die mangelnde Erfahrbarkeit der Produkte können hier noch als Rechtfertigung der Beschränkung des Internetvertriebs angeführt werden.[584]

Nach oben Gesagtem ist der Äquivalenztest an dieser Stelle zu modifizieren. Ein Äquivalenztest mit einer Zweifelsregelung zugunsten des unbeschränken Internetvertriebs ist zweckmäßiger als der Versuch, einem dynamischen Vertriebskonzept, dessen Entwicklung noch längst nicht abgeschlossen ist, trotz regelmäßig fehlender Vergleichbarkeit die Grundsätze des stationären Vertriebskonzepts aufzuzwingen, dessen Ursprung etwa 40 Jahre zurückliegt. Ebenso untauglich ist einen Vergleich mit einem strukturell nicht vergleichbarem Vertriebssystem. Daraus folgt, dass in Zweifelsfällen, in denen sich eine Einschränkung des Internetvertriebs im Spannungsfeld zwischen zulässiger Qualitätsanforderung und unzulässiger Internetvertriebsbeschränkung bewegt und es an einer Entsprechung im stationären Vertrieb fehlt, im Zweifel eine Kernbeschränkung anzunehmen ist. Bei Plattformverboten mangelt es an einem solchen vergleichbaren Kriterium. Mithin stellen pauschale Plattformverbote eine Kernbeschränkung i.S.d. Art. 4 lit. c Vertikal-GVO dar.

Selbst wenn man den Äquivalenztest in seiner jetzigen Form auf Plattformverbote zur Anwendung bringt, so muss man feststellen, dass auch hier der Äquivalenztest als Ausfluss der Leitlinien, Auslegungshilfe der Vertikal-GVO ist, aber zugleich von dessen Wortlaut und Telos begrenzt wird und nicht über diesen hinausgehen kann.[585] Der Wortlaut der Vertikal-GVO verbietet hier die Beschränkung des aktiven und passiven Verkaufs an Endverbraucher. Durch Plattformverbote wird jedoch der passive Verkauf an Endverbraucher nicht nur unerheblich eingeschränkt, sondern der Vertriebsweg der Online-Plattformmärkte faktisch ausgeschlossen. Bereits durch die Errichtung selektiver Vertriebssysteme wird der markeninterne Wettbewerb empfindlich beschränkt. Vor weiteren Eingriffen soll gerade der Art. 4 lit. c Vertikal-GVO schützen. Eine Einschränkung des *Intrabrand*-Wettbewerbs durch den Ausschluss des Plattformvertriebs stünde somit auch im diametralen Gegensatz zum Normzweck des Art. 4 lit. c Vertikal-GVO. Den Herstellern sollte zwar die Möglichkeit gegeben werden, Anforderungen an Produktpräsentation und Darstellung auf der jeweiligen Plattform stellen zu können. Diese könnten beispielsweise die Einrichtung eines Markenshops, besondere Anforderungen an Produktbeschreibung und Präsentation sowie das Verbot des Verkaufs von Einzelarti-

---

584 So noch *Rheinländer*, WRP 2005, S. 285, 287.
585 M.w.N. *Neubauer*, S. 96.

keln umfassen. Der Ausschluss kann jedoch auch mit dem Äquivalenztest nicht begründet werden. Anderenfalls würde man einem dynamischen Geschäftsmodell, von dem der Verbraucher regelmäßig profitiert[586] zu einem weiten Teil die Geschäftgrundlage entziehen. Etablierten Plattformen würde die Möglichkeit genommen werden, durch spezielle separate Händlershops sowie gezielte Werbemaßnahmen das Image der jeweiligen Plattform aufzuwerten und auch potentiellen Plattformen, die sich beispielsweise auf hochwertige Luxusmarken konzentrieren würden, wäre von Beginn an der Marktzutritt verwehrt.

Im Ergebnis sind Plattformverbote Kernbeschränkungen i.S.d. Art. 4 lit. c Vertikal-GVO.

(4) Prüfungsansatz des Bundeskartellamts – Wesentlichkeitsprüfung

Auch das Bundeskartellamt äußerte sich im Rahmen des *Asics*-Verfahrens zu Beschränkungen des Internetvertriebs und einer Kernbeschränkung i.S.d. Art. 4 lit. c Vertikal-GVO.[587] Es fordert, um eine Beschränkung des Internetvertriebs als Kernbeschränkung anzusehen, dass die Beschränkung *wesentlich* sein muss.[588] Dies ist anzunehmen, „wenn die betreffende Vertriebsbedingung für die autorisierten Händler zu einer deutlichen Erschwerung von Online-Verkäufen führt. Dies ist [...] der Fall, wenn den Händlern die Nutzung bedeutsamer internetspezifischer Vertriebs- oder Werbeformate *per se* – d.h. pauschal und unabhängig von ihrer konkreten Ausgestaltung – untersagt wird [...]"[589]. Das Verbot des Plattformvertriebs stellt nach Auffasung des Bundeskartellamts demnach eine wesentliche Beschränkung dar. Gleichwohl können auch wesentliche Beschränkungen des Internetvertriebs gruppenfreistellungsfähig sein. So prüft das Bundeskartellamt jeweils getrennt voneinander im Anschluss noch die Berücksichtigung des Äquivalenzprinzips und die Einordnung als Qualitätsanforderung.[590] Daran anschließend erfolgt die Prüfung, ob die in Rede stehende vertikale Vereinbarung die Kernbeschränkung auch bezweckt.[591] Hier-

---

586 Vgl. dazu oben § 8 A. I.
587 BKartA, Beschl. v. 26.8.2015, B2-98/11, Rn. 324 ff. – *ASICS*.
588 BKartA, Beschl. v. 26.8.2015, B2-98/11, Rn. 330 – *ASICS*.
589 BKartA, Beschl. v. 26.8.2015, B2-98/11, Rn. 331 – *ASICS*.
590 BKartA, Beschl. v. 26.8.2015, B2-98/11, Rn. 334 ff. – *ASICS*.
591 BKartA, Beschl. v. 26.8.2015, B2-98/11, Rn. 380 ff. – *ASICS*; in diese Richtung wohl auch *Kumkar*, S. 338; *dies.*, ZWeR 2018, S. 119, 134, was jedoch eine syste-

bei wird auf die Grundsätze zur bezweckten Wettbewerbsbeschränkung im Rahmen des Art. 101 Abs. 1 AEUV zurückgegriffen.
Dieses Vorgehen sorgte in der Literatur für Kritik.[592] Insbesondere wird hervorgehoben, dass die Frage danach, ob die Vereinbarung zu einer deutlichen Erschwerung des Internetvertriebs führt, eine Frage nach der Auswirkung einer Beschränkung sei und als solche dogmatisch nicht im Zusammenhang mit einer Kernbeschränkung – als bezweckter Beschränkung – gestellt werden dürfe.[593] Zudem sorge das zusätzlich eingeschobene Kriterium der Wesentlichkeit für weitere Rechtsunsicherheit. Zum einen ist die Definition des unbestimmten Rechtsbegriffs – als deutliche Erschwerung von Online-Verkäufen – ebenfalls sehr unbestimmt und zum anderen abhängig vom jeweiligen Einzelfall.[594]

Dem ist zuzustimmen. Der Äquivalenztest allein sollte genügen, um festzustellen, ob es sich bei einer Beschränkung des Internetvertriebs um eine bloße Qualitätsanforderung handelt oder um eine wesentliche Beschränkung in Form einer Kernbeschränkung. Bereits hier handelt es sich um eine Entscheidung des Einzelfalls, die eben gerade die Wesentlichkeit einer Beschränkung prüft und klären soll, ob es sich um eine Kernbeschränkung oder Qualitätsanforderung handelt.

Sowohl die Einführung einer Wesenlichkeitsprüfung als auch die zusätzliche Prüfung des Äquivalenztests und einer Qualitätsanforderung sind überschießend und helfen insoweit nicht weiter, innerhalb des Spannungsfeldes zwischen Kernbeschränkung und Qualitätsanforderung mit einem praktikablem Abgrenzungskriterium zusätzliche Rechtssicherheit zu schaffen.

(5) Zusammenfassung

Dem EuGH kann in seiner schlichten Feststellung, pauschale Plattformverbote verwirklichen keine Kernbeschränkung nach Art. 4 lit. c Vertikal-GVO, nicht gefolgt werden. Dem steht insbesondere der Wortlaut und der Telos der Norm entgegen. Auch vor dem Hintergrund der digitalen Bin-

---

matisch nicht nachvollziehbare Verquickung des Verbots- und des Freistellungstatbestandes darstellt.
592 *Pautke/Billinger*, ZWeR 2016, S. 40, 58 f.; *Spenner/Kiani*, NZKart 2016, S. 208, 213.
593 *Pautke/Billinger*, ZWeR 2016, S. 40, 58 f.; *Spenner/Kiani*, NZKart 2016, S. 208, 213.
594 Ähnlich *Spenner/Kiani*, NZKart 2016, S. 208, 213.

nenmarktdoktrin kann eine *per se*-Betrachtung zulasten des Internetvertriebs, die pauschale Plattformverbote gruppenweise freistellt, nicht gewollt sein. Hier bedarf letztlich der Äquivalenztest einer Korrektur, sodass bei Beschränkungen im Spannungsverhältnis zwischen unzulässiger Kernbeschränkung und zulässiger Qualitätsanforderung im Zweifel zugunsten des Internetvertriebs auszulegen und eine Kernbeschränkung anzunehmen ist. Eine solche Auslegung muss auch zulasten von pauschalen Plattformverboten erfolgen.

Die Anwendung des Äquivalenztests in seiner derzeitigen Gestalt kann gleichwohl auch nicht zu einem anderen Ergebnis führen, da er von Wortlaut und Telos des Art. 4 lit. c Vertikal-GVO beschränkt wird und eine Auslegung darüber hinaus nicht möglich ist. Die Leitlinien und die „Logo-Klausel" sind dabei ausschließlich für die Kommission bindend und nicht für die einzelstaatlichen Gerichte und die Gemeinschaftsgerichte. Sie sollen als Auslegungshilfe dienen, soweit der Wortlaut der Vertikal-GVO nicht weiterhilft. Sie werden dabei gleichwohl durch den Wortlaut der Verordnung selbst begrenzt. Eine Auslegung über den Wortlaut hinaus durch die Leitlinien ist nicht möglich. Vorliegend werden die Leitlinien durch den eindeutigen Wortlaut des Art. 4 lit. c Vertikal-GVO begrenzt.

Insoweit können zwar herstellerseitige Qualitätsanforderungen an den Internetvertrieb der Absatzmittler auf Drittplattformen statuiert werden. Ein generelles Plattformverbot, welches einen bestimmten innovativen Vertriebsweg im Internet grundsätzlich verbietet und so den Absatzmittlern die Möglichkeit nimmt, über das Internet mehr bzw. andere Kunden zu erreichen als über ihren Online-Shop, stellt nach hier vertretener Auffassung eine unzulässige Kernbeschränkung dar und kann keineswegs als bloße Qualitätsanforderung eingeordnet werden.

Im Ergebnis handelt es sich bei pauschalen Plattformverboten innerhalb selektiver Vertriebssysteme um eine Kernbeschränkung nach Art. 4 lit. b Vertikal-GVO.

cc) Einzelfreistellung nach Art. 101 Abs. 3 AEUV

Geht man nach der hier vertretenen Auffassung davon aus, dass pauschale Plattformverbote eine Kernbeschränkung nach Art. 4 lit. c Vertikal-GVO verwirklichen, bleibt eine Einzelfreistellung nach Art. 101 Abs. 3 AEUV grundsätzlich möglich, wenngleich nach Auffassung der Kommission in den Vertikalleitlinien, die Voraussetzungen der Einzelfreistellung „wahrscheinlich nicht erfüllt" sind.[595] Eine Einzelfreistellung ist zudem zu prüfen, wenn eines der beteiligten Unternehmen Marktanteile über 30% erreicht und ihnen gem. Art. 3 Abs. 1 Vertikal-GVO nicht die Privilegierung der Gruppenfreistellung zugute kommt.

Hierfür müssen kumulativ alle Voraussetzungen der Einzelfreistellung erfüllt sein. Die Beweislast liegt dabei bei den Herstellern, die eine Einzelfreistellbarkeit geltend machen.

Pauschale Plattformverbote werden in der Regel an der notwendigen Unerlässlichkeit des Verbots scheitern, da beispielsweise Qualitätsanforderungen an Auftritt und Präsentation als milderes Mittel zur Verfügung stehen würden.[596] Das Bundeskartellamt sieht in pauschalen Plattformverboten bereits weder hinreichende Effizienzgewinne noch eine angemessene Verbraucherbeteiligung. Darüber hinaus ist das Kriterium der Unerlässlichkeit bei *per se*-Verboten nicht erfüllt".[597]

Gleichwohl sollte die Einzelfreistellung von Plattformverboten möglich sein. Zu denken ist hier an die Beschränkung des Plattformvertriebs zum Schutz des Produktimages bei Luxuswaren. Dieses kann im Einzelfall berücksichtigt werden und eine Einzelfreistellung zulässig machen.[598]

2. Plattformverbote im Einzel-/Exklusivvertrieb

Plattformverbote können auch außerhalb des selektiven Vertriebs ausgesprochen werden und so Gegenstand von Vertriebsvereinbarungen werden. Fraglich ist, inwieweit sich die kartellrechtliche Einordnung ändert.

a) Wettbewerbsbeschränkung

Außerhalb des selektiven Vertriebs stellen Drittplattformverbote regelmäßig eine bezweckte Wettbewerbsbeschränkung nach Art. 101 Abs. 1 AEUV dar, da sie den markeninternen Wettbewerb nicht unerheblich einschränken und den Absatzmittler in seinen passiven Weiterverkaufsmöglichkei-

---

595 Vertikalleitlinien, Rn. 47.
596 *Kumkar*, S. 368; *Baron*, in: Loewenheim/Meessen/Riesenkampff/Kersting/Meyer-Lindemann, Art. 4 Vert-GVO, Rn. 277.
597 BKartA, Fallbericht v. 19.8.2014, Az. B3-137/12, S. 5 – *Adidas*.
598 *Kumkar*, S. 366; *Lohse*, WuW 2014, S. 120, 129.

ten beschränken.[599] Zwar können Alleinvertriebsvereinbarungen an sich tatbestandlich privilegiert werden. Für darüber hinausgehende vertikale Beschränkungen, die nicht im Zusammenhang mit Absatz und Bezug stehen, ist eine Freistellung auf Tatbestandsebene gleichwohl nicht vorgesehen. Eine ausdifferenzierte Beurteilungspraxis nach qualitativen Kriterien ist ausschließlich im Selektivvertrieb vorgesehen.[600] Mithin stellen Plattformverbote außerhalb des Selektivvertriebs regelmäßig eine bezweckte Wettbewerbsbeschränkung[601] i.S.d. Art. 101 Abs. 1 AEUV dar und bedürfen der Gruppen- oder Einzelfreistellung.

b) Gruppenfreistellung

Zunächst dürfen die beteiligten Unternehmen nicht die Marktanteilschwelle von 30% überschreiten, was vom jeweiligen Einzelfall abhängt. Zudem darf es sich bei den Plattformverboten im Einzel- oder Alleinvertrieb auch nicht um eine Kernbeschränkung i.S.d. Art. 4 Vertikal-GVO handeln.

aa) Kernbeschränkung nach Art. 4 lit. b Vertikal-GVO

Es stellt sich erneut die Frage, ob Drittplattformverbote eine Kundenkreisbeschränkung i.S.d. Art. 4 lit. b Vertikal-GVO darstellen. Fraglich ist, ob außerhalb selektiver Vertriebssysteme derselbe Maßstab zugrunde zu legen und mithin ein vollständiger Ausschluss des Kundenkreises der Internetkäufer zu fordern ist.

Während die Kommission im Zusammenhang mit selektiven Vertriebssystemen Einschränkungen des Internetvertriebs als einfacher zu rechtfertigen erachtet, sind Qualitätsanforderungen an den Internetvertrieb im

---

599 OLG München v. 2.7.2009, Az. U (K) 4842/08 – *Sportartikel*, GRUR-RR 2009, S. 394; *Kumkar*, S. 370; *Neubauer*, S. 98; *Schweda/Rudowicz*, WRP 2013, S. 590, 598.

600 *Ellger*, in: Immenga/Mestmäcker, EU-Wettbewerbsrecht Bd. 1, Art. 101 Abs. 3, Rn. 522; *Hoffmann*, in: Dauses/Ludwigs, § 2 Art. 101, Rn. 218; *Schweda/Rudowicz*, WRP 2013, S. 590, 598.

601 So OLG München v. 2.7.2009, Az. U (K) 4842/08 – *Sportartikel*, GRUR-RR 2009, S. 394, 395; OLG Schleswig v. 5.6.2014, Az. 16 U (Kart) 154/13 – *Digitalkameras*, GRUR-RR 2015, S. 34, 35; für eine bezweckte Wettbewerbsbeschränkung, BKartA, Beschl. V. 26.8.2015, B2-98/11, Rn. 599 ff. – *ASICS*.

nicht-selektiven Vertrieb zwar auch möglich, aber schwerer als beim Selektivvertrieb zu begründen.[602] Die Anforderungen an den Äquivalenztest sind somit im Vergleich zum Selektivvertrieb höher.[603] Gleichwohl wird teilweise vertreten, dass bei besonders hohen Anforderungen an Präsentation und Verkauf der Produkte im Einzelfall auch im nicht-selektiven Vertrieb ein Drittplattformverbot als Qualitätsanforderung keine Kernbeschränkung darstellt und mithin freigestellt werden kann.[604]

Während bereits im Rahmen des Selektivvertriebs der Äquivalenztest in Grenzfällen sowie bei mangelnder Vergleichbarkeit in Frage gestellt wurde, ist dies im Zusammenhang mit dem nicht-selektiven Vertrieb noch entscheidender. Es vermag nicht zu überzeugen, dass als Anknüpfungspunkt grundsätzlich der stationäre Vertriebsweg für einen von Natur aus vollkommen unterschiedlichen Vertriebsweg gelten soll. Ein Äquivalent zu den Anforderungen im stationären Vertrieb zu suchen, die denen im Onlinevertrieb entsprechen, läuft regelmäßig in Ermangelung einer vergleichbaren Ausgestaltung ins Leere. Dies hat bereits dazu geführt, dass in den Streitfällen mangels einer vergleichbaren Situation der stationäre Vertrieb schon gar nicht mehr als Referenzpunkt dienen kann, da es an einem Äquivalent fehlt. Aufgrund der weitestgehenden Ausschöpfung des Vertriebspotentials des Internethandels und der damit verbundenen Verwirklichung des digitalen Binnenmarktes ist weniger nach einer adäquaten Entsprechung im stationären Vertrieb zu suchen, sondern vielmehr danach, dass die Grundsätze zu stationärem Vertrieb und Internetvertrieb in sich stimmig sind und in einem inneren Zusammenhang stehen.

Überdies sollte es keine Zweifelsregelung zulasten des Internetvertriebs geben, sondern im Zweifel zu Gunsten des unbeschränkten Vertriebs über das Internet entschieden werden. Es handelt sich somit, wie oben ausgeführt, um einen modifizierten Äquivalenztest, mit einer Zweifelsregelung zugunsten des unbeschränkten Onlinevertriebs. Plattformverbote stellen mithin nach der hier vertretenen Auffassung unter Zugrundelegung des modifizierten Äquivalenztests grundsätzlich keine Qualitätsanforderung

---

602 Dies geht aus dem Wortlaut der Vertikalleitlinien, Rn. 54 hervor. Demnach „[…]kann der Anbieter nach der GVO Qualitätsanforderungen an die Verwendung des Internets zum Weiterverkauf seiner Waren stellen, genauso wie er Qualitätsanforderungen an Geschäfte, den Versandhandel oder Werbe- und Verkaufsförderungsmaßnahmen im Allgemeinen stellen kann. Dies kann insbesondere für den selektiven Vertrieb von Bedeutung sein".

603 *Schultze/Pautke/Wagener*, Art. 4 lit. b, Rn. 766; *Schweda/Rudowicz*, WRP 2013, S. 590, 600.

604 *Neubauer*, S. 99.

dar, sondern eine Beschränkung der passiven Weiterverkaufsbeschränkung in Form einer unzulässigen Kundenbeschränkung. Im Ergebnis sind pauschale Plattformverbote auch im Einzel- oder Exklusivvertrieb als Kernbeschränkung i.S.d. Art. 4 lit. b Vertikal-GVO einzuordnen.

bb) Rückausnahme gemäß Art. 4 lit. b Ziff. i Vertikal-GVO

Eine Rückausnahme nach Art. 4 lit. b Ziff. i Vertikal-GVO kommt auch hier aus oben genannten Gründen nicht in Betracht.[605] Bei Drittplattformkunden handelt es sich bereits nicht um eine abgrenzbare Kundengruppe. Überdies stellt das Verbot, Produkte über Drittplattformen zu verkaufen, eine Beschränkung des passiven Verkaufs dar, welche gerade nicht von der Rückausnahme privilegiert wird.[606]

c) Einzelfreistellung nach Art. 101 Abs. 3 AEUV

Eine Einzelfreistellung nach Art. 101 Abs. 3 AEUV bleibt auch hier im Einzelfall möglich. Dafür müsste der Hersteller darlegen, dass die Voraussetzungen der Einzelfreistellung vorliegen. An dieser Stelle kann erneut der Schutz des Produktimages von Luxusprodukten Berücksichtigung finden und innerhalb enger Grenzen im Einzelfall ein Plattformverbot rechtfertigen.[607]

II. Zusammenfassung

Bei der kartellrechtlichen Beurteilung ist zunächst zwischen Plattformverboten, die innerhalb selektiver Vertriebssysteme ausgesprochen werden und solchen, die außerhalb – im offenen Vertrieb oder Exklusivvertrieb – ausgesprochen werden, zu unterscheiden. Innerhalb selektiver Vertriebssysteme können Plattformverbote nach hier vertretener Ansicht grundsätz-

---

605 Vgl. oben § 8 B. I. 1. b) aa) (6).
606 So auch *Kumkar*, S. 373 ff.
607 So auch *Neubauer*, S. 102 ff.; *Kumkar*, S. 376; sich grundsätzlich auch gegen eine Einzelfreistellung aussprechend: *Schweda/Rudowicz*, WRP 2013, S. 590, 600.

lich kein objektives Qualitätskriterium darstellen, das als solches bereits auf Tatbestandsebene privilegiert wird.

Bei Plattformverboten handelt es sich nach der hier vertretenen Auffassung zudem um eine Kernbeschränkung nach Art. 4 lit. c Vertikal-GVO, welche eine Gruppenfreistellung nach der Vertikal-GVO ausschließt. Der in den Leitlinien angelegte sog. Äquivalenztest, der zur Abgrenzung verbotener Kernbeschränkungen und zulässiger Qualitätsanforderungen eine Gleichwertigkeit der Anforderungen an den stationären Vertrieb und den Internetvertrieb fordert, bedarf dabei einer Modifizierung. In der regelmäßigen Ermangelung einer Entsprechung im stationären Vertrieb ist der Test dahingehend zu korrigieren, dass die Anforderungen mit einer Zweifelsregelung zugunsten eines unbeschränkten Internetvertriebs zu bewerten sind. Dies entspricht im Ergebnis der wettbewerbspolitischen Zielsetzung der Verwirklichung des digitalen Binnenmarktes.

Eine Einzelfreistellung von Plattformverboten gem. Art 101 Abs. 3 AEUV ist im Einzelfall innerhalb selektiver Vertriebssysteme grundsätzlich denkbar. Hier kann eine mögliche Beschränkung des Plattformvertriebs zum Schutze des Markenimages berücksichtigt werden.

Im Rahmen des offenen Vertriebs oder des Exklusivvertriebs ergibt sich keine mögliche Privilegierung auf Tatbestandsebene, sodass Plattformverbote bezweckte Wettbewerbsbeschränkungen darstellen. Die Gruppenfreistellung pauschaler Plattformverbote scheitert an der Kernbeschränkung des Art. 4 lit. b Vertikal-GVO, eine Rückausnahme nach Ziff. i kommt nach der hier vertretenen Ansicht bereits in Ermangelung einer abgrenzbaren Kundengruppe nicht in Betracht. In jedem Fall scheitert eine solche an dem passiven Verkaufscharakter des Plattformvertriebs. Eine Freistellung von Plattformverboten über Art. 101 Abs. 3 AEUV bleibt auch hier im Einzelfall denkbar, da bei kumulativem Vorliegen aller Einzelfreistellungsvoraussetzungen der Schutz des Markenimages im Einzelfall überwiegen kann. Wenngleich die Anforderungen im Rahmen des offenen Vertriebs oder des Exklusivvertriebs nochmals höher liegen als innerhalb selektiver Vertriebssysteme.

§ 9 Preisparitätsklauseln

Eine weitere Erscheinungsform im Rahmen vertikaler Beschränkungen im Internetvertrieb sind sog. Preisparitätsklauseln[608]. Ins Zentrum der kartell-

---

608 Gleichbedeutend teilweise auch als Bestpreisklauseln bezeichnet.

rechtlichen Beurteilung sind sie insbesondere durch eine Reihe von Verfahren des Bundeskartellamts gerückt. Vornehmlich standen dabei Buchungsportale für Hoteldienstleistungen wie *HRS*[609], *Booking.com*[610] und *Expedia*[611], sowie die Internet-Verkaufsplattform *Amazon*[612] im Fokus. Diese Unternehmen setzten Preisparitätsklauseln ein, um in einem dynamischen Marktumfeld der Plattformmärkte ihre Marktpositionen abzusichern, indem sie ihren Kunden das Versprechen geben konnten, auf ihrer jeweiligen Plattform den günstigsten Preis zu verlangen und regelmäßig die günstigsten Konditionen zu bieten.

Während andere europäische Wettbewerbsbehörden zumindest in gewissem Umfang Preisparitätsklauseln akzeptierten[613], legte das Bundeskartellamt eine besonders strenge Bewertungspraxis an den Tag. Es sah unter-

---

609 BKartA, Beschl. v. 20.12.2013, Az. B 9-66/10 – *HRS*. Gegen die Entscheidung legte *HRS* Beschwerde ein, diese wurde vom OLG Düsseldorf abgewiesen, vgl. OLG Düsseldorf v. 09.01.2015, Az. VI-Kart. 1/14 (V) – *HRS*, NZKart 2015, S. 148.

610 BKartA, Beschl. v. 22.12.2015, Az. B9-121/13 – *Booking.com*. Gegen die Entscheidung legte *Booking.com* Beschwerde ein, das Verfahren ist vor dem OLG Düsseldorf anhängig. Zudem stellte *Booking.com* einen Eilantrag, in dem sie die gerichtliche Anordnung des Suspensiveffekts der Beschwerde begehrten. Das OLG wies diesen Antrag zurück, OLG Düsseldorf, Beschl. v. 4.5.2016, Az. VI-Kart 1/16 (V) – *Booking.com*, NZKart 2016, S. 291. Einen erneuten Antrag auf Anordnung der aufschiebenden Wirkung ihrer Beschwerde v. 27.4.2017 wurde vom OLG Düsseldorf erneut als unbegründet zurückgewiesen, OLG Düsseldorf, Beschl. v. 31.5.2017, Az. VI-Kart 2/17 (V) – *Booking.com*, NZKart 2017, S. 384. Gleichwohl entschied das OLG Düsseldorf im Beschwerdeverfahren mit Beschluss vom 4.6.2019, Az. VI-Kart 2/16 (V) überraschend zugunsten der Plattform, indem es die Bestpreisklausel selbst als wettbewerbsbeschränkende Nebenabrede vom Kartellverbot ausnahm.

611 Das Verfahren gegen *Expedia* war seit 2013 anhängig, vgl. BKartA, Pressemitteilung v. 23.12.2015, abrufbar unter: http://www.bundeskartellamt.de/SharedDoc s/Meldung/DE/Pressemitteilungen/2013/20_12_2013_HRS.html (Seite zuletzt besucht am 21.11.2019) und endete mit dem Urteil des OLG Düsseldorf v. 4.12.2017, VI-U (Kart) 5/17 – *Expedia*.

612 BKartA, Fallbericht v. 26.11.2013, Az. B6-46/12 – *Amazon*, das Verfahren wurde eingestellt, nach endgültiger Aufgabe der Preisparitätsklausel Amazons in ganz Europa.

613 So akzeptierten im April 2015 die Wettbewerbsbehörden von Frankreich, Italien und Schweden für den Zeitraum von fünf Jahren enge Bestpreisklauseln, die das Unternehmen ausschließlich im Onlinevertrieb beschränkten und andere Kanäle – insbesondere den Offlinevertrieb – unberührt ließen. Die Wettbewerbsbehörden von Griechenland, Polen und Österreich stellten in diesem Zusammenhang ihre Ermittlungen ein. Gleichwohl verabschiedete das französische Parlament kurz darauf im Juli 2015 ein Gesetz, welches jegliche Form von

schiedslos jegliche Form von Preisparitätsklauseln – ob weit oder eng – als nicht freistellungsfähig und mithin als Kartellverstoß an. Dies sorgte für erhebliche Rechtsunsicherheit, die in der Literatur teilweise zu ungewöhnlichen Vorstößen führte.[614]
Preisparitätsklauseln zeichnen sich dadurch aus, dass sich Unternehmen gegenüber den Buchungsportalen oder Verkaufsplattformen verpflichten, dem Endkunden auf den jeweiligen Websites entweder den besten Preis oder zumindest denselben Preis, den sie auf ihrer eigenen Seite oder einem vergleichbaren Vertriebskanal anbieten, dort ebenfalls zu gewähren.[615] Was auf den ersten Blick eine verbraucherfreundliche Garantie auf den günstigsten Preis suggeriert, kann sich bei genauerer Betrachtung womöglich als das genaue Gegenteil herausstellen.

A. Erscheinungsformen

Bei Preisparitätsklauseln handelt es sich rechtlich um Meistbegünstigungsklauseln (*most favoured customer clauses*).[616] Bezugspunkt der Bindung ist regelmäßig der Preis als Wettbewerbsparameter. Aber auch andere Konditionen, wie beispielsweise Lieferbedingungen, können als Anknüpfungs-

---

Bestpreisklauseln verbietet. Auch die österreichische Nationalversammlung beschloss im November 2016 ein Gesetz, welches Bestpreisklauseln als unlauter und mithin nichtig erklärt. Dem schloss sich schließlich auch das italienische Parlament an, sodass ab September 2017 auch in Italien ein Gesetz den Einsatz von jeglichen Bestpreisklauseln untersagt. In der Schweiz und in Belgien sind vergleichbare Gesetzesinitiativen auf den Weg gebracht worden. Vgl. zu den unterschiedlichen mitgliedstaatlichen Regelungsansätzen, *Augenhofer/Schwarzkopf*, NZKart 2017, S. 446.

614 So schlug beispielsweise *Heinz* vor, die Kommission müsse in vergleichbaren Fällen in Zukunft von ihrem Recht aus Art. 11 Abs. 6 VO 1/2003 Gebrauch machen und das nächste Verfahren des BKartA an sich ziehen, *Heinz*, JECLAP 2016, S. 530, 536; so wohl auch *Leslie*, ECLR 2018, S. 330, 335.

615 *Galle/Nauck*, WuW 2014, S. 587; *Hossenfelder*, S. 35, 39; *Tamke*, WuW 2015, S. 594, 595.

616 OLG Düsseldorf v. 15.2.2012, VI-W (Kart) 1/12 – *Best-Preis-Garantie*, GWR 2012, S. 470, 470; BKartA, Beschl. v. 20.12.2013, Az. B 9-66/10 – *HRS*, Rn. 140; *Bodenstein*, GRUR-Prax 2010, S. 260, 262; *Böni/Wassmer*, EWS 2016, S. 241, 241; *Eufinger*, K&R 2014, S. 307, 309; *Kirchhoff*, in: Wiedemann, § 11 Rn. 273 f.; *Tamke*, WuW 2015, S. 594, 595; *Zimmer*, in: Immenga/Mestmäcker, GWB-Wettbewerbsrecht Bd. 2, § 1, Rn. 399.

punkt dienen.[617] Dabei wird das gebundene Unternehmen nicht in seiner absoluten Preissetzungsfreiheit gebunden, sondern in seiner relativen Preissetzungsfreiheit, die in Abhängigkeit steht zur Preissetzung gegenüber einer dritten Partei.[618]

I. Echte und unechte Preisparitätsklausel

Unterschieden werden muss dabei zunächst zwischen echten und unechten Preisparitätsklauseln.[619] Die echte Preisparitätsklausel verpflichtet das gebundene Unternehmen, keinem anderen Unternehmen einen besseren Preis oder bessere Konditionen als dem begünstigten Unternehmen zu gewähren. Das gebundene Unternehmen darf also *per se* keine günstigeren Preise oder Konditionen gewähren. Man spricht hier auch von einem Besserstellungsverbot.[620] Die unechte Preisparitätsklausel verpflichtet das gebundene Unternehmen, dem bindenden Unternehmen keine ungünstigeren Konditionen als Dritten einzuräumen. Dabei verpflichtet sich das gebundene Unternehmen die Preise und Konditionen im Verhältnis zu dem verpflichtenden Unternehmen anzupassen, sofern es einem Dritten bessere gewährt.[621] So können zwar konkurrierende Unternehmen identische Preise und Konditionen gewährt bekommen, das begünstigte Unternehmen hat jedoch einen Anspruch darauf, gleichwertige Preise und Konditionen eingeräumt zu bekommen. Hierbei handelt es sich um ein Gleichstellungsgebot.[622]

---

617 BKartA, Beschl. v. 20.12.2013, Az. B 9-66/10 – *HRS*, Rn. 140; *Böni/Wassmer*, EWS 2016, S. 241, 241; *Eufinger*, K&R 2014, S. 307, 309; *Zimmer*, in: Immenga/Mestmäcker, GWB-Wettbewerbsrecht Bd. 2, § 1, Rn. 399.

618 *Eilmannsberger/Bien*, in: MüKo Bd. 1 EU-Wettbewerbsrecht, Art 102 AEUV Rn. 599; *Kumkar*, S. 147.

619 *Bechtold/Bosch*, § 1 GWB, Rn. 69; *Beckmann/Müller*, in: Hoeren/Sieber/Holznagel, Teil 10, Rn. 170; *Böni/Wassmer*, EWS 2016, S. 241, 241; *Fiebig*, NZKart 2014, S. 122, 124; *Grave/Klauß*, GWR 2012, S. 470, 470; *Kumkar*, S. 147; *Meyer*, WRP 2004, S. 1456, 1457; *Schultze/Pautke/Wagener*, Art. 4 lit. a, Rn. 574 f.; *Seeliger*, in: Wiedemann, § 11 Rn. 161; *Tamke*, WuW 2015, S. 594, 595.

620 *Böni/Wassmer*, EWS 2016, S. 241, 241; *Kumkar*, S. 147; *Tamke*, WuW 2015, S. 594, 595.

621 *Fiebig*, NZKart 2014, S. 122, 124; *Kumkar*, S. 147; *Schultze/Pautke/Wagener*, Art. 4 lit. a, Rn. 574.

622 *Böni/Wassmer*, EWS 2016, S. 241, 241; *Tamke*, WuW 2015, S. 594, 595.

II. Weite und enge Preisparitätsklausel

Weiter kann noch hinsichtlich des Umfangs der Meistbegünstigungsklauseln unterschieden werden.[623] Eine weite Klausel verpflichtet dabei das gebundene Unternehmen auf allen in Betracht kommenden Kauf- oder Buchungskanälen – online wie offline – seiner Verpflichtung nachzukommen.[624] Die enge Meistbegünstigungsklausel hingegen entfaltet ihre Bindung nur auf einzelnen Vertriebskanälen, während alle anderen Kanäle für bessere Preise oder Konditionen noch offen stehen.[625] Sie erlaubt es so auf anderen Plattformen oder im Offline-Vertrieb günstigere Preise zu verlangen und bindet in der Regel ausschließlich die Preissetzungsfreiheit auf der eigenen Website.[626]

III. Besonderheit im Internetvertrieb

Die Besonderheit der in Rede stehenden Preisparitätsklauseln besteht darin, dass hier zwar der Anbietende gebunden wird, jedoch nicht wie in den meisten Fällen von Preisparitätsklauseln im Verhältnis zum bindenden Unternehmen, sondern bezüglich des Endverkaufspreises an Dritte.[627] Anbieter (gebundenes Unternehmen) werden durch die Preisparitätsklausel von den Plattformbetreibern (bindendes Unternehmen) verpflichtet, den Nutzern der Plattformen (Abnehmer/Dritte) den besten Preis für die gebuchte Ware oder Dienstleistung zu gewähren. Es ergeben sich zwei Vertikal- und zugleich Vertragsverhältnisse; zum einen zwischen Plattformbetreiber und Anbieter, zwischen denen neben der Preisparitätsklausel i.d.R. auch eine Honorar- oder Provisionsvereinbarung im Falle einer erfolgreichen Buchung geschlossen wurde (Vertrag über Portaldienstleistung), zum anderen zwischen Anbieter und Abnehmer über den Kauf der Ware oder Dienstleistung selbst (Vertrag über Produkt/Dienstleistung). Der Plattformbetreiber erbringt die Vermittlungsleistung, wird aber i.d.R. selbst

---

623 Dazu grundlegend *Ezrachi*, Oxford Legal Studies Research Paper No. 55/2015, S. 1 ff.

624 Ausführlich zur weiten Bestpreisklauseln *Fletcher/Hviid*, Antitrust Law Journal, 81, S. 1 ff.

625 *Böni/Wassmer*, EWS 2016, S. 241, 241; *Colangelo*, JECLAP 2017, S. 3, 5; *Ezrachi*, Oxford Legal Studies Research Paper No. 55/2015, S. 22 ff.

626 *Heinz*, ECLP 2016, S. 530, 531; *Colangelo*, JECLAP 2017, S. 3, 5; *Hunold*, ECLP 2017, S. 119, 120.

627 *Böni/Wassmer*, EWS 2016, S. 241, 241

nicht Vertragspartei der eigentlichen Austauschbeziehung und die vertragsspezifischen Risiken verbleiben bei den Produktanbietern.[628] Zwischen allen Parteien liegt ein Dreiecksverhältnis vor.[629] Denn die Preisparitätsklauseln entfalten dabei nicht hinsichtlich der Preise und Konditionen im bilateralen Verhältnis ihre Wirkung, sondern haben drittbegünstigenden oder drittbelastenden Charakter zwischen dem Anbieter und Endkunden und werden so als atypische Meistbegünstigungsklauseln angesehen.[630]

B. Auswirkungen von Preisparitätsklauseln auf den Wettbewerb

Die Auswirkungen von Preisparitätsklauseln auf den Wettbewerb können dabei sowohl wettbewerbsfördernd als auch -beschränkend sein.

I. Wettbewerbsfördernde Auswirkungen

Der Einsatz von Preisparitätsklauseln kann zur Internalisierung negativer Externalitäten eingesetzt werden und mithin positive Effekte auf den Wettbewerb haben.[631]

---

628 *Kumkar*, S. 44.
629 *Böni/Wassmer*, EWS 2016, S. 241, 241 f.; *Bodenstein*, GRUR-Prax 2010, S. 260, 261; *Eufinger*, K&R 2014, S. 307, 310; *Fiebig*, WuW 2013, S. 812, 814; *Kumkar*, S. 155; *Tamke*, WuW 2015, S. 594, 594. Die geometrische Form wird von den Autoren zur Verbildlichung herangezogen, weil gebundener Anbieter und bindender Plattformbetreiber auf einer Linie stehen und der „begünstigte" Abnehmer – dem gegenüber die Klausel Wirkung entfaltet – außenstehender Dritter ist. Dieser erwirbt zwar das Produkt oder die Dienstleistung zwar auf der Plattform des Abnehmers, gleichwohl steht er ausschließlich in vertraglicher Verbindung zum Abnehmer. So ergibt sich eine Dreieckskonstellation, die gleichwohl nicht im Sinne jener Figur des Bereicherungsrechts verstanden werden sollte.
630 *Böni/Wassmer*, EWS 2016, S. 241, 242; *Immenga*, K&R 2013, S. 1; *Tamke*, WuW 2015, S. 594, 594.
631 Dazu ausführlich *Ezrachi*, Oxford Legal Studies Research Paper No. 55/2015, S. 6 ff.

1. Lösung des Trittbrettfahrerproblems

Preisparitätsklauseln können ein wirksames Mittel zur Bekämpfung sogenannter „Trittbrettfahrer" in zweifacher Hinsicht darstellen.[632] Plattformbetreiber können dadurch verhindern, dass potentielle Kunden die Plattform kostenlos zum Auffinden attraktiver Angebote nutzen, die Buchung dann jedoch bei einem günstigeren Konkurrenten oder Kanal vornehmen.[633] So können sie ihre vertragsspezifischen oder allgemeinen Investitionen in das Portal (Werbekosten, Produktpräsentation, Suchfunktionen, Datenbanken, etc.) durch Preisparitätsklauseln absichern. Doch auch das „Trittbrettfahren" der Anbieter auf der Plattform kann durch Preisparitätsklauseln verhindert werden. So können diese nicht ihre Provisionspflicht dadurch umgehen, dass sie die Transaktion auf ihrer eigenen Seite günstiger abwickeln oder auf einer anderen Plattfom mit geringeren Provisionen.[634]

Durch das Provisionsmodell, bei dem diese nur im Erfolgsfall ausgezahlt wird, würden sich die vertragsspezifischen oder allgemeinen Investitionen mithin nicht amortisieren und die Portalbetreiber würden diese Kosten zurückschrauben.[635]

2. Intensivierung des Qualitätswettbewerbs

Zwar lässt der Einsatz von Preisparitätsklauseln regelmäßig den Wettbewerb um den Parameter „Preis" entfallen. Preisparitätsklauseln können jedoch zugleich Anreize schaffen, diesen zu einem Qualitätswettbewerb hin zu verlagern.[636] Investitionen der Plattformbetreiber – beispielsweise in die Produktpräsentation, verbesserte Suchfunktionen, die Datenbanken oder

---

632 BKartA, Vertikale Beschränkungen in der Internetökonomie, Hintergrundpapier, S. 27; *Colangelo*, ECLP 2017, S. 3, 5; *Dewenter/Linder*, WuW 2017, S. 19, 23; *Galle/Nauck*, WuW 2014, S. 587, 593; *Hamelmann/Haucap/Wey*, ZWeR 2015, S. 245, 259 f.; *Kumkar*, S. 162 ff.; *Stadler*, ZWeR 2016, S. 1, 10; *Tamke*, WuW 2015, S. 594, 598; *Vezzoso*, S. 16 ff.; *Wey*, WuW 2014, S. 119.

633 BKartA, Vertikale Beschränkungen in der Internetökonomie, Hintergrundpapier, S. 27; *Böni/Wassmer*, EWS 2016, S. 241, 242; *Hamelmann/Haucap/Wey*, ZWeR 2015, S. 245, 259 f.; *Tamke*, WuW 2015, S. 594, 598.

634 BKartA, Vertikale Beschränkungen in der Internetökonomie, Hintergrundpapier, S. 27; *Kumkar*, S. 163.

635 *Böni/Wassmer*, EWS 2016, S. 241, 242; *Tamke*, WuW 2015, S. 594, 598.

636 *Böni/Wassmer*, EWS 2016, S. 241, 242; *Hamelmann/Haucap/Wey*, ZWeR 2015, S. 245, 258 f.; *Tamke*, WuW 2015, S. 594, 598.

die integrierten Bewertungssysteme – können sich durch die Absicherung mit Preisparitätsklauseln auszahlen.[637]

3. Senkung der Transaktionskosten

Durch den Einsatz von Preisparitätsklauseln können überdies die Transaktionskosten für die Abnehmer der Ware oder Dienstleistung reduziert werden. Durch die erhöhten Informationseffizienzen welche aus der gesteigerten Preistransparenz auf der Plattform resultieren, können Abnehmer Suchkosten sparen, indem sie auf der Plattform bereits die günstigsten Angebote gegenüberstellen und letztlich buchen können.[638] Es bedarf somit keiner Cross-Channel-Suche oder des plattformexternen Vergleichs mehr, wenn bereits durch die Preisparitätsklausel alle unterschiedlichen Angebote zu den besten Konditionen auf derselben Plattform vereint werden.

II. Wettbewerbsbeschränkende Auswirkungen

Preisparitätsklauseln können jedoch auch unterschiedliche negative Auswirkungen auf den Wettbewerb mit sich bringen. Die Schädlichkeit für den Wettbewerb zeigt sich dabei regelmäßig in den horizontalen Auswirkungen.[639]

1. Preisbindung des Anbieters

Preisparitätsklauseln können sich wie eine Preisbindung des Anbieters auswirken. Es muss jedoch zunächst zwischen den unterschiedlichen Erscheinungsformen differenziert werden.[640] Als besonders schädlich für den Wettbewerb stellen sich echte Preisparitätsklauseln dar. Sie wirken auf-

---

637 *Tamke*, WuW 2015, S. 594, 598.
638 *Colangelo*, ECLP 2017, S. 3, 6; *Hamelmann/Haucap/Wey*, ZWeR 2015, S. 245, 259.
639 BKartA, Vertikale Beschränkungen in der Internetökonomie, Hintergrundpapier, S. 26; *Schultze/Pautke/Wagener*, Art. 4 lit. a, Rn. 579; *Vezzoso*, S. 8 ff.
640 Anders das BKartA, dieses sieht enge Bestpreisklauseln als vergleichbar wettbewerbsschädigend an wie weite, vgl. BKartA, Beschl. v. 22.12.2015, Az. B9-121/13 – *Booking.com*, Rn. 159 ff.

grund des Besserstellungsgebots wie Mindestpreise.[641] Dadurch wird der Anbieter in seiner Preissetzungsfreiheit erheblich eingeschränkt, da er auf konkurrierenden Plattformen oder Kanälen aufgrund der Bestpreisbindung keinen günstigeren Preis für das Produkt oder die Dienstleistung verlangen kann.[642] Bei unechten Preisparitätsklauseln besteht für den Anbieter faktisch zwar noch die Möglichkeit, die Preise frei zu setzen, aufgrund des Gleichstellungsgebots ergibt sich jedoch eine mittelbare wirtschaftliche Bindung, da günstigere Preise nicht gezielt eingesetzt werden können, sondern gleichzeitig mehrfach gewährt werden müssen.[643] So ergibt sich die Preisbindung bei echten Preisparitätsklauseln unmittelbar aus der Vereinbarung, bei unechten mittelbar bzw. faktisch. Die weite Preisparitätsklausel entfaltet ebenfalls eine weitergehende Bindungswirkung als die enge, da sie den Anbieter auf allen Vertriebskanälen bindet, während die enge ihn lediglich verpflichtet, auf seiner eigenen Website keine günstigeren Preise zu verlangen.

2. Beschränkung des Plattformwettbewerbs

Zudem kann durch Preisparitätsklauseln der Wettbewerb zwischen den Plattformbetreibern beschränkt werden. Für diese besteht kein Anreiz, mit geringeren Provisionen in Wettbewerb mit anderen Plattformen zu treten, da sich diese aufgrund der Preisparitätsklauseln nicht in niedrigeren Endkundenpreisen niederschlagen würden.[644] Zwar können Plattformbetreiber dadurch unter Umständen mehr Anbieter auf die Plattform locken.[645] Da diese jedoch in der Regel auf mehreren Plattformen zugleich vertreten sind, kommt es dennoch zu einer Wettbewerbsbeschränkung.[646] Umgekehrt kann der Betreiber seine Provisionen erhöhen, ohne aufgrund der

---

641 *Böni/Wassmer*, EWS 2016, S. 241, 242; *Eufinger*, K&R 2014, S. 307, 309; *Tamke*, WuW 2015, S. 594, 596.

642 *Tamke*, WuW 2015, S. 594, 596; ähnlich *Colangelo*, ECLP 2017, S. 3, 5 f.

643 *Böni/Wassmer*, EWS 2016, S. 241, 242; *Tamke*, WuW 2015, S. 594, 596.

644 BKartA, Beschl. v. 20.12.2013, Az. B 9-66/10, Rn. 156 f. – *HRS*; Vertikale Beschränkungen in der Internetökonomie, Hintergrundpapier, S. 26; *Alfter/Hunold*, WuW 2016, S. 525, 526; *Böni/Wassmer*, EWS 2016, S. 241, 242; *dos Santos Gonçalves*, GWR 2015, S. 425, 427; *Fiebig*, NZKart 2014, S. 122, 125; *Heyers*, GRUR-Int 2013, S. 409 f.; *Hossenfelder*, S. 35, 40; *Kumkar*, S. 157; *Tamke*, WuW 2015, S. 594, 597.

645 So *Galle/Nauck*, WuW 2014, S. 587, 589, die mit diesem Einwand eine Beschränkung des Plattformwettbewerbs ablehnen.

646 *Alfter/Hunold*, WuW 2016, S. 525, 526; *Böni/Wassmer*, EWS 2016, S. 241, 242.

Preisparitätsklausel eine Erhöhung der Endverbraucherpreise befürchten zu müssen, jedenfalls nicht, ohne dass sich diese – aufgrund der vereinbarten Klausel – auch auf konkurrierenden Plattformen niederschlägt.[647] Verstärkt wird diese Beschränkung bei marktstarken Plattformen. Da es für Anbieter teilweise unverzichtbar ist, auf einer marktführenden Buchungsplattform vertreten zu sein, kann sich so ein erhöhtes Provisionsniveau gegenüber sonstigen Vertriebswegen etablieren.[648] Eine solche unmittelbare Wirkung ist insbesondere bei weiten Preisparitätsklauseln zu beobachten.

Jedoch stellt sich eine vergleichbare Wirkung auch bei engen Preisparitätsklauseln ein. Aufgrund des geringen Anreizes, von der theoretischen Möglichkeit Gebrauch zu machen, günstigere Preise und Konditionen auf anderen Plattformen anzubieten – ohne dabei auf der eigenen Buchungsseite einen teureren Preis zu verlangen – besteht auch für die Portalbetreiber kein hinreichender Grund, günstigere Provisionen oder Konditionen einzuräumen.[649] Zwischen beiden wettbewerbsbeschränkenden Auswirkungen besteht somit ein sich gegenseitig verstärkender Rückkopplungseffekt.[650]

Wenngleich diese Ansicht – nach der hier vertretenen Auffassung – nur für etablierte Plattformen Gültigkeit beanspruchen kann, kann es besonders für Newcomer oder Plattformen, die ihre Marktposition verbessern wollen, ein vielversprechendes Mittel darstellen, günstigere Provisionen und Konditionen den Anbietern zu offerieren, um so auf dem eigenen Portal durch den günstigsten Preis oder die günstigsten Konditionen eine Vielzahl an zusätzlichen Buchungen zu erreichen und die eigene Stellung am Markt zu verbessern. Gleichwohl wird solch ein vorstoßendes, wettbewerbsorientiertes Verhalten in der Praxis regelmäßig durch Bestpreisgarantien, ausgesprochen von den Portalbetreibern selbst, wieder ausgebremst. So erklären sich die Portalbetreiber bereit, den Kunden die Differenz zwi-

---

647 BKartA, Beschl. v. 20.12.2013, Az. B 9-66/10, Rn. 157 – *HRS; Böni/Wassmer,* EWS 2016, S. 241, 242; *Colangelo,* ECLP 2017, S. 3, 6; m.w.N. *Kumkar,* S. 157 f.; *dos Santos Gonçalves,* GWR 2015, S. 425, 427; *Fiebig,* NZKart 2014, S. 122, 125; *Hossenfelder,* S. 35, 40; *Immenga,* K&R 2013, S. 1; *Tamke,* WuW 2015, S. 594, 597; *Wolf-Posch,* ÖZK 2014, S. 132, 134.
648 BKartA, Vertikale Beschränkungen in der Internetökonomie, Hintergrundpapier, S. 26 f., *Böni/Wassmer,* EWS 2016, S. 241, 242; *Tamke,* WuW 2015, S. 594, 597.
649 BKartA, Beschl. v. 22.12.2015, Az. B9-121/13 – *Booking.com,* Rn. 215 f.
650 BKartA, Beschl. v. 22.12.2015, Az. B9-121/13 – *Booking.com,* Rn. 216.

schen dem gezahlten Preis und dem auf einer konkurrierenden Plattform aufgefundenen günstigeren Preis zu erstatten.[651]

Vielfach wurde gegen Preisparitätsklauseln vorgebracht, diese würden kollusives Verhalten zwischen den Plattformbetreibern ermöglichen und fördern, da die Auswirkungen der Klauseln denen einer direkten Verhaltensabstimmung gleichzusetzen sind.[652] Dem liegt jedoch das Verständnis von klassischen Preisparitätsklauseln zugrunde. Dieses ist aus ökonomischer Sicht nicht ohne weiteres auf plattformübergreifende Preisparitätsklauseln übertragbar.[653]

3. Beschränkung des Anbieterwettbewerbs

Nicht zuletzt können Preisparitätsklauseln den Wettbewerb zwischen den Anbietern beschränken.[654] So können sie Preisvorteile aufgrund unterschiedlicher Provisionen auf den verschiedenen Plattformen nicht in Form von günstigeren Preisen an die Abnehmer weitergeben und zudem nicht mehr punktuell auf konkrete Wettbewerbssituationen mit individuellen Preisen reagieren.[655] Besonders ist dies bei weiten Preisparitätsklauseln der Fall, bei denen sich die Bindung auf den Onlinevertrieb und zugleich den stationären Vertrieb bezieht.[656] Dies kann zu einer Vereinheitlichung des Wettbewerbsparameters „Preis" führen, welche zudem kollusionsfördernd sein kann – sowohl zwischen Anbietern als auch Portalbetreibern.[657]

---

651 Vgl. BKartA, Beschl. v. 22.12.2015, Az. B9-121/13 – *Booking.com*, Rn. 219.
652 Dazu *Kumkar*, S. 162.
653 *Hamelmann/Haucap/Wey*, ZWeR 2015, S. 245, 256 f.; *Kumkar*, S. 162.
654 BKartA, Beschl. v. 20.12.2013, Az. B 9-66/10, Rn. 164 ff. – *HRS*; *Alfter/Hunold*, WuW 2016, S. 525, 526; *Böni/Wassmer*, EWS 2016, S. 241, 242; *Galle/Nauck*, WuW 2014, S. 587, 589; *Schultze/Pautke/Wagener*, Art. 4 lit. a, Rn. 582; *Tamke*, WuW 2015, S. 594, 597.
655 BKartA, Beschl. v. 20.12.2013, Az. B 9-66/10, Rn. 165. – *HRS*; *Böni/Wassmer*, EWS 2016, S. 241, 242; *Hossenfelder*, S. 35, 41; *Tamke*, WuW 2015, S. 594, 597.
656 BKartA, Beschl. v. 20.12.2013, Az. B 9-66/10, Rn. 169 ff. – *HRS*; *Böni/Wassmer*, EWS 2016, S. 241, 242; *Tamke*, WuW 2015, S. 594, 597.
657 BKartA, Vertikale Beschränkungen in der Internetökonomie, Hintergrundpapier, S. 27; *Dewenter/Linder*, WuW 2017, S. 19, 23; *dos Santos Gonçalves*, GWR 2015, S. 425, 427; *Nolte*, BB 2014, S. 1155, 1162; *Schultze/Pautke/Wagener*, Art. 4 lit. a, Rn. 582; *Tamke*, WuW 2015, S. 594, 598; *Wolf-Posch*, ÖZK 2014, S. 132, 134. Vgl. ausführlich zu den wettbewerblichen Nachteilen durch Überwachung und Kollusion eines vereinheitlichten Preisniveaus bereits oben, § 8 B. II.

Doch auch bei engen Preisparitätsklauseln ist eine vergleichbare Wirkung zu beobachten. Zwar bestehen faktisch die Preissetzungsspielräume auf anderen Plattformen, gleichwohl können die Anbieter diese nur nutzen, wenn sie in Kauf nehmen, zwangsläufig auf ihrer eigenen Buchungsseite aufgrund der engen Klausel einen teureren Preis zu fordern.[658] Eine solche Schwächung des eigenen Online-Vertriebs widerspricht dem Interesse der Anbieter, sodass davon auszugehen ist, dass von der Preissetzungsfreiheit im Ergebnis kaum Gebrauch gemacht wird und die Wirkung eine vergleichbare wie die der weiten Preisparitätsklauseln ist.[659]

4. Marktausschließungseffekte und Marktabschottung

Weiterhin können insbesondere weite Preisparitätsklauseln auch wie Markteintrittsbarrieren und Expansionshürden wirken und zu einer Marktabschottung führen, da potentielle Wettbewerber, die in den Markt eintreten wollen, über niedrigere Provisionen oder innovative Portaldienstleistungen die Ware oder Dienstleistung nicht günstiger anbieten können, um so eine effiziente Größe auf dem Markt zu erreichen.[660] Auf einem oligopolistisch geprägten Markt mit wenigen marktstarken Wettbewerbern verstärkt sich dieser Effekt noch. Die aufgrund der Mehrseitigkeit der Märkte hervorgerufenen Netzwerkeffekte verstärken dabei zusätzlich die negativen Auswirkungen der Preisparitätsklauseln und können insbesondere den marktstarken Plattformbetreibern helfen, ihre überlegene Marktstellung abzusichern.[661]

In abgeschwächter Form kann dies auch auf enge Preisparitätsklauseln zutreffen. Aufgrund des oben dargestellten geringen Anreizes für Anbieter von ihrer theoretischen Preissetzungsfreiheit Gebrauch zu machen, ohne auf der eigenen Buchungsseite einen teureren Preis zu setzen[662], wird

---

658 BKartA, Beschl. v. 22.12.2015, Az. B9-121/13 – *Booking.com*, Rn. 192 ff.

659 BKartA, Beschl. v. 22.12.2015, Az. B9-121/13 – *Booking.com*, Rn. 195.

660 BKartA, Beschl. v. 20.12.2013, Az. B 9-66/10, Rn. 158 f. – *HRS*; BKartA, Vertikale Beschränkungen in der Internetökonomie, Hintergrundpapier, S. 26; *Alfter/Hunold*, WuW 2016, S. 525, 526; *dos Santos Gonçalves*, GWR 2015, S. 425, 426 f.; *Eufinger*, K&R 2014, S. 307, 310; *Fiebig*, NZKart 2014, S. 122, 125; *Galle/Nauck*, WuW 2014, S. 587, 589; *Hossenfelder*, S. 35, 40; *Kumkar*, S. 159; *Tamke*, WuW 2015, S. 594, 597; *Vezzoso*, S. 11 ff.; a.A. *Stadler*, ZWeR 2016, S. 1, 8.

661 *Eufinger*, K&R 2014, S. 307, 309 f.; *Galle/Nauck*, WuW 2014, S. 587, 589; *Tamke*, WuW 2015, S. 594, 597.

662 Vgl. § 9 B. II. 3.

Newcomern der Marktzutritt erschwert und auch enge Preisparitätsklauseln können mithin einen marktausschließenden Effekt haben.[663] Verstärkt werden kann diese Wirkung noch von Bestpreisgarantien, die die Portalbetreiber häufig selbst aussprechen. Diese sichern dem Kunden zu, dass der Portalbetreiber selbst die Differenz auszahlt, die zwischen dem eigenen Preis und einem konkurrierenden, günstigeren Preis besteht, den der Kunde online nach Buchung auf einem konkurrierenden Portal aufgefunden hat.[664]

Inwieweit sich solch wettbewerbsbeschränkende Effekte durch Preisparitätsklauseln einstellen, ist stark vom Einzelfall und insbesondere davon abhängig, wie marktstark der sie einsetzende Portalbetreiber ist, wie viele Portalbetreiber sie auf einem gemeinsamen Markt ebenfalls einsetzen und ob ein wesentlicher Teil desselben dadurch abgedeckt wird.[665] In der Regel überwiegen jedoch die schädigenden Effekte von Preisparitätsklauseln.

C. Kartellrechtliche Einordnung

I. Verstoß gegen Art. 101 Abs. 1 AEUV

Preisparitätsklauseln können als wettbewerbsbeschränkende Vereinbarungen unter das Kartellverbot des Art. 101 Abs. 1 AUEV fallen.

1. Wettbewerbsbeschränkende Vereinbarung

Eine Vereinbarung zwischen zwei Unternehmen liegt bei den Preisparitätsklauseln regelmäßig vor, die Bestandteil des Vertrags über die Portaldienstleistung wird. Zudem liegt bei einer Preisparitätsklausel durch die zumindest mittelbare Preisbindung, die Beschränkungen des Anbieterwettbewerbs und des Portalwettbewerbs sowie die damit einhergehenden Marktausschließungseffekte, regelmäßig eine Wettbewerbsbeschränkung i.S.d. Art. 101 Abs. 1 AEUV vor.[666]

---

663 BKartA, Beschl. v. 22.12.2015, Az. B9-121/13 – *Booking.com*, Rn. 222.
664 BKartA, Beschl. v. 22.12.2015, Az. B9-121/13 – *Booking.com*, Rn. 222.
665 *Böni/Wassmer*, EWS 2016, S. 241, 243; *Tamke*, WuW 2015, S. 594, 598.
666 Vgl. oben § 9 B. II.

2. Bezweckte oder bewirkte Wettbewerbsbeschränkung

Fraglich ist gleichwohl, ob es sich bei Preisparitätsklauseln um eine bezweckte oder lediglich um eine bewirkte Wettbewerbsbeschränkung handelt. Hier kommt es entscheidend auf die wettbewerbsbeschränkende Tendenz oder Zielsetzung an. Maßgeblich sind dabei die objektiv verfolgten Ziele und das wettbewerbsbeschränkende Potential der Maßnahme und nicht der subjektive Wille.[667] Insbesondere Absprachen, die von Natur aus oder schon ihrer Art nach zu negativen Auswirkungen am Markt führen, fallen darunter.[668] Hier muss zwischen den unterschiedlichen Erscheinungsformen differenziert werden. Bei echten Preisparitätsklauseln kommt es zu einer verbindlichen und unmittelbaren Preisbindung, sodass eine Einordnung als bezweckte Wettbewerbsbeschränkung nahe liegt.[669] Bei unechten Preisparitätsklauseln kommt es hingegen nur zu einer mittelbaren Preisbindung und die Auswirkungen auf den Wettbewerb sind nicht ausschließlich wettbewerbsbeschränkend, sodass nicht ohne Weiteres von einer bezweckten Wettbewerbsbeschränkung ausgegangen werden kann und mithin geprüft werden muss, ob eine solche bewirkt wird.[670] Hierfür muss die Vereinbarung tatsächliche oder wahrscheinlich nachteilhafte objektive Auswirkungen auf mindestens einen Wettbewerbsparameter haben.[671] Dies ist durch die negativen Auswirkungen auf den Provisionswettbewerb der Plattformbetreiber, den potentiellen Wettbewerb der

---

667 *Emmerich*, in: Immenga/Mestmäcker, EU-Wettbewerbsrecht Bd. 1, Art. 101 Abs. 1 AEUV, Rn. 174.

668 M.w.N. *Krauß*, in: Langen/Bunte, Bd. 1, § 1 GWB, Rn. 165.

669 *Böni/Wassmer*, EWS 2016, S. 241, 243; *Tamke*, WuW 2015, S. 594, 599; auch *Soyez*, NZKart 2014, S. 447, 448, der gleichwohl ohne Binnendifferenzierung jegliche Meistbegünstigungsklausel als „bezweckte Wettbewerbsbeschränkung in Reinform" ansieht.

670 So auch *Böni/Wassmer*, EWS 2016, S. 241, 243; *Tamke*, WuW 2015, S. 594, 599. A.A. *Eufinger*, K&R 2014, S. 307, 309; *Galle/Nauck*, WuW 2014, S. 587, 589. Nach deren Ansicht ist in jeglicher Form von Bestpreisklauseln keine bezweckte, sondern lediglich eine bewirkte Wettbewerbsbeschränkung zu sehen. Diese Auffassung überzeugt aus zwei Gründen nicht. Zum einen differenziert sie nicht zwischen einer echten und einer unechten Bestpreisklausel und deren unterschiedlichen Wirkungsweisen. Zum anderen übersieht sie – völlig unabhängig von der Einordnung als Kernbeschränkung i.S.d. Vertikal-GVO – dass echte Bestpreisklauseln die enumerative Kernbeschränkung des Art. 101 Abs. 1 lit. a AEUV verwirklichen und als solche eine Hardcore-Beschränkung darstellen.

671 *Glöckner*, Rn. 352.

Plattformbetreiber aufgrund des erschwerten Marktzugangs, sowie der möglichen Beschränkung der Anbieter in ihrer Preisgestaltung gegeben.

Im Ergebnis handelt es sich nach der hier vertretenen Auffassung jedenfalls bei echten Preisparitätsklauseln um bezweckte Wettbewerbsbeschränkungen und bei unechten Preisparitätsklauseln zumindest um bewirkte Wettbewerbsbeschränkungen und mithin um Vereinbarungen, die gegen Art. 101 Abs. 1 AEUV verstoßen.

3. Anwendbarkeit des Handelvertreterprivilegs

Plattformbetreiber treten im Verhältnis zu den Anbietern und Abnehmern der auf der Plattform vertriebenen Waren und Dienstleistungen als Vermittler auf. Sie stellen die Plattform für die Anbieter und Abnehmer der Produkte zur Verfügung.

Es stellt sich die Frage, ob diese als Handelsvertreter einzustufen sind und als solche von der von EuGH[672] und Kommission[673] anerkannten tatbestandlichen Privilegierung profitieren.[674]

a) Unterscheidung „echter" und „unechter" Handelsvertreter

Unterschieden wird zwischen sog. „echten" und „unechten" Handelsvertretern.[675] Demnach soll es sich nicht um Absprachen i.S.d. Art. 101 Abs. 1 AEUV zwischen zwei Unternehmen handeln und es liegt bereits kein unabhängiges Marktverhalten vor, soweit Absatzmittler und Geschäftsherr (Prinzipal) eine „wirtschaftliche Einheit" bilden.[676] In diesen Fällen fehlt es an der Schutzbedürftigkeit der Absatzmittler und die Anwendung des Kartellverbots ginge fehl. Absprachen zwischen dem Geschäftsherrn und dem unechten Handelsvertreter können hingegen in den Anwendungsbereich des Kartellverbots fallen, sind gleichwohl freistellungsfähig, wie sich aus Art. 1 Abs. 1 lit. h Vertikal-GVO ergibt.

---

672 Vgl. EuGH v. 14.12.2006, Rs. C-217/05 – *CEPSA I*, Slg. 2006, I-12018; v. 11.9.2008, Rs. C-279/06 – *CEPSA II*, Slg. 2008, I-6716.

673 Vertikalleitlinien, Rn. 12 ff.

674 Dazu ausführlich m.w.N. *Kumkar*, S. 194 ff.; *Stauber*, NZKart 2015, S. 423 ff.

675 *Emmerich*, in: Immenga/Mestmäcker, EU-Wettbewerbsrecht Bd. 1, Art. 101 Abs. 1 AEUV, Rn. 185 ff.

676 EuGH v. 4.5.1988, Rs. 30/87 – *Bodson*, Slg. 1988, 2479.

b) Abgrenzungskriterium der Risikoverteilung

Lange Zeit war umstritten, mithilfe welcher Kriterien echte privilegierte Handelsvertreterverhältisse von unechten unterschieden werden können.[677]

Inzwischen ist der Streit ausgetragen und als maßgebliches Kriterium hat sich die Risikoverteilung etabliert. Sowohl BGH[678] als auch EuGH[679] und Kommission[680] stellen dabei zur Abgrenzung von echten, privilegierten zu unechten Handelsvertreterverhältnissen darauf ab, wer die finanziellen und kommerziellen Risiken des Vermittlungsgeschäfts trägt.

c) Auffassung des BKartA im HRS-Beschluss

Das BKartA verneinte im Beschluss *HRS*[681] die Einordnung von Hotelplattformen als echten Handelsvertretern. Dies begründete es damit, dass Preisparitätsklauseln nicht das Verhalten von HRS als eigentlicher Handelsvertreterin einschränken würde, sondern vielmehr dasjenige der Hoteliers, der vermeintlichen Geschäftsherren.[682] Eine Unselbständigkeit von HRS scheide vor diesem Hintergrund aus. Zudem trage HRS sein eigenes wirtschaftliches und finanzielles Risiko.[683] Das BKartA verweist zugleich auf eine Entscheidung *Vlaamse Reisbureaus* des EuGH[684] aus dem Jahr 1987, in dem der Gerichtshof entschieden hatte, dass auf Reisevermittler, die touristische Leistungen – wie beispielsweise Hotelzimmer – vermitteln, das Kartellverbot Anwendung findet. Demnach seien Plattformbetreiber keine echten (abhängigen) Handelsvertreter. Da sie für eine Vielzahl von Hoteliers eine selbstständige Dienstleistungstätigkeit erbringen, seien sie vielmehr als unabhängige Zwischenpersonen anzusehen.[685]

---

677 Ausführlich zur historischen Entwicklung, *Emmerich*, in: Immenga/Mestmäcker, EU-Wettbewerbsrecht Bd. 1, Art. 101 Abs. 1 AEUV, Rn. 188 ff.; *Kumkar*, S. 197 ff.

678 BGH v. 15.4.1986, Az. KVR 3/85 – *Telefunken*, NJW 1986, 2954; v. 2.2.1999, Az. KZR 11/97 – *Sixt*, NJW 1999, 2671.

679 EuGH v. 14.12.2006, Rs. C-217/05 – *CEPSA I*, Slg. 2006, I-12018; v. 11.9.2008, Rs. C-279/06 – *CEPSA II*, Slg. 2008, I-6716.

680 Vgl. Vertikalleitlinien, Rn. 12 ff.

681 BKartA, Beschl. v. 20.12.2013, B 9-66/10 – *HRS*, Rn. 145 ff.

682 BKartA, Beschl. v. 20.12.2013, B 9-66/10 – *HRS*, Rn. 147.

683 BKartA, Beschl. v. 20.12.2013, B 9-66/10 – *HRS*, Rn. 148.

684 EuGH v. 1.10.1987, Rs. C-311/85 – *Vlaamse Reisbureaus*, Slg. 1987, 3801.

685 BKartA, Beschl. v. 20.12.2013, B 9-66/10 – *HRS*, Rn. 149.

d) OLG Düsseldorf Entscheidung Expedia

Auch das OLG Düsseldorf lehnte in der jüngsten Entscheidung *Expedia*[686] zu Preisparitätsklauseln ein solches echtes Handelvertreterverhältnis ab. Es stellte hierbei ebenfalls auf die Vielfachvertretung ab, die einer Stellung als integriertes Hilfsorgan entgegenstehe, und verwies ebenfalls auf die Entscheidung des EuGH *Vlaamse Reisbureaus*.[687] Als unabhängige Zwischenpersonen seien Hotelportale unechte Handelsvertreter und profitieren demnach nicht vom Handelsvertreterprivileg.[688]

e) Stellungnahme

Die Argumentation des BKartA und des OLG Düsseldorf vermag nicht zu überzeugen.[689] Die Einordnung als echter Handelsvertreter ist nach Rechtsprechung und Literatur am Kriterium des wirtschaftlichen Risikos zu messen. Hier betont das BKartA die Kosten der Plattformbetreiber für Werbung, Aufbau und Entwicklung der Website und des vertraglichen Netzwerks mit einer Vielzahl von Hoteliers und Kooperationspartnern.[690] Diese Risiken sind jedoch vielmehr solche, die mit der „Erbringung von Handelsvertreterleistungen generell zusammenhängen, wie z. B. die Abhängigkeit des Einkommens des Handelsvertreters von seinem Erfolg als Vertreter oder von allgemeinen Investitionen in Geschäftsräume oder Personal"[691] Solche Risiken sind bereits nach Auffassung der Kommission für die Würdigung irrelevant. Diese stellen insbesondere auch keine marktspezifischen Investitionen dar, welche regelmäßig als versunkene Kosten nicht für andere Geschäfte genutzt werden können.[692] Zudem muss der Handelsvertreter vom Geschäftsherrn zur Übernahme der Kosten verpflichtet sein.[693] An alledem fehlt es hier, da sich die Investitionen in Werbung, Aufbau des Vertragnetzes mit den Hoteliers, Betreiben und Wartung der Plattfom insgesamt als freiwillige Invesionen darstellen, die sich regelmä-

---

686 OLG Düsseldorf v. 4.12.2017, VI-U (Kart) 5/17 – *Expedia*, WuW 2018, S. 88.
687 OLG Düsseldorf v. 4.12.2017, VI-U (Kart) 5/17 – *Expedia*, WuW 2018, S. 88, 90.
688 OLG Düsseldorf v. 4.12.2017, VI-U (Kart) 5/17 – *Expedia*, WuW 2018, S. 88, 90.
689 So auch hinsichtlich der Auffassung des BKartA im Beschluss *Expedia*, *Kumkar*, S. 202 ff.; *Stauber*, NZKart 2015, S. 423 ff.
690 BKartA, Beschl. v. 20.12.2013, B 9-66/10 – *HRS*, Rn. 148.
691 Vertikalleitlinien, Rn. 15.
692 *Kumkar*, S. 206.
693 Vertikalleitlinien, Rn. 16 lit. e.

ßig durch vielfältige Vertragsabschlüsse amortisieren und letztlich mit der Erbringung von Plattformvermittlungsleistungen generell zusammenhängen.[694]

Zudem lehnte das BKartA sowie das OLG Düsseldorf eine Einordnung als echten Handelsvertreter von Hotelbuchungsportalen aufgrund der Mehrfachvertretung unterschiedlicher Hoteliers ab. Dabei verwiesen beide auf die Entscheidung *Vlaamse Reisbureaus* des EuGH.

Im Ergebnis widerspricht dies jedoch der Auffassung der Kommission[695] und dem EuG[696], welche die Mehrfachvertretung ausdrücklich für unschädlich erachten. Dies entspricht auch der überwiegenden Auffassung der Literatur.[697] Vor dem Hintergrund, dass auch der EuGH in der Folge das wirtschaftliche und finanzielle Risiko als maßgeblich für die Beurteilung in den Vordergrund stellte, kann angenommen werden, dass die über 30-jährigen Ausführungen als überholt angesehen werden können.[698]

Im Ergebnis ist dieser Streit gleichwohl für die Beurteilung von Preisparitätsklauseln als wettbewerbsbeschränkenden Abreden i.S.d. Art. 101 Abs. 1 AEUV unbeachtlich. Denn unabhängig davon, ob die Plattformbetreiber als echte Handelsvertreter zu behandeln sind, muss hinsichtlich der Rechtsfolgen der Privilegierung und der unterschiedlichen Märkte getrennt werden.[699] Beschränkungen des echten Handelsvertreters auf dem Produktmarkt sind von der Privilegierung grundsätzlich erfasst und nicht am Kartellverbot zu messen. Darunter fallen insbesondere Gebiets- und Kundenbeschränkungen sowie Preis- und Konditionenbindungen.

Davon zu trennen sind jedoch Beschränkungen des Handelsvertreters auf dem Markt für Vermittlungsleistungen, also solche, die das Verhältnis zum Geschäftsherrn betreffen. Hinsichtlich dieser ist das Kartellverbot auch bei echten Handelsvertretern vollumfänglich anwendbar.[700] Hierbei handelt es sich beispielsweise um Alleinvertriebsklauseln, Wettbewerbsver-

---

694 So auch *Kumkar*, S. 206; ähnlich *Stauber*, NZKart 2015, S. 423, 426.
695 Vertikalleitlinien, Rn. 13.
696 EuG v. 15.7.2015, Rs. T-418/10 – *Voestalpine*, ECLI:EU:T:2015:516, Rn. 151 ff.
697 Vgl. *Eilmannsberger/Kruis*, in: Streinz, Art. 101 AEUV, Rn. 229; *Jestaedt/Zöttl*, in: MüKo Bd. 1 EU-Wettbewerbsrecht, Art. 1 GVO Nr. 330/2010, Rn. 90; *Kumkar*, S. 212 f.; *Schultze/Pautke/Wagener*, Art. 1 Abs. 1 lit. h, Rn. 278.
698 So auch *Kumkar*, S. 213; ähnlich *Stauber*, NZKart 2015, S. 423, 428.
699 *Emmerich*, in: Immenga/Mestmäcker, EU-Wettbewerbsrecht Bd. 1, Art. 101 Abs. 1 AEUV, Rn. 192 f.; *Kumkar*, S. 217.
700 *Emmerich*, in: Immenga/Mestmäcker, EU-Wettbewerbsrecht Bd. 1, Art. 101 Abs. 1 AEUV, Rn. 192; vgl. auch Vertikalleitlinien, Rn. 19.

bote oder Markenzwangklauseln.[701] Erst recht muss das Kartellverbot für Absprachen in Form von Preisparitätsklauseln gelten, die von dem Handelsvertreter gegenüber dem Geschäftsherrn ausgesprochen werden und diesen in seiner Preissetzungsfreiheit binden.[702]

f) Zwischenergebnis

Entgegen der Auffassung von BKartA und OLG Düsseldorf sind Plattformbetreiber als echte Handelsvertreter anzusehen, die grundsätzlich auch vom Handelsvertreterprivileg profitieren können. Die Einordnung kann im Falle von Preisparitätsklauseln letztlich jedoch dahinstehen, da Beschränkungen auf dem Markt für Vermittlungsleistungen zwischen Handelsvertreter und Geschäftsherrn jedenfalls am Kartellverbot zu messen sind.

II. Gruppenfreistellung nach der Vertikal-GVO

In Betracht kommt jedoch eine Gruppenfreistellung nach Art. 101 Abs. 3 AEUV i.V.m. Art. 2 Vertikal-GVO. Hierfür müsste es sich zunächst bei Preisparitätsklauseln um eine vertikale Vereinbarung gemäß Art. 1 lit. a Vertikal-GVO handeln, die Marktanteilsschwelle von 30% nach Art. 3 Abs. 1 Vertikal-GVO dürfte nicht überschritten und zudem keine Kernbeschränkung i.S.d. Art. 4 Vertikal-GVO verwirklicht worden sein.

1. Vertikale Vereinbarung i.S.d. Art. 1 Abs. 1 lit. a Vertikal-GVO

Um in den Anwendungsbereich der Vertikal-GVO zu fallen, müsste es sich bei Preisparitätsklauseln zunächst um eine vertikale Vereinbarung nach Art. 1 Abs. 1 lit. a Vertikal-GVO[703] handeln. Im Fall *HRS* legte dies das Bundeskartellamt, ohne weitere Ausführungen zu machen, als gegeben zu-

---

701 *Emmerich*, in: Immenga/Mestmäcker, EU-Wettbewerbsrecht Bd. 1, Art. 101 Abs. 1 AEUV, Rn. 192.
702 Ähnlich *Kumkar*, S. 217.
703 Diese wird legaldefiniert als „[...] eine Vereinbarung oder abgestimmte Verhaltensweise, die zwischen zwei oder mehr Unternehmen, von denen jedes für die Zwecke der Vereinbarung oder der abgestimmten Verhaltensweise auf einer anderen Ebene der Produktions- oder Vertriebskette tätig ist, geschlossen wird

grunde.[704] Dies ist jedoch nicht unproblematisch. Zwar befinden sich der Portalbetreiber und der Anbieter auf unterschiedlichen Stufen einer Vertriebskette, jedoch wirkt sich die vereinbarte Preisparitätsklausel nicht im Vertikalverhältnis zwischen Anbieter und Portalbetreiber aus, sondern lediglich im Verhältnis zwischen Anbieter und Abnehmer.[705]

a) Voraussetzung eines „inneren Zusammenhangs" als ungeschriebenes Tatbestandsmerkmal?

Es stellt sich somit die Frage, ob sich die vertikale Absprache gerade auf die vom Anbieter bereitgestellten Waren oder Dienstleistungen beziehen muss. Das OLG Düsseldorf[706] in den Verfahren *HRS* und *Booking.com* sowie das BKartA im Verfahren gegen *Booking.com*[707] griffen die Frage zwar auf, konnten sie jedoch im Ergebnis offen lassen. In der Literatur wird dies hingegen teilweise vertreten und es wird ein „innerer Zusammenhang" zwischen der vertikalen Vereinbarung und der Austauschbeziehung im Vertikalverhältnis gefordert.[708] Dieser fehle hier, da sich die Klausel auf Bedingungen des Weiterverkaufs auf dem Absatzmarkt beziehe und auf diesem der Portalbetreiber und der Anbieter eben gerade in keinem Wettbewerbsverhältnis ständen.[709] Preisparitätsklauseln stellten somit zwar eine Vertikalbeschränkung dar, diese würde jedoch nicht in den Anwendungsbereich der Vertikal-GVO fallen und somit lediglich über Art. 101 Abs. 3 AEUV einzelfreistellungsfähig sein.

---

und die die Bedingungen betrifft, zu denen die beteiligten Unternehmen Waren oder Dienstleistungen beziehen, verkaufen oder weiterverkaufen dürfen".
704 BKartA, Beschl. v. 20.12.2013, B 9-66/10 – *HRS*, Rn. 179 f.
705 So auch das OLG Düsseldorf v. 9.1.2015, VI-Kart 1/14 (V) – *HRS*, NZKart 2015, S. 148, 151; diese Auffassung bestätigend, OLG Düsseldorf, Beschl. v. 4.5.2016, Az. VI-Kart 1/16 (V) – *Booking.com*, NZKart 2016, S. 291, 294 f.
706 OLG Düsseldorf v. 9.1.2015, VI-Kart 1/14 (V) – *HRS*, NZKart 2015, S. 148, 151; OLG Düsseldorf, Beschl. v. 4.5.2016, Az. VI-Kart 1/16 (V) – *Booking.com*, NZKart 2016, S. 291, 294 f.
707 BKartA, Beschl. v. 22.12.2015, Az. B9-121/13 – *Booking.com*, Rn. 245 ff.
708 Diesen fordernd *Fiebig*, WuW 2013, S. 812, 825; NZKart 2014, S. 122, 126; *Veelken*, in: Immenga/Mestmäcker, Wettbewerbsrecht EG, 4. Aufl. 2007, Vertikal GVO, Rn. 78; *Bechtold/Bosch/Brinker/Hirsbrunner*, EG Kartellrecht, 2. Aufl., Art. 2 VO 2790/1999, Rn. 10; *dos Santos Goncalves*, GWR 2015, S. 435, 427 f; *Schultze/Pautke/Wagener*, Art. 1 Abs. 1 lit. a, Rn. 142.
709 *Fiebig*, WuW 2013, S. 812, 825 ff.

b) Auffasung des OLG Düsseldorf im Verfahren Expedia

Dieser Auffassung trat das OLG Düsseldorf unlängst im Fall *Expedia*[710] entschieden entgegen. Während es die Frage in den Verfahren *HRS* und *Booking.com* noch aufgrund zu hoher Marktanteile, welche die Anwendbarkeit der Vertikal-GVO ausschlossen, unbeantwortet lassen konnte, musste es sie nun abschließend beantworten. Es sah die in Rede stehenden Paritätsklauseln als Teil einer Vertikalvereinbarung i.S.v. Art. 1 Abs. 1 lit. a Vertikal-GVO an, indem es sie als unechte Handelvertreterverträge einordnete, die als solche durch Art. 1 Abs. 1 lit. h Vertikal-GVO ebenfalls in den Anwendungsbereich der Vertikal-GVO fallen. So sei für die Eröffnung des Anwendungsbereichs nicht die Vermittlung der Portale, sondern vielmehr die jeweilige Hotelleistung in den Blick zu nehmen.[711] Die Paritätsklauseln beschränken dabei die wettbewerbliche Handlungsfreiheit der Hoteliers.[712] Zu diesen stehen die Portalbetreiber auch in einem Vertikalverhältnis. Zwar beschränken sich die Portalbetreiber auf reine Vermittlungsleistungen, über Art. 1 Abs. 1 lit. h Vertikal-GVO sei der notwendige vertikale Zusammenhang jedoch hergestellt.[713] Sowohl enge als auch weite Paritätsklauseln seien demnach vertikale Vereinbarungen und aufgrund der aus ihnen resultierenden Gleichbehandlungspflicht auch vertikale Beschränkungen nach Art. 1 Abs. 1 lit. b Vertikal-GVO.[714]

c) Stellungnahme

Wenngleich es sich nach der hier vertretenen Auffassung bei den in Rede stehenden Hotelportalen nicht um unechte Handelsvertreter handelt[715], ist dem OLG im Ergebnis zu folgen. Gegen eine restriktive Auslegung des Art. 1 Abs. 1 lit. a Vertikal-GVO spricht zunächst schon der Wortlaut, der keinen inneren Zusammenhang voraussetzt.[716] Weiterhin werden auch systematische Argumente gegen das Erfordernis eines inneren Zusammen-

---

710 OLG Düsseldorf v. 4.12.2017, VI-U (Kart) 5/17 – *Expedia*, WuW 2018, S. 88, 89 f.

711 OLG Düsseldorf v. 4.12.2017, VI-U (Kart) 5/17 – *Expedia*, WuW 2018, S. 88, 89 f.

712 OLG Düsseldorf v. 4.12.2017, VI-U (Kart) 5/17 – *Expedia*, WuW 2018, S. 88, 90.

713 OLG Düsseldorf v. 4.12.2017, VI-U (Kart) 5/17 – *Expedia*, WuW 2018, S. 88, 90.

714 OLG Düsseldorf v. 4.12.2017, VI-U (Kart) 5/17 – *Expedia*, WuW 2018, S. 88, 90.

715 Vgl. oben § 9 C. I. 3.

716 So auch *Böni/Wassmer*, EWS 2016, S. 241, 244; *Ellger*, in: Immenga/Mestmäcker, EU-Wettbewerbsrecht Bd. 1, Art. 2 Vertikal-GVO, Rn. 17; *Tamke*, WuW 2015, S. 594, 600.

hangs angeführt. So bedeutet die Gruppenfreistellung einer vertikalen Vereinbarung nicht, dass man im Falle von nachteiligen Auswirkungen, die sich erst später zeigen, nachträglich nicht mehr darauf reagieren kann und einmal freigestelltes Verhalten immer freigestellt bleiben muss. Denn für die Kartellbehörden besteht gem. § 32 GWB die Möglichkeit, den Vorteil der Gruppenfreistellung nachträglich wieder zu entziehen.[717] Ein systematisches Bedürfnis für ein solches Korrektiv im Rahmen des Anwendungsbereichs ist somit nicht vorhanden. Letztlich spricht auch der Sinn und Zweck der Vertikal-GVO gegen das Erfordernis eines inneren Zusammenhangs. Dieser sieht vor, alle vertikalen Vereinbarungen, die unterhalb der 30%-Marktanteilsschwelle liegen und keine Kernbeschränkung erfüllen, freizustellen, da diese regelmäßig zu Effizienzgewinnen führen, von denen auch die Verbraucher profitieren.[718] Als „Schirm"-GVO soll sie grundsätzlich sämtliche vertikale Absprachen erfassen. Art. 1 Abs. 1 lit. a Vertikal-GVO unterscheidet nicht, ob die Bedingungen nur den Bezug, Kauf oder Verkauf zwischen den beteiligten Unternehmen der Vereinbarung betreffen dürfen oder ob sie auch den Bezug, Kauf und Verkauf an Dritte oder von Dritten erfassen; daher sind grundsätzlich alle Möglichkeiten eingeschlossen.[719] Diesen Schutz der Vertikal-GVO zu verwehren, widerspräche der Zielsetzung der GVO.[720] Dies entspricht letztlich auch der Auffassung der Kommission in der Sektoruntersuchung, welche – ohne nähere Ausführungen zu machen – die Vertikal-GVO grundsätzlich auf Preisparitätsklauseln anwendbar erachtet.[721]

Selbst wenn man entgegen der hier vertretenen Ansicht einen inneren Zusammenhang fordern würde, dürfte dieser von den beiden Parteien durch die Vereinbarung selbst hergestellt werden – so wird der Portalbetreiber regelmäßig den Abschluss des Vertrags über die Portaldienstleistung von der Preisparitätsklauselabsprache abhängig machen.[722]

---

717 *Tamke*, WuW 2015, S. 594, 601; *Baron*, in: Loewenheim/Meessen/Riesenkampff/ Kersting/Meyer-Lindemann, Art. 2 Vert-GVO, Rn. 99, Rn. 178.

718 Vgl. Erwägungsgrund 8 Vertikal-GVO.

719 *Ellger*, in: Immenga/Mestmäcker, EU-Wettbewerbsrecht Bd. 1, Art. 4 Vertikal-GVO, Rn. 16 f.

720 OLG Düsseldorf v. 4.12.2017, VI-U (Kart) 5/17 – *Expedia*, WuW 2018, S. 88, 90; LG Köln v. 16.2.2017, Az. 88 O (Kart) 17/16 – *Bestpreisklauseln*, ZVertriebsR 2017, S. 265, 270 f.; *Böni/Wassmer*, EWS 2016, S. 241, 244; *Tamke*, WuW 2015, S. 594, 600 f.; a.A. *Kumkar*, S. 225.

721 Vgl. Kommission, Zwischenbericht Sektoruntersuchung E-Commerce, Rn. 568.

722 *Tamke*, WuW 2015, S. 594, 601; so auch das LG Köln, unter Bezugnahme auf *Tamke*, LG Köln v. 16.2.2017, Az. 88 O (Kart) 17/16 – *Bestpreisklauseln*, ZVertriebsR 2017, S. 265, 270.

Im Ergebnis handelt es sich bei Preisparitätsklauseln um eine vertikale Absprache i.s.d. Art. 1 Abs. 1 lit. a Vertikal-GVO.

2. Marktabgrenzung

Weiterhin dürfen die an der Absprachen beteiligten Unternehmen die Marktanteilsschwelle von 30% nicht überschreiten. Bei der Marktabgrenzung ist zwischen dem sachlichen Produktmarkt, dem geographischen und dem zeitlichen Markt stets zu unterscheiden.[723]

a) Produktmarkt

Die Bestimmung des sachlich relevanten Produktmarktes stellt sich im Zusammenhang mit Preisparitätsklauseln als Herausforderung dar.

aa) Herkömmliche Bestimmung des Produktmarktes

Der sachliche Markt wird i.d.R. nach dem Bedarfsmarktkonzept abgegrenzt. Dabei kommt es entscheidend auf die funktionelle Austauschbarkeit aus Sicht der Marktgegenseite an.[724] Der sachliche Markt umfasst dabei sämtliche Waren oder Dienstleistungen, die hinsichtlich ihrer Eigenschaften, des Preises und ihres Verwendungszwecks aus Sicht der Verbraucher als austauschbar bzw. substituierbar angesehen werden.[725] Zur Bestimmung der Austauschbarkeit wird dabei von den Unionsorganen regelmäßig die Kreuzpreiselastizität untersucht.[726] Diese lässt sich unter Zuhilfenahme des sogenannten SSNIP-Test (*small but significant non-transitory increase in price*)[727] beurteilen. Dahinter steht der Gedanke, dass sich die

---

723 *Glöckner*, Rn. 464.
724 *Bechtold/Bosch*, § 18, Rn. 6; *Glöckner*, Rn. 467.
725 *Bechtold/Bosch*, § 18, Rn. 6; *Bergmann/Fiedler*, in: Loewenheim/Meessen/Riesenkampff/Kersting/Meyer-Lindemann, Art. 102 AEUV, Rn. 38.
726 EuG v. 12.12.1991, Rs. T-30/89 – *Hilti*, Slg. 1991, II-1439 Rn. 40 ff.; Bekanntmachung der Kommission über die Definition des relevanten Marktes im Sinne des Wettbewerbsrechts der Gemeinschaft, Abl. 1997 Nr. C 372/5, Rn. 15.
727 Vgl. Bekanntmachung der Kommission über die Definition des relevanten Marktes im Sinne des Wettbewerbsrechts der Gemeinschaft, Abl. 1997 Nr. C 372/5, Rn. 15 ff.

Austauschbarkeit einer Ware oder Dienstleistung in der Reaktion der Marktgegenseite auf eine Preisanhebung zeigen muss. Bewirkt eine geringfügige, aber signifikante Preiserhöhung von 5 % bis 10 % eine Abwanderung der Marktgegenseite zu einer anderen Ware oder Dienstleistung, so deutet dies auf Ausweichmöglichkeiten und somit den sachlich gleichen Markt hin.[728] Modifiziert werden kann das Bedarfsmarktkonzept durch das Kriterium der Angebotsumstellungsflexibilität.[729] Demnach müssen im relevanten Markt Produkte von Anbietern mitberücksichtigt werden, die in der Lage sind, ohne spürbare Zusatzkosten oder Risiken in Kauf zu nehmen, durch kleine, dauerhafte Änderungen der relativen Preise, ihre Produktion auf die relevanten Produkte umzustellen und kurzfristig auf den Markt bringen zu können.[730]

bb) Exkurs: Sonderfall des mehrseitigen Marktes

Im Rahmen der Marktabgrenzung zur Bestimmung der Marktanteile stellt sich bei Preisparitätsklauseln das Problem des mehrseitigen Marktes (*multi-sided market*)[731]. Bei den hier in Rede stehenden Verwendern von Meistbegünstigungsklauseln handelt es sich um Plattformbetreiber. Diese stehen zum einen zu dem Endkunden in einer wirtschaftlichen bzw. vertraglichen Beziehung, indem dieser die Plattform zur Buchung nutzt. Hierbei handelt es sich um den sog. Produktmarkt.[732] Zum anderen besteht auch zwischen dem Anbieter der Leistungen, der diese auf der Plattform präsentieren und an die Endkunden veräußern kann, und dem Plattformbetrei-

---

728 *Bergmann/Fiedler*, in: Loewenheim/Meessen/Riesenkampff/Kersting/Meyer-Lindemann, Art. 102 AEUV, Rn. 41.

729 Vgl. Bekanntmachung der Kommission über die Definition des relevanten Marktes im Sinne des Wettbewerbsrechts der Gemeinschaft, Abl. 1997 Nr. C 372/5, Rn. 20 ff.

730 Vgl. Bekanntmachung der Kommission über die Definition des relevanten Marktes im Sinne des Wettbewerbsrechts der Gemeinschaft, Abl. 1997 Nr. C 372/5, Rn. 20.

731 Vgl. *Bergmann/Fiedler*, in: Loewenheim/Meessen/Riesenkampff/Kersting/Meyer-Lindemann, Art. 102 AEUV, Rn. 44, ein solcher liegt demnach vor, „wenn ein Unternehmen zwei verschiedene Produkte bzw. Dienstleistungen zwei verschiedenen Gruppen von Abnehmern anbietet, also eine Plattform für diese schafft, und zwischen diesen Gruppen indirekte Netzwerkeffekte bestehen, das heißt, dass die Nachfrage der einen Gruppe von der Nachfrage der anderen Gruppe abhängt und umgekehrt"; m.w.N. *Colangelo*, ECLP 2017, S. 3, 3 f.

732 *Dreher*, ZWeR 2009, S. 149, 161.

ber eine Austauschbeziehung. Hierbei handelt es sich um den sog. Vermittlungsmarkt.[733] Dabei sind Endkunde und Anbieter gleichermaßen Nachfrager der Portaldienstleistung; der Markt ist in diesem Fall zweiseitig.[734] Als zusätzliches gemeinsames Merkmal kommt regelmäßig hinzu, dass die Nutzung der Plattform für den Endkunden kostenfrei ist und die Vergütung ausschließlich durch den Anbieter erfolgt.[735] Es stellt sich somit die Frage, ob nur ein einzelner Markt vorliegt, der sich gleichsam auf zwei Seiten erstreckt oder ob es sich um zwei getrennte Märkte handelt.[736]

Im Grundsatz ist von einer getrennten Ermittlung der unterschiedlichen Austauschbeziehungen auszugehen.[737] Die Literatur differenziert jedoch ausnahmsweise zwischen Transaktionsmärkten (*two-sided transaction markets*) und Nicht-Transaktionsmärkten (*two-sided non-transaction markets*).[738] Kommt zwischen den beiden Nutzergruppen der Plattform eine Transaktion zustande, handelt es sich um einen Transaktionsmarkt und mithin um einen einzigen Markt.[739] Dies sei auch in Fällen von Hotelplattformmärkten anzunehmen. Die Kommission kam in ihrer Entscheidung *Travelport/Worldspan*[740] zu einer vergleichbaren Einschätzung. In der Entscheidung *MasterCard*[741] grenzte die Kommission hingegen zwei eigenständige, unabhängige Märkte ab, trotz Vorliegen eines zweiseitigen Marktes. Eine eindeutige Festlegung der Marktabgrenzung bei Plattformmärkten hat sich somit in der Entscheidungspraxis noch nicht gezeigt.

---

733 *Dreher*, ZWeR 2009, S. 149, 161.

734 Dazu ausführlich *Hamelmann/Haucap/Wey*, ZWeR 2015, S. 245, 251 f.; *Fiebig*, NZKart 2014, S. 122, 124.

735 Nach Ansicht von *Fiebig*, NZKart 2014, S. 122, 124, erfolgt dies jedoch nur vordergründig, da der Anbieter die verursachten Plattformkosten einpreisen wird, sodass letztlich wirtschaftlich der Endkunde die Kosten der Portaldienstleistung trägt.

736 *Bergmann/Fiedler*, in: Loewenheim/Meessen/Riesenkampff/Kersting/Meyer-Lindemann, Art. 102 AEUV, Rn. 45; *Lohse*, ZHR 2018, S. 321, 332; ausführlich m.w.N. zur sachlichen Marktabgrenzung bei Plattformen *Kumkar*, S. 113 ff.

737 m.w.N. *Kumkar*, S. 114.

738 Vgl. dazu ausführlich *Dewenter/Rösch/Terschüren*, NZKart 2014, S. 387, 388 ff.; *Filistrucchi/Geradin/van Damme/Affeldt*, JCLE 2014, S. 293, 296 ff.; *Hamelmann/Haucap/Wey*, ZWeR 2015, S. 245, 251 f.

739 *Filistrucchi/Geradin/van Damme/Affeldt*, JCLE 2014, S. 293, 301 ff.; so wohl auch *Kumkar*, S. 121 ff.

740 Entscheidung der Kommission v. 21.8.2007 – *Travelport/Worldspan*, ABl. 2007 C 3938, Rn. 42.

741 Entscheidung der Kommission v. 19.12.2007 – *MasterCard*, COMP/34.579 Rn. 257 ff.

Eine Herausforderung stellt die Anwendbarkeit des SSNIP-Tests bei zwei- oder mehrseitigen Märkten dar. So sieht die h.M. in der Literatur es wohl als notwendig an, den SSNIP-Test bei zweiseitigen Märkten anzupassen.[742] Dies liegt zum einen daran, dass eine der Marktseiten – i.d.R. die Konsumenten bzw. Endverbraucher – häufig keinen positiven monetären Preis zahlen, sondern sie stattdessen ihre Daten oder Aufmerksamkeit zur Verfügung stellen.[743] Ein hypothetischer Preisanstieg von 5-10% ist in diesen Fällen nicht möglich. Zudem zeigen Plattformen Kostenstrukturen mit hohen Fixkosten und niedrigen variablen Kosten. Der SSNIP-Test führt in derartigen Konstellationen tendenziell zu engen Marktabgrenzungen.[744]

Um die Wechselwirkungen der Marktseiten miteinbeziehen zu können wird insbesondere gefordert – neben den indirekten Netzwerkeffekten – auch die Veränderungen des Profits und zudem die Nachfragereaktion auf beiden Marktseiten beim Test mitzuberücksichtigen. Der praktischen Durchführbarkeit steht dabei entgegen, dass eine solche Modifizierung noch erheblich mehr Daten erforderlich machen würde, als sie bei der Durchführung des klassischen SSNIP-Tests ohnehin benötigt werden.[745]

Möglich bleibt nach Auffassung des BKartA gleichwohl die Anwendbarkeit des Bedarfsmarktkonzepts, da bei diesem die entsprechende Marktgegenseite auch aus einer Mehrzahl von Nutzergruppen bestehen kann.[746]

---

742 Dazu ausführlich *Evans/Noel,* JCLE 2008, S. 663; *Filistrucchi/Geradin/van Damme/Affeldt,* JCLE 2014, S. 293, 329 ff.; *Lohse,* ZHR 2018, S. 321, 334.

743 *Ellger,* ZWeR 2018, S. 272, 279; *Hamelmann/Haucap,* Ordnungspolitische Perspektiven: Kartellrecht und Wettbewerbspolitik für Online-Plattformen, DICE 2015, S. 9, abrufbar unter: http://www.dice.hhu.de/fileadmin/redaktion/Fakulta eten/Wirtschaftswissenschaftliche_Fakultaet/DICE/Ordnungspolitische_Perspek tiven/078_OP_Hamelmann_Haucap.pdf (Seite zuletzt besucht: 21.11.2019).

744 *Dewenter/Rösch/Terschüren,* NZKart 2014, S. 387, 390; *Hamelmann/Haucap,* Ordnungspolitische Perspektiven: Kartellrecht und Wettbewerbspolitik für Online-Plattformen, DICE 2015, S. 10, abrufbar unter: http://www.dice.hhu.de/fileadmi n/redaktion/Fakultaeten/Wirtschaftswissenschaftliche_Fakultaet/DICE/Ordnun gspolitische_Perspektiven/078_OP_Hamelmann_Haucap.pdf (Seite zuletzt besucht: 21.11.2019); *Lohse,* ZHR 2018, S. 321, 334 f.

745 *Dewenter/Rösch/Terschüren,* NZKart 2014, S. 387, 389 f.

746 Vgl. BKartA, Arbeitspapier – Marktmacht von Plattformen und Netzwerken, Juni 2016, Az. B6-113/15, S. 32, abrufbar unter: https://www.bundeskartellamt.de/ SharedDocs/Publikation/DE/Berichte/Think-Tank-Bericht.pdf?__blob=publicati onFile&v=2 (Seite zuletzt besucht: 21.11.2019); so auch *Lohse,* ZHR 2018, S. 321, 335.

Auch die Angebotsumstellungsflexibilität soll ergänzend herangezogen werden können.[747]

cc) Produktmarkt bei Preisparitätsklauseln im Fall HRS und Booking.com

Das Bundeskartellamt stellte in den Fällen *HRS*[748] und *Booking.com*[749], in denen es um die Preisparitätsklauseln einer Buchungsplattform für Hotels ging, auf den Markt für Vermittlungsdienstleistungen für Hotelbuchungsplattformen ab. Als austauschbar sind dabei nur Dienstleistungspakete anzusehen, die die kumulierten Möglichkeiten von „Suchen, Vergleichen und Buchen" bereitstellen.[750] Maßgeblich ist dabei die Sicht der Marktgegenseite, welche die Vermittlungsdienstleistungen der Portalbetreiber nachfragt.[751] Die Sicht der Abnehmer der angebotenen Leistung muss aufgrund der Zweiseitigkeit des Marktes gleichwohl mitberücksichtigt werden.[752] Diese Sichtweise wurde vom OLG Düsseldorf bestätigt.[753]

Diese sehr enge Abgrenzung blendet dabei aus, dass dem Anbieter alternative Vertriebsmöglichkeiten zur Verfügung stehen könnten.[754] Dabei ist zunächst zwar – in Ermangelung an ausreichender Substituierbarkeit – jeg-

747 Vgl. BKartA, Arbeitspapier – Marktmacht von Plattformen und Netzwerken, Juni 2016, Az. B6-113/15, S. 46 ff., abrufbar unter: https://www.bundeskartellamt.d e/SharedDocs/Publikation/DE/Berichte/Think-Tank-Bericht.pdf?__blob=publica tionFile&v=2 (Seite zuletzt besucht: 21.11.2019).
748 BKartA, Beschl. v. 20.12.2013, B 9-66/10 – *HRS*, Rn. 69 ff.
749 BKartA, Beschl. v. 22.12.2015, Az. B9-121/13 – *Booking.com*, Rn. 135 ff.
750 BKartA, Beschl. v. 20.12.2013, B 9-66/10 – *HRS*, Rn. 73; BKartA, Beschl. v. 22.12.2015, Az. B9-121/13 – *Booking.com*, Rn. 136 ff.; *Hossenfelder*, S. 35, 40.
751 BKartA, Beschl. v. 20.12.2013, B 9-66/10 – *HRS*, Rn. 69 ff.; bestätigt wurde dies durch die Entscheidung des OLG Düsseldorf, v. 9.1.2015, VI-Kart 1/14 (V) – *HRS*, NZKart 2015, S. 148.
752 Vgl. BKartA, Beschl. v. 20.12.2013, B 9-66/10 – *HRS*, Rn. 71 ff.; Beschl. v. 22.12.2015, Az. B9-121/13 – *Booking.com*, Rn. 136 ff. Wenngleich bei der Frage nach der Austauschbarkeit aus Hotelkundensicht, diese kaum Berücksichtigung findet und die Sicht der Hotels vorrangig behandelt wird, vgl. BKartA, Beschl. v. 20.12.2013, B 9-66/10 – *HRS*, Rn. 71 f.
753 OLG Düsseldorf v. 9.1.2015, VI-Kart 1/14 (V) – *HRS*, NZKart 2015, S. 148, 149; OLG Düsseldorf, Beschl. v. 4.5.2016, Az. VI-Kart 1/16 (V) – *Booking.com*, NZKart 2016, S. 291, 295; OLG Düsseldorf v. 4.12.2017, VI-U (Kart) 5/17 – *Expedia*, WuW 2018, S. 88, 91 f.
754 *Galle/Nauck*, WuW 2014, S. 587, 590; *Hamelmann/Haucap/Wey*, ZWeR 2015, S. 245, 252 ff.

liches Offline-Angebot auszugrenzen, gleichwohl könnten sich hier On-line-Reiseportale, Online-Reisebüros und Online-Reiseveranstalter als hinreichend austauschbar erweisen. Dafür spricht, dass der Übergang der Erscheinungsformen fließend ist und Preisparitätsklauseln auch im Online-Reisebereich eingesetzt werden.[755] Dagegen spricht jedoch, dass es sich insbesondere bei Online-Reisebüros und Reiseportalen um unterschiedliche Marktstufen handelt, da die Anbieter zu letzteren in der Regel keine direkten Vertragsbeziehungen unterhalten.[756] Zudem ist wohl auch eine hinreichende Austauschbarkeit abzulehnen. Unter Zuhilfenahme des SSNIP-Test muss die Frage aufgeworfen werden, ob ein hypothetischer Monopolist eine geringe, nicht vorübergehende Erhöhung des relativen Preises vornehmen könnte, ohne dass die Marktgegenseite auf ein konkurrierendes Produkt ausweichen würden. Im Fall *HRS* kam das Bundeskartellamt zu der Feststellung, dass eine Erhöhung der Provisionen des Unternehmens um mehr als 15% nicht dazu führte, dass die Anbieter die Plattform verließen.[757] Dies kann auf die Schwächen des SSNIP-Tests bei mehrseitigen Märkten zurückzuführen sein.[758] Insgesamt spricht jedoch viel für eine enge Marktabgrenzung, bei der Hotelportale mit ihrem Leistungsangebot von „Suchen, Vergleichen und Buchen" ihren eigenen Plattformprodukt-markt aus Sicht der Hoteliers bilden.[759]

b) Geographischer Markt

Der geographische Markt wird als „Gebiet, in dem die beteiligten Unternehmen die relevanten Produkte oder Dienstleistungen anbieten, in dem die Wettbewerbsbedingungen hinreichend homogen sind und das sich von benachbarten Gebieten durch spürbar unterschiedliche Wettbewerbs-bedingungen unterscheidet"[760] angesehen. Dies ist jeweils abhängig vom

---

755 *Galle/Nauck,* WuW 2014, S. 587, 590 f.
756 BKartA, Beschl. v. 20.12.2013, B 9-66/10 – *HRS,* Rn. 93, 96.
757 BKartA, Beschl. v. 20.12.2013, B 9-66/10 – *HRS,* Rn. 93, 96.
758 Vgl. dazu § 9 C. II. 2. a) bb).
759 So auch *Böni/Wassmer,* EWS 2016, S. 241, 243; *Fiebig,* NZKart 2014, S. 122, 125; *Galle/Nauck,* WuW 2014, S. 587, 591; *Tamke,* WuW 2015, S. 594, 599 f. A.A. *Stadler,* ZWeR 2016, S. 1, 4 ff.; *Hamelmann/Haucap/Wey,* ZWeR 2015, S. 245, 249.
760 EuGH v. 14.2.1978, Rs. 27/76 – *United Brands,* Slg. 1978, 207 Rn. 10/11.

Einzelfall. In den Verfahren *HRS*[761] und *Booking.com*[762] nahmen das Bundeskartellamt und diesem folgend das OLG Düsseldorf[763] einen nationalen und keinen europaweiten Hotelportalmarkt an.[764] Die ebenfalls enger gezogene geographische Marktabgrenzung sorgte dafür, dass dadurch der kritische Marktanteil der Unternehmen insgesamt höher lag.

3. Kernbeschränkung i.s.d. Art. 4 lit. a Vertikal-GVO

Weiterhin darf es sich bei Preisparitätsklauseln auch nicht um eine der Kernbeschränkungen des Art. 4 Vertikal-GVO handeln. In Betracht kommt bei Preisparitätsklauseln ausschließlich ein Verstoß gegen Art. 4 lit. a Vertikal-GVO, indem Preisparitätsklauseln den Abnehmer darin beschränken, seinen Verkaufspreis selbst festzusetzen. Insbesondere bei echten Preisparitätsklauseln wirken diese unmittelbar, bei unechten mittelbar wie Mindestpreise und erfüllen so auf den ersten Blick den Verbotstatbestand der Kernbeschränkung. Jedoch ist fraglich, ob auch hier der Art. 4 lit. a Vertikal-GVO überhaupt zur Anwendung kommen kann.

a) Anbieter als Abnehmer i.s.d. Art. 4 lit. a Vertikal-GVO

Hierfür müsste es sich bei den Anbietern der Waren oder Dienstleistungen um „Abnehmer" i.s.d. Art. 4 lit. a Vertikal-GVO handeln und bei den Plattformbetreibern um „Anbieter". Dies ist bei wortlautgetreuer Auslegung abzulehnen, denn durch Preisparitätsklauseln wird der Anbieter

---

761 BKartA, Beschl. v. 20.12.2013, B 9-66/10 – *HRS*, Rn. 108 ff.
762 BKartA, Beschl. v. 22.12.2015, Az. B9-121/13 – *Booking.com*, Rn. 152 ff.
763 OLG Düsseldorf, v. 9.1.2015, VI-Kart 1/14 (V) – *HRS*, NZKart 2015, S. 148, 150; OLG Düsseldorf v. 4.12.2017, VI-U (Kart) 5/17 – *Expedia*, WuW 2018, S. 88, 91 f.
764 Ebenfalls in einer jungen Entscheidung von einem deutschlandweiten Markt ausgehend, LG Köln v. 16.2.2017, Az. 88 O (Kart) 17/16 – *Bestpreisklauseln*, ZVertriebsR 2017, S. 265, 268; *Eufinger*, K&R 2014, S. 307, 311; *Hossenfelder*, S. 35, 40; Anders insbesondere *Galle/Nauck*, WuW 2014, S. 587, 592 f., die einen EU-weiten Markt annehmen und davon ausgehen, dass das BKartA im Fall *HRS* eine ergebnisorientierte Marktabgrenzung vorgenommen hat, da es mit einer engen deutschlandweiten Marktdefinition eine Marktanteilsschwelle von über 30% bei *HRS* annehmen und somit eine Gruppenfreistellung bereits nach Art. 3 Abs. 1 Vertikal-GVO ausschließen konnte, ohne auf die umstrittene Frage einzugehen, ob es sich bei Bestpreisklauseln um Kernbeschränkungen i.s.d. Art. 4 Vertikal-GVO handelt.

durch den Plattformbetreiber als Abnehmer der Waren oder Dienstleistungen in der Preissetzungsfreiheit beschränkt.[765] Diese Konstellation ist von Art. 4 lit. a Vertikal-GVO nicht erfasst. Selbst wenn man nun davon ausgeht, dass die Anbieter der Waren „Abnehmer" der Portalleistung und die Portalbetreiber Anbieter dieser Leistung seien, würden die Anbieter der Waren diese Portalleistung jedoch nicht weiterverkaufen. Es fehlt somit letztlich an einer Preisbindung zweiter Hand.[766] Teilweise wird die Ansicht vertreten, die Vorschrift sei dessen ungeachtet auf diese Konstellation anzuwenden.[767] Dies überzeugt jedoch nicht. Die Vorschrift des Art. 4 lit. a Vertikal-GVO sucht ausdrücklich die „Preisbindung der zweiten Hand" zu verhindern, bei denen der Abnehmer in seiner Preissetzungsfreiheit beschränkt wird. Bei Preisparitätsklauseln handelt es sich jedoch nicht um die typische Wiederverkaufssituation innerhalb einer Absatzkette, bei der der Hersteller seinem Abnehmer Mindestpreise vorschreibt, sondern – wie oben dargelegt – um eine Dreieckskonstellation, bei der der Plattformbetreiber als Intermediär den Anbieter der Waren oder Dienstleistungen in dessen Preissetzungsfreiheit beschränkt. Während ein Hersteller in seinen unterschiedlichen Vertriebssystemen regelmäßig ein besonderes Interesse an höheren Wiederverkaufspreisen seiner Händler hat, ist dieses Interesse bei Intermediären nicht deckungsgleich. Sie tragen aufgrund ihrer Stellung als digitale Handelsvertreter kein wirtschaftliches Risiko bei den konkreten Geschäftsabschlüssen. Dadurch verlagert sich aufgrund des zugrundeliegenden Provisionsmodells ihr Interesse dahin, möglichst niedrige Preise auf ihren Plattformen aufzurufen und so möglichst viele Vertragsabschlüsse verzeichnen zu können. Die Vergleichbarkeit zwischen der vertikalen Preisbindung und Preisparitätsklauseln liegt somit ausschließlich in

---

765 So auch OLG Düsseldorf v. 4.12.2017, VI-U (Kart) 5/17 – *Expedia*, WuW 2018, S. 88, 91; LG Köln v. 16.2.2017, Az. 88 O (Kart) 17/16 – *Bestpreisklauseln*, ZVertriebsR 2017, S. 265, 271; *Bodenstein*, GRUR-Prax 2010, S. 260, 262; *Böni/Wassmer*, EWS 2016, S. 241, 244; *Eufinger*, K&R 2014, S. 307, 310; *Kumkar*, S. 241 f.; *Tamke*, WuW 2015, S. 594, 602; *Walter*, ZWeR 2015, S. 157, 171.

766 So auch OLG Düsseldorf v. 4.12.2017, VI-U (Kart) 5/17 – *Expedia*, WuW 2018, S. 88, 91; LG Köln v. 16.2.2017, Az. 88 O (Kart) 17/16 – *Bestpreisklauseln*, ZVertriebsR 2017, S. 265, 271; *Bodenstein*, GRUR-Prax 2010, S. 260, 261; *Galle/Nauck*, WuW 2014, S. 587, 589; *Heyers*, GRUR-Int 2013, S. 409, 4011; *Soyez*, NZKart 2014, S. 447, 449 f.; *Tamke*, WuW 2015, S. 594, 602; *Walter*, ZWeR 2015, S. 157, 171.

767 *Bodenstein*, GRUR-Prax 2010, S. 260, 262; sowie *Heyers*, GRUR-Int 2013, S. 409, 4011, demnach genügt es, dass Anbieter und Abnehmer sich auf zwei unterschiedlichen Marktstufen befinden.

der (mittelbaren) Einschränkung der Preissetzungsfreiheit der Vertragspartner.

Dies deckt sich mit der Auffassung der Kommission in den Vertikalleitlinien[768]. In diesen wird deutlich, dass die Kommission ebenfalls ausschließlich die Konstellation der herstellerseitigen „Preisbindung der zweiten Hand" im Blick hatte, bei der der Abnehmer in seiner Preissetzungsfreiheit beschränkt wird.

Eine direkte Anwendung des Art. 4 lit. a Vertikal-GVO kann somit weder mit dem Wortlaut, dem Sinn und Zweck der Vorschrift, noch mit dem Verständnis der Europäischen Kommission in Einklang gebracht werden.

b) Extensive bzw. analoge Anwendung des Art. 4 lit. a Vertikal-GVO

Es stellt sich mithin die Frage, ob eine extensive Auslegung auf „vergleichbare" Fälle möglich ist. Zu dieser Ansicht gelangt jedenfalls das Bundeskartellamt, demzufolge die Wirkung von Preisparitätsklauseln der einer vertikalen Preisbindung vergleichbar ist.[769] Methodisch ist diese Erweiterung angreifbar. Denn eine extensive Auslegung nach Sinn und Zweck findet ihre Grenzen am Wortlaut der Norm, der – wie oben dargelegt – hierbei überschritten würde. In Betracht kommt somit nur eine Analogie.[770] Zunächst müsste es nach europäischem Recht die Zulässigkeit eines Analogieschlusses geben und überdies müssten dann auch die Voraussetzungen einer Analogie gegeben sein.

Das europäische Recht kennt das methodische Werkzeug der analogen Anwendung. Grundlage bildet dabei der allgemeine Gleichbehandlungsgrundsatz aus Art. 6 EUV, Art. 20, 21 GRCh, der es verbietet, gleiche Sachverhalte ungleich und ungleiche Sachverhalte gleich zu behandeln.[771] Jedoch kann eine analoge Lückenschließung dort nicht zur Anwendung kommen, wo ein Analogieverbot gilt.[772] Dies ist insbesondere im Sanktionenrecht der Fall, wo zwingend von dem allgemeinen Rechtsgrundsatz *sina poena sine lege scripta* auszugehen ist.[773] So wird auch in der Literatur übereinstimmend davon ausgegangen, dass es für eine analoge Anwen

---

768 Vertikalleitlinien, Rn. 48

769 BKartA, Beschl. v. 20.12.2013, B 9-66/10 – *HRS*, Rn. 93, 184.

770 So auch *Eufinger*, K&R 2014, S. 307, 310.

771 M.w.N. *Pieper*, in: Dauses/Ludwigs, B. I. 7., Rn. 185.

772 *Pieper*, in: Dauses/Ludwigs, B. I. 7., Rn. 185.

773 Vgl. EuGH v. 25.9.1984, Rs. 117/83 — *Könecke*, Slg. 1984, 3291 Rn. 11, 13, 16; v. 29.3.2011, Rs. C-352/09 – *Thyssen/Krupp*, ECLI:EU:C:2011:191 Rn. 80.

dung der Vertikal-GVO an der Zulässigkeit mangelt.[774] Dies deckt sich mit der Auffassung des EuGH, der eine Analogie im Rahmen von Gruppenfreistellungsverordnungen ebenfalls für unzulässig hält.[775] Teilweise wird dabei auf das strafrechtliche Analogieverbot verwiesen, zum Teil mit einem unzulässigen Eingriff in die Rechtsetzungsbefugnisse der Kommission und zusätzlich auf den Ausnahmecharakter der Gruppenfreistellungsverordnungen.[776] So scheitert eine analoge Anwendung des Art. 4 lit. a Vertikal-GVO auf Preisparitätsklauseln hier bereits an der Zulässigkeit eines Analogieschlusses.

Würde man entgegen der hier vertretenen Auffassung eine Analogie für zulässig erachten, müsste es sich demnach bei der Behandlung von Preisparitätsklauseln um eine planwidrige Regelungslücke handeln und eine vergleichbare Interessenlage wie bei der „Preisbindung der zweiten Hand" nach Art. 4 lit. a Vertikal-GVO vorliegen. Bereits die Planwidrigkeit der Regelungslücke muss bezweifelt werden. Denn den Kartellbehörden steht in den Fällen, in denen Preisparitätsklauseln wie eine Kernbeschränkung wirken, die Möglichkeit über Art. 29 Abs. 1 und 2 VO Nr. 1/2003[777] oder § 32d GWB offen, den Rechtsvorteil der Gruppenfreistellung im Einzelfall zu entziehen. Dies sorgt im Ergebnis zwar für eine Beweislastumkehr und die Behörden müssen nun den Nachweis der Schädlichkeit erbringen, doch darf diese nicht durch eine unzulässige Analogie umgangen werden.[778] So würde es bereits an der ersten Voraussetzung des Analogieschlusses – der planwidrigen Regelungslücke – fehlen.

Im Ergebnis kann auch im Wege einer Analogie die Kernbeschränkung des Art. 4 lit. a Vertikal-GVO nicht auf Preisparitätsklauseln angewendet werden. Trotz der vergleichbaren Schädlichkeit echter und unechter weiter Preisparitätsklauseln ist eine Anwendung der Kernbeschränkung des Art. 4 lit. a Vertikal-GVO nicht zulässig. Hier zeigt sich erneut die Problematik von Vertikalbeschränkungen im Internetvertrieb. Dabei manifestiert

---

774 *Bunte*, in: Langen/Bunte Bd. 2, 11. Aufl. 2010, Art. 81, Rn. 236; *Saria*, in: Liebscher/Flohr/Petsche, § 1, Rn. 95 f.; *Wiedemann*, in: Wiedemann, § 2, Rn. 21.

775 Vgl. EuGH v. 28.2.1991, Rs. C-234/89 – *Delimitis*, Slg 1991, I-935, S. 984, Rn. 55.

776 M.w.N. *Saria*, in: Liebscher/Flohr/Petsche, § 1, Rn. 95; im Ergebnis auch gegen eine analoge Anwendung, LG Köln v. 16.2.2017, Az. 88 O (Kart) 17/16 – *Bestpreisklauseln*, ZVertriebsR 2017, S. 265, 271.

777 Und nicht wie von *Tamke*, WuW 2015, S. 594, in Fn. 97 und *Böni/Wassmer*, EWS 2016, S. 241, in Fn. 57 angenommen nach Art. 6 Vertikal-GVO. Dieser ist nur auf Fälle anwendbar, „in denen mehr als 50% des relevanten Marktes von parallelen Netzen gleichartiger vertikaler Beschränkungen abgedeckt werden".

778 So auch *Tamke*, WuW 2015, S. 594, 602.

sich die Schwachstelle der Vertikal-GVO: die Unanwendbarkeit auf vertikale Sachverhalte, die von ihrer Wirkungsweise und Schädlichkeit zwar eine Kernbeschränkung darstellen, ein kartellrechtliches Verbot aufgrund der konkreten Ausgestaltung der Verordnung selbst jedoch bereits am Anwendungsbereich scheitert. Schon der Wortlaut berücksichtigt nur klassische Vertikalverhältnisse, vorliegend handelt es sich wegen der Stellung der Plattformbetreiber als Intermediäre jedoch um ein Dreiecksverhältnis.[779] Aufgrund der Vergleichbarkeit der wettbewerblichen Wirkungen von Preisparitätsklauseln, die ähnlich der Kernbeschränkung des Art. 4 lit. a Vertikal-GVO die Preissetzungsfreiheit des Anbieters beschränken können, die Vorschrift dennoch auf Preisparitätsklauseln anzuwenden, ist auf den ersten Blick verlockend, gleichwohl aus methodischen und rechtsstaatlichen Gründen zwingend abzulehnen. Dies führt zu dem Ergebnis, das Preisparitätsklauseln – ungeachtet ob echt oder unecht, weit oder eng – nach der hier vertretenen Ansicht zwangsläufig gruppenfreistellungsfähig sind.[780] Als *ultima ratio* bleibt den Kartellbehörden lediglich der nachträgliche Entzug der Gruppenfreistellung gem. Art. 29 Abs. 1 und Abs. 2 VO 1/2003 bzw. § 32d GWB.

Dies ist letzlich konsequent. Die unzureichende Ausgestaltung der Vertikal-GVO, die für den Bereich des Internetvertriebs in Teilen nicht kompatibel ist, darf nicht durch eine methodisch und rechtsstaatlich unzulässige Anwendung berichtigt werden. Eine Korrektur dieses unbefriedigenden Ergebnisses ist nur durch die entsprechende Überarbeitung der zukünftigen Vertikal-GVO zu lösen.

Eine nationale Regelung – wie sie teilweise von Mitgliedstaaten bereits geschaffen wurde – sollte keinesfalls Teil der Lösung sein. Vor dem Hintergrund der effektiven Durchsetzung des europäischen Kartellrechts, wäre dies ein reaktionärer Reflex, der dem Anspruch, einen harmonisierten europäischen Kartellrechtsraum zu schaffen, diametral entegegenstehen würde.

Kommt man entgegen der hier vertretenen Ansicht gleichwohl zu einer Anwendbarkeit des Art. 4 lit. a Vertikal-GVO auf Preisparitätsklauseln, muss zumindest zwischen den unterschiedlichen Erscheinungsformen und hinsichtlich des Umfangs unterschieden werden. Da lediglich die echte

---

779 So auch *Eufinger*, K&R 2014, S. 307, 310.
780 So auch *Kumkar*, S. 245 ff., die *de lege ferenda* für die Einführung eines offen ausgestalteten Art. 5a Vertikal-GVO plädiert, um Sachverhalte wie Bestpreisklauseln, die eine vergleichbare Wirkung wie Kernbeschränkungen entfalten, auch als solche erfassen zu können.

bzw. unechte weite Preisparitätsklausel eine der Preisbindung zweiter Hand vergleichbare Wirkung entfaltet, würde nur diese den Tatbestand der Kernbeschränkung nach Art. 4 lit. a Vertikal-GVO verwirklichen können. In Fällen der unechten bzw. engen Preisparitätsklauseln wäre hingegen keine Kernbeschränkung erfüllt, da dem Anbieter nach wie vor die eigenständige Preisbildung auf anderen Plattformen zugestanden wird und er lediglich hinsichtlich der Preissetzungsfreiheit auf seiner eigenen Website gebunden wird.[781]

III. Einzelfreistellung gemäß Art. 101 Abs. AEUV

Sofern man – entgegen der hier vertretenen Ansicht – zumindest echte bzw. weite Preisparitätsklauseln als Kernbeschränkungen i.S.d. Art. 4 lit. a Vertikal-GVO behandelt und ihnen somit das Privileg der Gruppenfreistellung verwehrt, die Gruppenfreistellung an der überschrittenen Marktanteilsschwelle scheitert oder bereits Preisparitätsklauseln in Ermangelung eines inneren Zusammenhangs nicht als vertikale Vereinbarung i.S.d. Art. 1 Abs. 1 lit. a Vertikal-GVO ansieht, schließt sich die Frage der Einzelfreistellung an. Eine solche wäre möglich, sofern die Anforderungen des Art. 101 Abs. 3 AEUV kumulativ erfüllt sind. Hinsichtlich der notwendigen Effizienzgewinne, als erster Voraussetzung der Einzelfreistellung, könnte die Beseitigung der Trittbrettfahrerproblematik angeführt werden.[782] Dem wird entgegengehalten, dass das Problem in der Natur des selbst gewählten Finanzierungsmodells liegt.[783] Erst durch das Provisionsmodell ohne Servicegebühr für die Nutzung des Portals kann es dazu kommen, dass sich möglicherweise vertragsspezifische Investitionen nicht amortisieren, indem potentielle Kunden auf dem Portal zwar die Ware oder Dienstleistung suchen und vergleichen, jedoch auf einem anderen Portal oder Kanal günstiger buchen.[784] Letztlich wird eine Einzelfreistellung wohl regelmäßig an der dritten Voraussetzung der Einzelfreistellung, der Unerlässlich-

---

781 So auch *Tamke*, WuW 2015, S. 594, 603.
782 *Böni/Wassmer*, EWS 2016, S. 244; *Galle/Nauck* WuW 2014, S. 587, 593; *Heinz*, ECLP 2016, S. 530, 536; *Stadler*, ZWeR 2016, S. 1, 10; *Wey*, WuW 2014, S. 119.
783 *Böni/Wassmer*, EWS 2016, S. 241, 244.
784 Das BKartA, Beschl. v. 20.12.2013, B 9-66/10 – *HRS*, Rn. 199, sieht bereits kein Trittbrettfahrerproblem und verneint jegliche Einzelfreistellungsvoraussetzung. Diese Auffassung bestätigte es auch in der Entscheidung *Booking.com* hinsichtlich enger Bestpreisklauseln, BKartA, Beschl. v. 22.12.2015, Az. B9-121/13 – *Booking.com*, Rn. 268 ff.

keit, scheitern. Denn allein ein alternatives Provisionsmodell – in Form von einer Service-Gebühr oder einem Pay-per-click-Modell – stellt regelmäßig ein milderes Mittel dar.[785] Dabei sollte jedoch berücksichtigt werden, dass in Einzelfällen Preisparitätsklauseln durchaus ihre Berechtigung finden könnten. Handelt es sich beispielsweise bei dem Portalbetreiber um einen Markteinsteiger, könnte dieser mit einer zeitlich begrenzten Preisparitätsklausel relativ rasch die notwendige kritische Masse an Anbietern und Nutzern gewinnen und mit einem erfolgreichen Markteintritt den Wettbewerb beleben.[786] In allen anderen Fällen scheint eine Preisparitätsklausel – in Form einer echten bzw. weiten Preisparitätsklausel – jedoch auch nicht einzelfreistellungsfähig.

IV. Missbrauch einer marktbeherrschenden Stellung, Art. 102 AEUV/ § 19 i.V.m. § 20 GWB

Neben dem Verstoß gegen das Kartellverbot kommt bei Preisparitätsklauseln zudem ein Missbrauch einer marktbeherrschenden Stellung nach Art. 102 AEUV bzw. § 19 Abs. 1, 2 Nr. 1 GWB in Betracht. Hierfür bedarf es einer marktbeherrschenden Stellung eines Unternehmens zumindest auf einem wesentlichen Teil des Binnenmarktes, die missbräuchlich ausgenutzt wird und dadurch die Gefahr begründet, den Handel zwischen Mitgliedstaaten zu beeinträchtigen.

Die Feststellung einer marktbeherrschenden Stellung hängt von den Umständen des Einzelfalles ab. Eine solche ist jedoch auf wettbewerbsintensiven Plattformmärkten i.d.R. nicht anzutreffen. Hinsichtlich der Marktabgrenzung kann dabei auf die obigen Ausführungen verwiesen werden.[787]

Sofern keine Marktbeherrschung[788] feststellbar ist, besteht im deutschen Kartellrecht über § 20 Abs. 1 i.V.m. § 19 Abs. 1 GWB die Möglichkeit, den Missbrauchstatbestand auf Unternehmen auszudehnen, soweit von ihnen kleine oder mittlere Unternehmen als Anbieter oder Nachfrager abhängig sind. Hier spricht man von einer marktstarken Stellung in Form von relativer Marktmacht im Vertikalverhältnis. Diese Abhängigkeit wird für kleine

---

785 BKartA, Beschl. v. 20.12.2013, B 9-66/10 – *HRS*, Rn. 217; *Hossenfelder*, S. 35, 42; dazu kritisch, *Hamelmann/Haucap/Wey*, ZWeR 2015, S. 245, 250.

786 So auch *Fiebig*, NZKart 2014, S. 122, 127.

787 Vgl. oben § 9 C. II. 2.

788 Zu deren Feststellung vgl. *Glöckner*, Rn. 484 ff.

oder mittlere Unternehmen angenommen, sofern für sie keine ausreichenden oder zumutbaren Möglichkeiten bestehen, auf andere Unternehmen auszuweichen. Die Zumutbarkeit bestimmt sich entscheidend an den individuellen wirtschaftlichen Nachteilen, welche sich für das Unternehmen durch das Ausweichen ergeben.[789] Dies ist abhängig von den konkreten Marktbegebenheiten. Unterschieden wird dabei zwischen der sortiments-, unternehmens-, knappheits- und nachfragebedingten Abhängigkeit.[790] Vorliegend kommt bei Plattformbetreibern die nachfragebedingte Abhängigkeit[791] in Betracht. Eine solche Abhängigkeit nahm das Bundeskartellamt im Falle *HRS* an, „da die kleinen und mittleren Hotelpartner als Nachfrager der HRS-Dienstleistungen in der Weise abhängig sind, dass ausreichende und zumutbare Möglichkeiten, ausschließlich auf andere Hotelportale auszuweichen, nicht bestehen"[792]. Ausschlaggebend für die Feststellung der Abhängigkeit war für das Bundeskartellamt insbesondere die Bekanntheit eines Vermittlungsportals wie *HRS* und dessen Ranking bei Suchmaschinen, welches kleinen und mittleren Hotels erst den Zugang zu einer Vielzahl an potentiellen Gästen bieten würde.[793] Zudem zeigte die Provisionserhöhung von *HRS*, die lediglich vereinzelt dazu führte, dass Hotels die Plattform verließen, deren Abhängigkeit von der Plattform.[794] Bei einem ähnlich ausgeprägten Markt können andere Anbieter demnach keine tatsächliche Absatzalternative bieten und keine angemessene Ausweichmöglichkeit darstellen. In Abhängigkeit konkreter Marktverhältnisse kann mithin eine marktstarke Stellung in Form der nachfragebedingten Abhängigkeit vorliegen.

Weiterhin bedarf es eines Missbrauchs der marktbeherrschenden oder marktstarken Stellung. Dafür muss es sich bei der Verwendung von Preisparitätsklauseln um eine unbillige Behinderung i.S.d. § 19 Abs. 2 Nr. 1 GWB handeln. Darunter wird jegliche Beeinträchtigung der Entfaltungs-

---

789 *Lettl*, § 9, Rn. 115.
790 *Glöckner*, Rn. 607 ff.; *Lettl*, § 9, Rn. 116 ff.
791 Nachfragebedingte Abhängigkeit liegt nach *Markert*, in: Immenga/Mestmäcker, GWB-Wettbewerbsrecht Bd. 2, § 20, Rn. 44, vor, „wenn Anbieter einer bestimmten Art von Waren oder gewerblichen Leistungen von Nachfragern dieser Waren oder Leistungen in der in [§ 20] Abs. 1 S. 1 bezeichneten Weise abhängig sind, d. h. im Verhältnis zu den als relativ marktmächtig i. S. von [§ 20] Abs. 1 in Betracht stehenden Nachfragern keine ausreichenden und zumutbaren Ausweichmöglichkeiten auf andere Nachfrager dieser Waren oder Leistungen haben".
792 BKartA, Beschl. v. 20.12.2013, Az. B 9-66/10 – *HRS*, Rn. 236.
793 BKartA, Beschl. v. 20.12.2013, Az. B 9-66/10 – *HRS*, Rn. 236.
794 BKartA, Beschl. v. 20.12.2013, Az. B 9-66/10 – *HRS*, Rn. 239.

freiheit im Wettbewerb verstanden.[795] Der Begriff ist weit auszulegen.[796] Durch die Benutzung von Preisparitätsklauseln muss mithin die wettbewerbliche Entfaltungsfreiheit der Anbieter auf Plattformen eingeschränkt werden. Preisparitätsklauseln bewirken, dass die Anbieter auf anderen Vertriebskanälen keine unterschiedlichen Konditionen und Preise verlangen können. Eine Einschränkung der wettbewerblichen Betätigungsfreiheit ist anzunehmen.[797] Überdies wird durch Preisparitätsklauseln der Markteintritt von Newcomern oder alternativen Vertriebsmodellen verhindert.[798] Die Unbilligkeit bestimmt sich nach einer „umfassenden Abwägung der Interessen der Beteiligten unter Berücksichtigung der auf die Freiheit des Wettbewerbs gerichteten Zielsetzung des GWB."[799] Auf Seiten von Anbietern der Waren und Dienstleistungen ist dabei deren Interesse an einer freien wettbewerblichen Betätigung sowie einem freien Marktzugang zu berücksichtigen, während auf der anderen Seite das Interesse der Portalbetreiber an der Absicherung ihres Buchungsvolumens und dem Schutz vor Trittbrettfahrern im Vordergrund steht.[800] Dabei ist regelmäßig das Mittel zu wählen, das das andere Unternehmen am wenigsten beeinträchtigt.[801] Hier ist festzuhalten, dass weniger einschränkende Möglichkeiten bestehen, indem die Portalbetreiber beispielsweise die Finanzierungsmodelle ändern und sich zudem durch andere qualitative Merkmale einen Vorteil gegenüber ihren Konkurrenten online und offline erarbeiten können, beispielsweise durch ein quantitativ größeres und qualitativ hochwertigeres Plattformangebot.[802] Die Möglichkeit, dass ein Neueinsteiger zum Erreichen der kritischen Masse an Anbietern und Nutzern ein berechtigtes In-

---

795 BGH v. 22.9.1981, Az. KVR 8/80 – *Original VW-Ersatzteile II*, WuW/E 1829, 1832.
796 *Glöckner*, Rn. 606.; *Lettl*, § 9, Rn. 34.
797 *Böni/Wassmer*, EWS 2016, S. 245; *Soyez*, NZKart 2014, S. 447, 452.
798 Vgl. OLG Düsseldorf v. 15.2.2012, VI-W (Kart) 1/12 – *Best-Preis-Garantie*, GWR 2012, S. 470, 470; *Böni/Wassmer*, EWS 2016, S. 245; *Soyez*, NZKart 2014, S. 447, 452.
799 BGH v. 27.9.1962, Az. KZR 6/61 – *Treuhandbüro*, WuW/E 502, 508; v. 24.6.2003, Az. KZR 32/01 – *Schülertransporte*, WuW/E DE-R 1144, 1146.
800 So auch *Eufinger*, K&R 2014, S. 307, 312; *Böni/Wassmer*, EWS 2016, S. 241, 246. Wobei letztere den unzulässigen Schluss ziehen, dass die Interessenabwägung des § 20 Abs. 1 i.V.m. § 19 Abs. 1, Abs. 2 Nr. 1 UWG dabei zwingend zu demselben Ergebnis gelangen muss wie die Abwägung der Einzelfreistellung im Rahmen des Art. 101 Abs. 3 AEUV. Zwar handelt es sich letztlich um ähnliche Wertungsfragen, aufgrund des unterschiedlichen Normzwecks ist ein Gleichlauf jedoch nicht zwangsläufig.
801 *Lettl*, § 9, Rn. 37.
802 Ähnlich auch *Eufinger*, K&R 2014, S. 307, 312.

teresse am Einsatz von Preisparitätsklauseln geltend machen könnte, stellt sich im Rahmen der unbilligen Behinderung nicht, da hinsichtlich § 19 Abs. 1, Abs. 2 Nr. 1 GWB und § 20 Abs. 1 i.V.m. § 19 Abs. 1, Abs. 2 Nr. 1 GWB entweder eine marktbeherrschende oder marktstarke Stellung Voraussetzung ist, an der es regelmäßig fehlen wird. Ein Missbrauch i.S.d. § 19 Abs. 1, Abs. 2 Nr. 1 GWB ist somit beim Einsatz echter bzw. weiter Preisparitätsklauseln wohl stets anzunehmen.[803] Auch bei unechten Preisparitätsklauseln, bei denen aufgrund des Gleichstellungsgebots zwar lediglich mittelbar eine Preisbindung erfolgt, ist im Rahmen einer Interessenabwägung aus oben angeführten Gründen wohl zugunsten der Anbieter zu entscheiden.

D. Zusammenfassung

Bei der Beurteilung von Preisparitätsklauseln muss hinsichtlich der Schädlichkeit grundsätzlich zwischen den kartellrechtlich schwerer wiegenden echten bzw. weiten Preisparitätsklauseln und den weniger schädlichen unechten bzw. engen Preisparitätsklauseln unterschieden werden. Weiterhin trifft man bei Online-Plattformen auf die Schwierigkeit, dass sich Plattformen als sogenannte Intermediäre nicht in die klassische vertikale Vertriebskette einordnen lassen und sich die Beziehung zwischen Anbieter, Plattformbetreiber und Abnehmer wie ein Dreiecksverhältnis darstellt.

Preisparitätsklauseln können dabei zur Lösung des Trittbrettfahrerproblems der Plattformen beitragen und den Qualitätswettbewerb zwischen den unterschiedlichen Plattformen beleben. Zugleich können sie jedoch auch eine der vertikalen Preisbindung vergleichbare Wirkung entfalten, zudem den Wettbewerb zwischen den Plattformbetreibern und den Anbietern beschränken und den Markteintritt für Newcomer oder alternative Vertriebsmodelle erschweren oder sogar unmöglich machen.

---

[803] So auch *Böni/Wassmer*, EWS 2016, S. 241, 246; *Eufinger*, K&R 2014, S. 307, 311 f.; *Soyez*, NZKart 2014, S. 447, 452; anders *Galle/Nauck* WuW 2014, S. 587, 595. Diese bezweifeln bereits unter Verweis auf den Normzweck des § 19 Abs. 1, Abs. 2 Nr. 1 GWB das Vorliegen eines Behinderungsmissbrauches, welcher in erster Linie auf die Verdrängung von Wettbewerbern abziele, um die es bei der Verwendung von Bestpreisklauseln – wenn denn nur mittelbar – gehe. Zudem lassen sie anklingen, dass das Interesse der Portalbetreiber, die Trittbrettfahrerproblematik zu beseitigen, dem der Anbieter und deren Preissetzungsfreiheit überwiegen könnte.

Bei der kartellrechtlichen Bewertung handelt es sich bei Preisparitäts-klauseln um Wettbewerbsbeschränkungen – die je nach gewählter Form – die Beschränkung des Wettbewerbs bezwecken, jedenfalls bewirken und regelmäßig den Verbotstatbestand des Art. 101 Abs. 1 AEUV verwirklichen.

Hinsichtlich einer Gruppenfreistellung bereitet bereits die Eröffnung des Anwendungsbereiches der Vertikal-GVO aufgrund des Dreiecksverhältnisses Probleme. Nach der hier vertretenen Ansicht ist die Verordnung aufgrund ihres Sinns und Zwecks gleichwohl auf Preisparitätsklauseln anwendbar. Im Rahmen der Marktanteilsschwelle des Art. 3 Abs. 1 Vertikal-GVO und der Bestimmung der Marktanteile zeigt sich das Problem der zweiseitigen Märkte. Die Ansicht, Preisparitätsklauseln als eine Kernbeschränkung gem. Art. 4 lit. a Vertikal-GVO zu behandeln, muss nach der hier vertretenen Ansicht mit Verweis auf den Wortlaut und den Telos der Vorschrift abgelehnt werden. Eine extensive bzw. analoge Anwendung ist unter Berücksichtigung des Analogieverbots abzulehnen.

In Fällen der Überschreitung der Marktanteilsschwelle der Vertikal-GVO oder in solchen, in denen die Eröffnung des Anwendungsbereichs der Vertikal-GVO ablehnt wird bzw. sofern man – entgegen der hier vertretenen Auffassung – zur Annahme einer Kernbeschränkung kommt, müsste man im Folgenden eine Einzelfreistellung nach Art. 101 Abs. 3 AEUV prüfen. Eine solche würde jedoch insbesondere bei echten bzw. weiten Preisparitätsklauseln in der Regel scheitern. Unechte bzw. enge Preisparitätsklauseln wären hingegen je nach Ausgestaltung des Einzelfall grundsätzlich freistellungsfähig.

Dies führt dazu, dass echte bzw. weite Preisparitätsklauseln, die im Ergebnis eine der vertikalen Preisbindung vergleichbare Wirkung entfalten und mithin die gleiche Schädlichkeit wie eine Kernbeschränkung aufweisen, aufgrund methodischer und rechtsstaatlicher Grundsätze gruppenweise freigestellt werden müssen, im Ergebnis gegenüber einer Einzelfreistellung hingegen verschlossen wären. Als einzig verbleibende Möglichkeit würde sich in dem Falls nur der nachträgliche Entzug der Gruppenfreistellung gem. Art. 29 Abs. 1 und Abs. 2 VO 1/2003 bzw. § 32d GWB ergeben.

Preisparitätsklauseln können im Einzelfall bei Vorliegen aller Voraussetzungen zudem den Missbrauchstatbestand des Art. 102 AEUV verwirklichen, wobei auf Plattformmärkten i.d.R. die Annahme einer marktbeherrschenden Stellung fernliegt. Gleichwohl besteht im deutschen Kartellrecht die Möglichkeit, das Missbrauchsverbot von einseitig missbräuchlichen Verhaltensweisen auf Unternehmen mit relativer oder überlegener Marktmacht auszudehnen. Abnehmer können dabei gegenüber den Plattformen eine nachfragebedingte Abhängigkeit entwickeln. Der Missbrauch ist in der Verwendung von Preisparitätsklauseln zu sehen, die eine unbillige Behinderung darstellt. Die Unbilligkeit selbst ergibt sich aus einer umfassenden Interessenabwägung. Im Fall *HRS* hat das Bundeskartellamt einen solchen Behinderungsmissbrauch angenommen. Der Einsatz von Preisparitätsklauseln kann mithin im Einzelfall auch ein verbotenes Verhalten von Unternehmen mit relativer oder überlegener Marktmacht gem. § 20 Abs. 1 i.V.m. § 19 Abs. 1 GWB darstellen.

§ 10 Bewertung und Vereinbarkeit mit allgemeinem Lösungsansatz

A. Schwächen des Kartellrechts in der Behandlung von Internetvertriebsbeschränkungen

Die kartellrechtliche Einordnung von vertikalen Beschränkungen im Internetvertrieb hat die europäischen Wettbewerbsbehörden und Gerichte in den letzten Jahren vor erhebliche Herausforderungen gestellt. Viele der rechtlichen Probleme konnten mit den bestehenden Grundsätzen des stationären Vertriebs behandelt und zufriedenstellenden Ergebnissen zugeführt werden. Dennoch zeigten sich im Internetvertrieb auch Konstellationen und Problemstellungen, die das kartellrechtliche Regelungsregime an die Grenzen und darüber hinaus brachte. Beispielhaft stehen dafür Plattformverbote und Preisparitätsklauseln.

I. Schwächen in der Behandlung von Plattformverboten

Bei Plattformverboten bereitet es bereits große Schwierigkeiten, diese auf Tatbestandsebene des Art. 101 Abs. 1 AEUV innerhalb selektiver Vertriebssysteme zu bewerten. Die Frage, inwieweit der Schutz des Markenimages noch die Errichtung eines selektiven Vertriebssystems legitimieren kann, scheint nach der Entscheidung *Coty Germany*[804] ebenso geklärt wie die Frage nach der Zulässigkeit von pauschalen Plattformverboten als qualitative Selektionskriterien. Nach der hier vertretenen Ansicht kann dem EuGH in seiner undifferenzierte Aussage gleichwohl nicht gefolgt werden. Pauschale Plattformverbote sind in aller Regel zur Errichtung eines selektiven Vertriebssystems nicht erforderlich. Dies muss besonders mit Blick auf die Be-

---

804 Vgl. dazu oben § 9 B. I. 1. a) aa) (5).

schränkung des Internetvertriebs Geltung beanspruchen. Anderenfalls würden Plattformverbote durch die Einordnung als objektives Qualitätskriterium der weitergehenden kartellrechtlichen Kontrolle entzogen werden.

Die Prüfung einer möglichen Gruppenfreistellung von Plattformverboten scheint durch die Entscheidung *Coty Germany* ebenso geklärt zu sein. Doch auch hier kann dem EuGH in seinen pauschalen Ausführungen nicht gefolgt werden. Im Ergebnis verwirklichen – jedenfalls *per se* ausgesprochene – Plattformverbote, je nach zugrunde liegendem Vertriebssystem, eine Kernbeschränkung des Art. 4 lit. b oder c Vertikal-GVO und sind mithin nicht gruppenfreistellungsfähig.

Der in den Leitlinien entworfene Äquivalenztest, der innerhalb des Spannungsfeldes zwischen unzulässiger Kernbeschränkung und zulässiger Qualitätsanforderung Klarheit schaffen soll, sorgt an entscheidenden Stellen für Rechtsunsicherheit. In der Suche nach einer Gleichwertigkeit von Vorgaben an zwei Vertriebsformen – den stationären Vertrieb und den Internetvertrieb – die sich von Natur aus elementar unterscheiden, scheint ein Widerspruch bereits in sich angelegt zu sein. Das zeigt sich besonders bei digitalen Marktsituationen, Akteuren und eben Beschränkungen, für die es regelmäßig an einer Entsprechung im stationären Vertrieb fehlt. Ein Äquvalenztest mit einer Zweifelsregelung zugunsten des unbeschränkten Internetvertriebs ist, nach der hier vertretenen Auffassung zur Anwendung zu bringen. Die Notwendigkeit der Differenzierung ist dabei insbesondere im digitalen Binnenmarktziel zu suchen. Während der stationäre, Gemeinsame Markt bereits weitreichend verwirklicht ist, steht die Verwirklichung auf digitaler Ebene erst an ihrem Anfang. Eine strengere kartellrechtliche Bewertungspraxis, die den grundsätzlich verbraucherfreundlichen Wettbewerb im Internet weitgehend offen hält und entschlossen gegen herstellerseitige Beschränkungen zur Eindämmung des intensiven Preiswettbewerbs und der Aufrechterhaltung digitaler, nationaler Märkte vorgeht, ist auch innerhalb der Beurteilung selektiver Vertriebssysteme notwendig.

II. Schwächen in der Behandlung von Preisparitätsklauseln

Ähnlich verhält es sich bei Preisparitätsklauseln. Diese zunächst als vertikale Absprache nach Art. 1 Abs. 1 lit. a Vertikal-GVO einzuordnen, um so überhaupt den Anwendungsbereich der Gruppenfreistellungsverordnung zu eröffnen, ist nicht unproblematisch. Es zeigt sich, dass digitale Marktakteure – wie Plattformbetreiber als Intermediäre – sich nicht ohne Weiteres in die klassische Absatzkette eingliedern lassen. Im Ergebnis sprechen aber der Wortlaut, die Systematik und der Telos bei Preisparitätsklauseln für eine vertikale Absprache i.S.d. Vorschrift.

Schwierigkeiten bereitet im Rahmen der Marktabgrenzung, dass es sich bei Plattformmärkten um zweiseitige Märkte handelt, welche die Abgrenzung des Produktmarktes erschweren. Es stellt sich insbesondere die Frage, ob es sich um einen einheitlichen Markt oder zwei unterschiedliche Märkte handelt und überdies, wessen Sicht bei der Frage nach der funktionellen Austauschbarkeit entscheidend ist. Bei den hier behandelten Plattformmärkten handelt es sich um einen einheitlichen Markt, bei dessen Bestimmung die Sicht der Anbieter sowie der Abnehmer der Ware oder Dienstleistung für die Bestimmung der funktionellen Austauschbarkeit ausschlaggebend ist.

In der Einordnung von Preisparitätsklauseln als Kernbeschränkung i.S.d. Vertikal-GVO zeigen sich die Schwächen der Vertikal-GVO bei der Behandlung von Internetvertriebsbeschränkungen besonders deutlich. Dies führt dazu, dass echte bzw. weite Preisparitätsklauseln zwar die gleiche Wirkung und vor allem den gleichen Unrechtsgehalt wie die Kernbeschränkung der vertikalen Preisbindung nach Art. 4 lit. a Vertikal-GVO aufweisen und im Ergebnis auch nicht einzelfreistellungsfähig wären, gleichwohl aufgrund der unzureichenden Ausgestaltung der Vertikal-GVO gruppenfreigestellt werden müssen. Eine extensive bzw. analoge Anwendung – wie sie mitunter das Bundeskartellamt vorsieht – verbietet sich aus rechtsmethodischen und rechtsstaatlichen Gründen. So bleibt den Kartellbehörden einzig das Mittel des nachträglichen Entzugs der Gruppenfreistellung. Dieses widersinnige Ergebnis sollte nach der hier vetretenen Auffassung durch die Überarbeitung der Vertikal-GVO gelöst werden. Eine nationale Regelung sollte keinesfalls als Mittel dienen, die Problematik aufzulösen.

In der unzureichenden Behandlung von Plattformverboten und Preisparitätsklauseln manifestiert sich deutlich, dass die Vertikal-GVO, mit dem Anspruch als „Schirm"-GVO, in der konkreten Ausgestaltung nicht in der Lage ist, den Internetvertriebssektor angemessen zu regeln. Die bestehenden Regelungen passen häufig schlicht nicht auf die dynamischen, sich rasch abändernden Onlinevertriebsformen. Der hehre Wunsch, mithilfe einer „Schirm"-GVO allen vertikalen Beschränkungssachverhalten Herr zu werden, hat dabei die Dynamik und Eigenständigkeit des Onlinevertriebs unterschätzt. Dieser ist kein vorübergehendes Phänomen oder eine Randerscheinung. Während man den Versandhandel und vergleichbare stationäre Vertriebsformen als möglicherweise temporäre Erscheinungen mit allgemeinen Grundsätzen behandeln durfte, ist dies beim Onlinevertrieb ein bereits begangener Fehler. Denn es handelt sich dabei augenscheinlich nicht lediglich um eine besondere Vertriebsform, die mit allgemeinen Regelungen zum stationären Vertrieb rechtlich handhabbar ist. Vielmehr handelt es sich um eine neue Vertriebsform, eine digitale Vertriebsform, die sich allein schon dadurch von jeder stationären Vertriebsform unterscheidet und die zudem rechtliche Problemstellungen aufgrund ihrer digitalen Natur schafft, die zum Teil so noch nie dagewesen sind. Diese Art von Vertrieb mit der aktuellen Vertikal-GVO und den entsprechenden Leitlinien zu behandeln, hat sich in der bestehenden Form nicht bewährt. Die Verortung der Behandlung des Internetvertriebs in die Leitlinien ist misslungen. Deren Ausführungen hinsichtlich des Internetvertriebs sind mitunter widersprüchlich und von der einzelstaatlichen Rechtsprechung in Teilen bereits widerlegt worden. Was ursprünglich als Auslegungshilfe der Vertikal-GVO konzipiert wurde, gerät teilweise zum Irrlicht.

Dass diese rasante Entwicklung des Onlinevertriebs keineswegs unerwartet und überraschend kam, belegt bereits die Entstehungsgeschichte der aktuellen Vertikal-GVO.[805] Umso weniger sind die halbherzigen, teilweise „unfertigen" und vereinzelt sogar überholten Grundsätze zum Internetvertrieb in den Leitlinien nachvollziehbar. Dies reiht sich nahtlos in die Behandlung vertikaler Beschränkungen ein, deren Entwicklung bereits über ein halbes Jahrhundert andauert und sich seit jeher häufig als verspätete Reaktion auf teilweise rasante Entwicklungen im Vertriebssektor darstellte. Die ungewöhnlich lange Geltungsdauer der bestehenden Vertikal-GVO bis Juni 2022 erscheint vor diesem Hintergrund schwer nachvollziehbar. Zwar besteht für den europäische Gesetzgeber die Möglichkeit der vorzeitigen Novellierung der Vertikal-GVO, ein solcher Vorgang – wenngleich willkommen – wäre jedoch äußerst ungewöhnlich. Überdies lassen die Äußerungen der Kommission im Abschlussbericht über die Sektoruntersuchung zum elektronischen Handel keinen derartigen Schluss zu.[806]

---

805 Umso mehr überrascht die Aussage von *Hossenfelder*, als Vorsitzende der 9. Beschlussabteilung im BKartA, dass sich bei Neufassung der Vertikal-GVO „die aktuell bestehenden wettbewerblichen Konstellationen noch nicht herausgebildet [hatten]". Gleichwohl konstatiert sie zutreffend: „Im Ergebnis kann nicht ausgeschlossen werden, dass die Vertikal-GVO derzeit Vereinbarungen freistellt, die bei Analyse der zugrundeliegenden Auswirkungen auf die betroffenen Märkte auch bei Marktanteilen unter 30% von einzelnen Anbietern zu wettbewerblichen Verwerfungen führen", *Hossenfelder*, S. 35, 49.
806 So hält die Kommission eine Überarbeitung vor Mai 2022 nicht für notwendig, vgl. Kommission, Sektoruntersuchung zum elektronischen Handel, Rn. 74.

Es bedarf jedoch eines Regelungssystems mit eigenen Grundlagen und Grundsätzen. Eine „kleine Lösung", mit lediglich neuen überarbeiteten Vertikalleitlinien – in der Ausgestaltung vergleichbar mit den aktuellen Ausführungen zum Internetvertrieb – genügt dabei nicht. Diese bringen insbesondere aufgrund ihrer unverbindlichen Wirkung im Verhältnis zu den europäischen und einzelstaatlichen Gerichten nicht die erforderliche Rechtssicherheit. Rechtssicherheit ist aber im Bereich des Onlinehandels notwendig.

B. Vereinbarkeit mit allgemeinem Lösungsansatz

I. Allgemein

Unter Bezugnahme auf die oben erarbeiteten Grundsätze[807] sind diese, nun im Hinblick auf den Internetvertrieb, zu konkretisieren. So wäre es bei der vorgeschlagenen Lösung auf Tatbestandebene möglich, im Rahmen der Wettbewerbsbeschränkung zu differenzieren und als Anknüpfungspunkt für die Beurteilung die Vertriebsform bzw. die Funktionalität derselben zu wählen. Aufgrund der strukturellen Unterschiede, die in der unterschiedlichen Natur der Vertriebsformen begründet sind, und der unterschiedlichen marktintegrativen Aufgaben, die diesen zukommen, muss zwischen stationärem Vertrieb und Internetvertrieb ein unterschiedlicher Beurteilungsmaßstab angelegt werden. Diese Unterscheidung bringt eine Flexibilität mit sich, die nach oben Gesagtem erforderlich ist.

Dies würde nur auf den ersten Blick in einem gewissen Widerspruch von der mit dem *more economic approach* erwünschten Betrachtung von Wettbewerbsbeschränkungen stehen, indem nun nicht deren Marktauswirkungen entscheidend sein sollen (*effect based*) sondern das Verhalten bzw. die Vertriebsform (*form based*). Bei genauerer Betrachtung zeigt sich jedoch, dass letztlich doch die Marktauswirkungen bei der Beurteilung entscheidend sind, nämlich die negativen Auswirkungen auf den digitalen Binnenmarkt. Aufgrund der unterschiedlichen Verwirklichungsniveaus des stationären und des digitalen Binnenmarktes ist eine Unterscheidung anhand der Vertriebsform geboten.

---

807 Vgl. oben § 4.

II. Konkrete Ausgestaltung

Es muss bei Beschränkungen des Internetvertriebs demnach ein strengerer Beurteilungsmaßstab angelegt werden als bei Beschränkungen des stationären Vertriebs.

Legt man nun das bevorzugte Lösungsmodell aus dem allgemeinen Teil zugrunde[808], käme man zu folgenden Ergebnis: Im stationären Vertrieb greift die widerlegbare Vermutungregel des wettbewerbsfördernden Zwecks bzw. deren Wirkung der vertikalen Absprache zugunsten des Unternehmen. Ausgenommen von dieser Vermutungsregelung sind dabei Kernbeschränkungen und marktmachterhebliche Absprachen. Bei diesen wäre *ipso iure* die Vermutung widerlegt und lediglich eine Einzelfreistellung nach Art. 101 Abs. 3 AEUV möglich.

Im Rahmen von Internetvertriebsbeschränkungen würde sich hinsichtlich der Kernbeschränkungen und marktmachterheblichen Auswirkungen zunächst nichts ändern, auch hier wäre die Vermutung widerlegt. Hinsichtlich der übrigen vertikalen Internetvertriebsbeschränkungen kann die Vermutungsregelung hingegen keine Geltung beanspruchen. Hier besteht bereits aufgrund der Beschränkung des Internetvertriebs grundsätzlich keine Vermutung zugunsten des wettbewerbsfördernden Zwecks oder der Wirkung. Der konkrete Nachweis des wettbewerbsschädigenden Zwecks oder deren Wirkung ist nun für die Kartellbehörden ungleich leichter zu führen und würde dem *status quo* entsprechen, der aufgrund der weitreichenden Ermittlungsbefugnisse der Kartellbehörden gleichsam einer erleichterten Beweisführung nahekommt. Bei erfolgreichem Nachweis des wettbewerbsschädigenden Zwecks oder der Wirkung der Internetvertriebsbeschränkung, bliebe den Unternehmen nunmehr noch der Weg der Einzelfreistellung über Art. 101 Abs. 3 AEUV.

In den Leitlinien besteht sodann die Möglichkeit, differenziert die Aufgreifkriterien der Kartellbehörden in Fällen von Vertikalbeschränkungen im Internetvertrieb festzulegen. Insbesondere könnten so die Fälle der unbedenklichen Beschränkungen oder Ausnahmen aufgezeigt werden, die nach Ansicht der Kommission bereits keine relevante Wettbewerbsbeschränkung darstellen.

Bei der Frage, welche Absprachen als Kernbeschränkung zu beurteilen sind, können die Besonderheiten des Internetvertriebs und dessen neuartige Erscheinungsformen hinsichtlich Art und Ausgestaltung des Vertriebs zum einen und der Beteiligungsformen der Unternehmen innerhalb einer

---

808 Vgl. oben § 4 B. III. 3.

Vertriebskette zum anderen berücksichtigt werden. Überdies könnte in den Leitlinien der modifizierte Äquivalenztest angelegt werden, der die Trennlinie von Kernbeschränkungen und möglichen Qualitätsanforderungen an den Internetvertrieb festlegt, jedoch eine Zweifelsregelung zugunsten des unbeschränkten Internetvertriebs vorsieht.

Am Beispiel der Plattformverbote und Preisparitätsklauseln lässt sich die Mechanik des Lösungsmodells veranschaulichen. Bei pauschalen Plattformverboten wäre die Vermutungsregel aufgrund der Verwirklichung der Kernbeschränkung der Kundenbeschränkung widerlegt und es würde sich um eine bezweckte Wettbewerbsbeschränkung handeln. Den Unternehmen bliebe einzig der Weg über die Einzelfreistellung. Bei mittelbaren Plattformverboten käme es im Einzelfall darauf an, ob sich diese in das Vertriebssystem insgesamt einfügen. Aufgrund der Zweifelsregelung zugunsten des unbeschränkten Internetvertriebs wäre dies gleichwohl schwerer nachzuweisen und auch bei mittelbaren Plattformverboten würde es sich jedenfalls um eine bewirkte Wettbewerbsbeschränkung handeln. Den Unternehmen würde auch hier der Nachweis der Einzelfreistellungsvoraussetzungen nach Art. 101 Abs. 3 AEUV auferlegt werden.

Bei echten Preisparitätsklauseln würde es sich nach derzeitiger Ausgestaltung und hier vertretener Ansicht um keine Kernbeschränkung handeln, sodass die Vermutungsregelung nicht unmittelbar widerlegt wäre. Den Kartellbehörden würde gleichwohl – aufgrund der einer vertikalen Preisbindung vergleichbaren Wirkung – der Nachweis des wettbewerbsschädigenden Zwecks regelmäßig gelingen und die Preisparitätsklauseln wären lediglich über Art. 101 Abs. 3 AEUV einzelfreistellungsfähig. Bei unechten weiten und engen Preisparitätsklauseln wäre es die wettbewerbsbeschränkende Wirkung, die von den Kartellbehörden i.d.R. nachgewiesen werden könnte, sofern sich die Beschränkungen nicht in den Gesamtvertrieb einfügen sollten. Auch hier verbliebe den Unternehmen dann nur der Weg über die Einzelfreistellung.

Im Ergebnis würde durch das vorgeschlagene Lösungsmodell mithin die notwendige Differenzierung bereits auf Tatbestandsebene stattfinden und so eine flexible Handhabung zwischen den unterschiedlichen Vertriebsformen ermöglichen. Die widerleglichen Vermutungsregelung spiegelt dabei die Notwendigkeit wider, zum einen die Anwendung des Kartellrechts im Rahmen von Vertikalbeschränkungen zu vereinfachen und der wettbewerbsrechtlichen und -theoretischen Realität anzupassen und zum anderen die Beweisführung hinsichtlich der tatsächlichen Wettbewerbsbeschränkung der Vertikalabsprache innerhalb des Tatbestands zu verorten, wo der Nachweis nun von der Kartellbehörde erbracht werden muss.

Die Differenzierung hinsichtlich der Vertriebsform und der Aussetzung der Vermutungsregelung bei Beschränkungen des Internetvertriebs trägt dabei der wirtschaftspolitischen Notwendigkeit Rechnung, mithilfe der Anwendung des Kartellrechts die Verwirklichung des digitalen Binnenmarktes zu fördern und jegliche unternehmensseitigen Versuche, diese Entwicklung aufzuhalten oder verlangsamen, zu unterbinden.

Kapitel 4: Abschließende Betrachtung

§ 11 Wesentliche Ergebnisse, Ausblick

Die Ergebnisse des Allgemeinen Teils zeigen, dass die Behandlung von Vertikalbeschränkungen im europäischen Kartellrecht aus einer komplizierten Regelungsmechanik von verbindlichem Primär- und Sekundärrecht sowie unverbindlichen Leitlinien und Bekanntmachungen besteht. Zudem wird deutlich, dass auf stationärer Ebene eine derart strenge, generalisierende Beurteilung im Verbotstatbestand mit Freistellungsmöglichkeit, nicht mehr notwendig ist. Dies liegt an den vielfältigen Effizienzen, die durch vertikale Beschränkungen in einer Vertriebskette gefördert werden können. Die binnenmarktgefährdenden Kernbeschränkungen und Absprachen marktmächtiger Unternehmen wurden über Jahrzehnte als einzige tatsächliche Bedrohung von Vertikalbeschränkungen erkannt und gesetzlich normiert.

Eine Vereinfachung wäre durch das erarbeitete Lösungsmodell auf Tatbestandsebene möglich. Dies würde zudem zu einer angemesseneren Verteilung der Beweislast führen, sodass grds. die Kartellbehörde die Vermutung des wettbewerbsfördernden Zwecks oder der wettbewerbsfördernden Wirkung widerlegen müsste. Die endgültige Feststellung, ob eine vertikale Absprache auch eine Wettbewerbsbeschränkung darstellt, würde also abschließend im Tatbestand stattfinden. Die Möglichkeit der Freistellung im Einzelfall würde zudem über Art. 101 Abs. 3 AEUV bestehen.

Im Besonderen Teil zeigt sich, dass Vertikalbeschränkungen des Internetvertriebs ein erhöhtes Gefährdungspotential für das digitale Binnenmarktziel mit sich bringen. Aufgrund der unterschiedlichen Verwirklichungsniveaus von stationärem und digitalem Binnenmarkt ist deshalb eine differenzierte Beurteilung geboten. Dies ist mit den zur Verfügung stehenden rechtlichen Mitteln jedoch an kritischen Stellen nicht möglich. So stößt die „Schirm"-GVO bei der Beurteilung digitaler Sachverhalte an ihre Grenzen. Die Vertikalleitlinien, die als Auslegungshilfe dienen sollten, haben im Bereich des Internetvertriebs teilweise mehr für Verunsicherung gesorgt, als sie zur Rechtssicherheit beigetragen haben. Dieses Dilemma wird besonders im Rahmen von Plattformverboten und Preisparitätsklauseln deutlich. Unter Zugrundelegung des Lösungsmodells des allgemeinen Teils wäre somit für Vertikalbeschränkungen im Internetvertrieb eine Anpassung vorzunehmen. Die widerlegliche Vermutungsregelung würde nicht zugunsten von Internetvertriebsbeschränkungen Geltung beanspruchen können. Der Nachweis der Schädlichkeit der Vertikalbeschränkung würde den Kartellbehörden so regelmäßig leichter fallen und die Hürden für Beschränkungen des Internetvertriebs wären für Unternehmen ungleich höher.

Vertikale Leitlinien könnten dabei die Beurteilungspraxis der Kommission im Allgemeinen, Kernbeschränkungen und Marktanteilsschwelle im Besonderen konkretisieren. Zudem könnte der Äquivalenztest als Abgrenzungstest dahingehend modifiziert werden, dass er in Grenzfällen und bei Kriterien, bei denen es an einer Entsprechung im stationären Vertrieb fehlt, eine Zweifelsregelung zugunsten des unbeschränkten Internetvertriebs statuiert.

Sollte sich das Lösungsmodell nicht etablieren, bedarf es jedenfalls einer Überarbeitung der Vertikal-GVO, um diese für vertikale Beschränkungen im Onlinevertrieb umfassend anwendbar zu gestalten. Dabei muss eine Abkehr von dem Dogma der einheitlichen Behandlung aller Vertriebsformen stattfinden, auch wenn dies den Vorstellungen des europäischen Gesetzgebers von einer „Schirm"-GVO für alle Vertriebsformen widerspricht. Jedoch zeigt sich, nicht zuletzt an den beiden behandelten Beispielen, dass eine GVO, die auf jahrzehntealten Grundsätzen des stationären Vertriebs fußt, im Onlinevertrieb regelmäßig kein wirkungsvolles Instrument mehr darstellt.

Nicht zuletzt für die erfolgreiche Verwirklichung des digitalen Binnenmarktes scheint ein eigenes Regelungsregime mit strengeren Anforderungen und höheren Hürden für die Beschränkung des Internetvertriebs notwendig. Bis dahin obliegt es dem EuGH, die durch eine unzureichend ausgestaltete Gruppenfreistellungsverordnung und deren Leitlinien entstandene Rechtsunsicherheit durch vorgreifende Rechtsprechung zu beseitigen und mit neuen Grundsätzen die kommende Reform der vertikalen Beschränkungen im Bereich des Onlinevertriebs grundlegend vorzuzeichnen.

Die jüngste und bisher größte Möglichkeit, sich tiefgehend und grundlegend mit dem Spannungsfeld des stationären und des Online-Vertriebs auseinanderzusetzen, hat er im Fall *Coty Germany* bereits teilweise verstreichen lassen. Es bestand die Möglichkeit, die Büchse der Pandora, welche mit der Einführung von der „Aura von Luxus" als Rechtfertigung zur Errichtung eines selektiven Vertriebssystems geöffnet wurde, wieder zu schließen bzw. den Anwendungsbereich selektiver Vertriebssysteme insbesondere im Zusammenhang mit dem Internetvertrieb rechtssicherer zu gestalten und ihm Konturen zu verleihen, sodass die kartellrechtliche Kontrolle von Beschränkungen des Internetvertriebs nicht ohne weiteres durch selektive Qualitätskriterien umgangen werden kann. Durch die Entscheidung hat er vermeintlich für Klarheit gesorgt, letztlich die Unsicherheiten jedoch teilweise verlagert.

Es bleibt zu hoffen, dass der Europäische Gesetzgeber im Rahmen der Novellierung der Vertikal-GVO die Gelegenheit nutzen wird, um tragfähige Grundsätze für den Internetvertrieb – ungeachtet der zugrundeliegenden Vertriebsform – aufzustellen. Diese sollten die Wertungswidersprüche zwischen der aktuellen Vertikal-GVO und den Leitlinien auflösen und so eine einheitliche Anwendungspraxis der mitgliedstaatlichen Kartellbehörden gewährleisten. Zum anderen sollten sie verdeutlichen, dass Beschränkungen des Internetvertriebs keineswegs unter Berufung auf veraltete Grundsätze legitimiert werden können.

Der kompromisslose Abbau digitaler Barrierren durch das Kartellrecht ist unabdingbar auf dem Weg zu einem digitalen Binnenmarkt.

Literaturverzeichnis

Ackermann, Thomas, Art. 85 Abs. 1 EGV und die rule of reason: zur Konzeption der Verhinderung, Einschränkung oder Verfälschung des Wettbewerbs, 1997, Köln [zitiert: *Ackermann*]

Alfter, Mette/Hunold, Matthias, Weit, eng oder gar nicht? Unterschiedliche Entscheidungen zu den Bestpreisklauseln von Hotelportalen, WuW 2016, S. 525 ff.

Augenhofer, Susanne/Schwarzkopf, Benedikt, Bestpreisklauseln im Spannungsfeld europäischen Kartellrechts und mitgliedstaatlicher Lösungen, NZKart 2017, S. 446 ff.

Bauer, Michael, Kartellrechtliche Zulässigkeit von Beschränkungen des Internetvertriebs in selektiven Vertriebssystemen, WRP 2003, S. 243 ff.

Bechtold, Rainer/Bosch, Wolfgang, Kartellgesetz – Gesetz gegen Wettbewerbsbeschränkungen, 9. Auflage 2018, München [zitiert: *Bechtold/Bosch*]

Bechtold, Rainer/Bosch, Wolfgang/Brinker, Ingo, EU-Kartellrecht, 3. Auflage 2014, München [zitiert: *Bechtold/Bosch/Brinker*]

Bechtold, Rainer/Bosch, Wolfgang/Brinker, Ingo/Hirsbrunner, Simon, EG Kartellrecht, 2. Aufl. 2009, München [zitiert: *Bechtold/Bosch/Brinker/Hirsbrunner*, EG Kartellrecht]

Bischke, Alf-Henrik/Brack, Sebastian, Neuere Entwicklungen im Kartellrecht, Internethandel im Fokus der Kartellbehörden, NZG 2013, S. 1136 ff.

Bodenstein, Ines, „Marketplace"-Händler zur Preisparität verpflichtet? – Amazon-AGB auf dem kartellrechtlichen Prüfstand, GRUR-Prax 2010, S. 260 ff.

Bonacker, Eva, Verbot des Internethandels im selektiven Vertriebssystem nur bei konkretem Nachweis der objektiven Notwendigkeit, GRUR-Prax 2011, S. 501 ff.

dies., Fälle zur Regulierung des Internethandels in selektiven und sonstigen Vertriebssystemen, GRUR-Prax 2012, S. 4 ff.

Böni, Franz/Wassmer, Alex, Kartellrechtliche Beurteilung von Bestpreisklauseln, EWS 2016, S. 241 ff.

Bornkamm, Joachim/Montag, Frank/Säcker, Franz Jürgen (Hrsg.), Münchener Kommentar Europäisches und Deutsches Wettbewerbsrecht, Kartellrecht, Missbrauchs- und Fusionskontrolle, Band 1, Europäisches Wettbewerbsrecht, 2. Auflage 2015, München [zitiert: *Bearbeiter* in: MüKo Bd. 1 EU-Wettbewerbsrecht]

dies., Münchener Kommentar Europäisches und Deutsches Wettbewerbsrecht, Kartellrecht, Missbrauchs- und Fusionskontrolle, Band 2, Europäisches Gesetz gegen Wettbewerbsbeschränkungen, 2. Auflage 2015, München [zitiert: *Bearbeiter* in: MüKo Bd. 2 GWB]

Brömmelmeyer, Christoph, Selektive Vertriebssysteme und Marktplatzverbote für Luxusartikel, NZKart 2018, S. 62 ff.

Caspar, Ute, Wettbewerbliche Gesamtwürdigung von Vereinbarungen im Rahmen von Art. 81 Abs. 1 EGV, 2001, Köln [zitiert: *Caspar*]

Clark, Emily/Hughes, Mat/Waelbroeck, Denis, Selective Distribution and Luxury Goods: The Challenge of the Internet?, GCP August 2009, Release One, S. 1 ff.

Colangelo, Margherita, Parity Clauses and Competition Law in Digital Marketplaces: The Case of Online Hotel Booking, Journal of European Competition Law & Practice 2017, S. 3 ff.

Dauses, Manfred/Ludwigs, Markus (Hrsg.), Handbuch des EU-Wirtschaftsrechts, Band 1, 41. Ergänzungslieferung, Stand Mai 2017, München [zitiert: *Bearbeiter* in: Dauses/Ludwigs]

Dethof, Sascha, Die Beschränkung des Internetvertriebs der Händler nach Pierre Fabre, ZWeR 2012, S. 503 ff.

Dewenter, Ralf/Linder, Melissa, Kartelle in zweiseitigen Märkten, WuW 2017, S. 19 ff.

Dewenter, Ralf/Rösch, Jürgen/Terschüren, Anna, Abgrenzung zweiseitiger Märkte am Beispiel von Internetsuchmaschinen, NZKart 2014, S. 387 ff.

Dieselhorst, Jochen/Luhn, Christopher, Kartellrechtliche Zulässigkeit der Untersagung des Vertriebs über eBay, WRP 2008, S. 1306 ff.

dos Santos Gonçalves, Julien, Vertikale Beschränkungen durch Bestpreisklauseln im Internet, GWR 2015, S. 425 ff.

Dreher, Meinrad, Die Kontrolle des Wettbewerbs in Innovationsmärkten – Marktabgrenzung und Marktbeherrschung in innovationsgeprägten Märkten, ZWeR 2009, S. 149 ff.

Dreyer, Jan Joachim/Lemberg, Nils H., Möglichkeiten und Grenzen der Beschränkung des Internetvertriebs, BB 2012, S. 2004 ff.

Eggers, Christofer, Anmerkung zu OLG Hamburg v. 22.03.2018 3 U 250/16 – Plattformverbot im selektiven Vertrieb – Ping Pong oder Klärung?, ZLR 2018, S. 397 ff.

Eggert Winter (Hrsg.), Gabler-Wirtschaftslexikon, Band 1, A – B, 18. Auflage 2014, Wiesbaden [zitiert: Gabler Wirtschaftslexikon]

ders., Gabler-Wirtschaftslexikon, Band 2, C – F, 18. Auflage 2014, Wiesbaden [zitiert: Gabler Wirtschaftslexikon]

Ellger, Reinhard, Digitale Herausforderungen für das Kartellrecht, ZWeR 2018, S. 272 ff.

Emmerich, Volker/Lange, Knut, Kartellrecht, 14. Auflage 2018, München [zitiert: *Emmerich/Lange*]

Eufinger, Alexander, Bestpreisklauseln im Internethandel aus Sicht des Wettbewerbsrechts, K&R 2014, S. 307 ff.

Evans, David/Noel, Michael, The Analysis of Mergers that Involve Multisided Platform Businesses, Journal of Competition Law & Economics 2008, S. 663 ff.

Ezrachi, Ariel, The Competitive Effects of Parity Clauses on Online Commerce, Oxford Legal Studies Research Paper No. 55/2015, S. 6 ff.

Fesenmair, Joseph, Markenartikel und selektive Vertriebssysteme im Onlinevertrieb, GRUR-Prax 2013, S. 283 ff.

Fezer, Karl-Heinz, Markenrecht, Kommentar zum Markengesetz, 4. Auflage 2009, München, [zitiert: *Fezer*, Markenrecht]

Fiebig, Dietmar, Internet-Vergleichsportale und Kartellrecht, WuW 2013, S. 812 ff.

ders., Meistbegünstigungs- und Preisparitätsklauseln im Internetvertrieb, NZKart 2014, S. 122 ff.

Filistrucchi, Lapo/Geradin, Damien/van Damme, Eric/Affeldt, Pauline, Market Definition in two-sided Markets: Theory and Practice, Journal of Competition Law & Economics 2014, S. 293 ff.

Fletcher, Amelia/Hviid, Morten, Broad Retail Price MFN Clauses: Are They RPM "At Its Worst"?, Antitrust Law Journal 81, S. 1 ff.

Font Galarza, Andrés/Gissler, Constantin, Products and the Conjuncture of Online and Offline Commerce in the Light of the European Commission's Revision of the Vertical Restraints Regime, GCP 2009, Release One, S. 1 ff.

Franck, Jens-Uwe, Zum Schutz des Produktimages im selektiven Vertrieb, WuW 2010, S. 772 ff.

Galle, René/Nauck, Mirjana, Bestpreisklauseln von Hotelportalen und Kartellrecht, WuW 2014, S. 587 ff.

Glöckner, Jochen, Kartellrecht – Recht gegen Wettbewerbsbeschränkungen, 2. Auflage 2017, Stuttgart [zitiert: *Glöckner*]

ders., Zeichenschutz und Wettbewerb auf Online-Marktplätzen, WRP 2018, S. 1150 ff.

Grave, Carsten/Klauß, Ingo, Best-Preis-Garantie stellt kartellrechtswidrige Meistbegünstigungsklausel dar, Urteilsanmerkung, GWR 2012, S. 470

Hamelmann, Lisa/Haucap, Justus/Wey, Christian, Die wettbewerbsrechtliche Zulässigkeit von Meistbegünstigungsklauseln auf Buchungsplattformen am Beispiel von HRS, ZWeR 2015, S. 245 ff.

Hawk, Barry, The American Revolution: Lessons for the EEC, ECLR 1988, S. 53 ff.

Heinz, Silke, Online booking platforms and EU competition law in the wake of the German Bundeskartellamt's Booking.com infringement decision, Journal of European Competition Law & Practice 2016, S. 530 ff.

Herrlinger, Justus, Zur Auslegung der „Beschränkung der Kundengruppe" in Art. 4 lit. b Vertikal-GVO, NZKart 2014, S. 92 ff.

Heyers, Johannes, Wettbewerbsrechtliche Bewertung sog. Preisparitätsklauseln – ein juristisch-ökonomischer Ansatz, GRUR-Int 2013, S. 409 ff.

Hildebrand, Doris, The Role of Economics Analysis in the EC Competition Rules, 2009, Alphen aan den Rijn [zitiert: *Hildebrand*]

Hoeren, Thomas/Sieber, Ulrich/Holznagel, Bernd (Hrsg.), Handbuch Multimedia-Recht, 44. Ergänzungslieferung, Stand Januar 2017, München [zitiert: *Bearbeiter* in: Hoeren/Sieber/Holznagel]

Hossenfelder, Silke, Kartellrecht im Internethandel – Praxis des Bundeskartellamtes, in: Wettbewerbsprobleme im Internet, Berlin, 2015, S. 35 ff. [zitiert: *Hossenfelder*]

Hunold, Matthias, Best Price Clauses: What Policy as Regards Online Platforms?, Journal of European Competition Law & Practice 2017, S. 119 ff.

Immenga, Frank, Editorial: Internet-Marktplätze im Fadenkreuz des Kartellrechts, K&R 2013, S. 1

ders., Internet-Auktionsplattformen im Fokus des Kartellrechts, K&R 2010, S. 24 ff.

Immenga, Ulrich/Mestmäcker, Ernst-Joachim, EU-Wettbewerbsrecht, Band 1. EU/ Teil 1 Kommentar zum Europäischen Kartellrecht, 5. Auflage 2014, München [zitiert: *Bearbeiter* in: Immenga/Mestmäcker, EU-Wettbewerbsrecht Bd. 1]

Immenga, Ulrich/Mestmäcker, Ernst-Joachim, EU-Wettbewerbsrecht, Band 1. EU/ Teil 1 Kommentar zum Europäischen Kartellrecht, 4. Auflage 2007, München [zitiert: *Bearbeiter* in: Immenga/Mestmäcker, Wettbewerbsrecht EG, 4. Aufl. 2007]

dies., EU-Wettbewerbsrecht, Band 2. GWB/Teil 1 Kommentar zum Deutschen Kartellrecht, 5. Auflage 2014, München [zitiert: *Bearbeiter* in: Immenga/Mestmäcker, GWB-Wettbewerbsrecht Bd. 2]

Jaeger, Wolfgang/Kokott, Juliane/Pohlmann, Petra/Schroeder, Dirk (Hrsg.), Frankfurter Kommentar zum Kartellrecht, Loseblattsammlung, Stand Mai 2016, Köln [zitiert: *Bearbeiter* in: FrKo]

Joliet, René, The rule of reason in antitrust law: American, German and commom market laws in comparative perspective, 1967, Lüttich [zitiert: *Joliet*]

Käseberg, Thorsten/von Kalben, Jonas, Herausforderungen der Künstlichen Intelligenz für die Wettbewerbspolitik – Preisbildung durch Algorithmen, WuW 2018, S. 2 ff.

Kapp, Thomas, Wettbewerbsbeschränkung durch vertikale Vertriebsbindungen?, 1984, Baden-Baden [zitiert: *Kapp*]

Kasten, Boris, Vertikale (Mindest-)Preisbindung im Licht des „more economic approach", WuW 2007, S. 994 ff.

Keßler, Jürgen, Wettbewerbsbeschränkende Abreden in Gesellschaftsverträgen im Lichte von § 1 GWB und Art. 81 EGV – eine methodische und rechtsdogmatische Betrachtung, WRP 2009, S. 1208 ff.

Kinsella, Stephen/Melin, Hanne, Who's Afraid of the Internet? Time to Put Consumer Interests at the Heart of Competition, GCP March 2009, Release One, S. 1 ff.

Kirch, Pierre, The internet and EU competition law, JITLP 2006, Vol. 5, S. 18 ff.

Kirchhoff, Wolfgang, Die kartellrechtliche Beurteilung vertikaler Vertriebsverträge, 1990, München [zitiert: *Kirchhoff*]

Klauß, Ingo/Seelinger, Daniela, Auswirkungen der neuen Vertikal-GVO und Vertikal-Leitlinien auf den Internetvertrieb, GWR 2010, 233 ff.

Knieps, Günter, Wettbewerbsökonomie: Regulierungstheorie, Industrieökonomie, Wettbewerbspolitik, 3. Aufl. 2008, Berlin [zitiert: *Knieps*]

Knibbe, Jorren, Selective Distribution and the ECJ's Judgment in Pierre Fabre, ECLR 2012, S. 450 ff.

Kumkar, Lea Katharina, Zur Zulässigkeit pauschaler Plattformverbote im Internetvertrieb von Luxuswaren, ZWeR 2018, S. 119 ff.

dies., Neuere Entwicklungen zu Plattformverboten – Klärung in Sicht?, NZKart 2016, S. 315 ff.

dies., Online-Märkte und Wettbewerbsrecht – Implikationen der Plattform Revolution für das EU-Vertriebskartellrecht, 2017, Baden-Baden [zitiert: *Kumkar*]

Küstner, Kim/Franz, Benjamin, Preisalgorithmen und Dynamic Pricing: Eine neue Kategorie kartellrechtswidriger Abstimmungen?, K&R 2017, S. 688 ff.

Langen, Eugen/Bunte, Hermann-Josef (Hrsg.), Kartellrecht Kommentar, Band 1 Deutsches Kartellrecht, 13. Aufl. 2018, Köln [zitiert: *Bearbeiter* in: Langen/Bunte Bd. 1]

dies. (Hrsg.), Kartellrecht Kommentar, Band 2 Europäisches Kartellrecht, 13. Aufl. 2018, Köln [zitiert: *Bearbeiter* in: Langen/Bunte Bd. 2]

dies. (Hrsg.), Kartellrecht Kommentar, Band 2 Europäisches Kartellrecht, 11. Aufl. 2010, Köln [zitiert: *Bearbeiter* in: Langen/Bunte Bd. 2, 11. Aufl. 2010]

Leslie, Will, Online booking platforms, MFNs and the Vertical Block Excemption: the need for certainty, ECLR 2018, S. 330 ff.

Lettl, Tobias, Art. 101 Abs. 1 AEUV (sowie § 1 GWB) und Verkaufsverbote auf (digitalen) Drittplattformen – Zugleich Besprechung von EuGH, Urt. v. 06.12.2017, C-230/16, Coty Germany/Parfümerie Akzente, WuW 2018, S. 114 ff.

ders., Die neue Vertikal-GVO (EU Nr. 330/2010), WRP 2010, S. 807 ff.

ders., Kartellrecht, 4. Auflage 2017, München [zitiert: *Lettl*]

Liebscher, Christoph/Flohr, Eckhard/Petsche, Alexander (Hrsg.), Handbuch der EU-Gruppenfreistellungsverordnungen, 2. Auflage 2012 [zitiert: *Bearbeiter*, in: Liebscher/Flohr/Petsche]

Linsmeier, Petra/Haag, Kathrin, Selektive Vertriebssysteme: Mehr Klarheit dank des Coty-Urteils, WuW 2018, S. 54 ff.

Loewenheim, Ulrich/Meessen, Karl/Riesenkampff, Alexander/Kersting, Christian/Meyer-Lindemann, Hans Jürgen (Hrsg.), Kartellrecht Kommentar, 3. Auflage 2016, München [zitiert: *Bearbeiter*, in: Loewenheim/Meessen/Riesenkampff/Kersting/Meyer-Lindemann]

Loewenheim, Ulrich/Meessen, Karl/Riesenkampff (Hrsg.), Kartellrecht Kommentar, 2. Auflage 2009, München [zitiert: *Bearbeiter*, in: Loewenheim/Meessen/Riesenkampff 2. Aufl. 2009]

Lohse, Andrea, Marktmachtmissbrauch durch Internetplattformen? Das Kartellrecht vor neuen Herausforderungen, ZHR 2018, S. 321 ff.

dies., Drittplattformverbote: Kernbeschränkungen des Internetvertriebs?, WuW 2014, S. 120 ff.

Lubberger, Andreas, Plattformverbote verboten?, WRP 2015, S. 14 ff.

ders., Wo steht der Selektivvertrieb?, ZWeR 2018, S. 57 ff.

Mäger, Thorsten/von Schreitter, Florian, Vertikale Wettbewerbsbeschränkungen und das Internet: Schutz des Verbrauchers oder Behinderung effizienter Vertriebsstrukturen?, NZKart 2015, S. 62 ff.

Mankiw, N. Gregory/Taylor, Mark, Grundzüge der Volkswirtschaftslehre, 6. Auflage 2016, Stuttgart [zitiert: *Mankiw/Taylor*]

Marsden, Philip/Whelan, Peter; Selective Distribution in the Age of Online Retail, ECLR 2010, S. 25 ff.

Marquis, Mel, O2 (Germany) v Commission and the Exotic Mysteries of Article 81(1) EC, E.L.Rev. 2007, Vol. 32, S. 29 ff.

Metzlaff, Karsten, Der Online-Vertrieb von Markenartikeln über Drittplattformen nach dem Coty-Urteil des EuGH, ZVertriebsR 2018, 1 ff.

Meyer, Michael, Salto rückwärts im Kartellrecht?, WRP 2004, S. 1456 ff.

Moritz, Wendelin, Das Verbot von Drittplattformen im Selektivvertrieb – Ergänzung zu *Rohrßen*, ZVertriebsR 2016, 278 („Coty Germany"), ZVertriebsR 2017, S. 31 ff.

Motta, Massimo, Competition Policy, Theory and Practice, 9. Auflage 2008, Cambridge [zitiert: *Motta*]

Nägele, Thomas/Apel, Simon, Der Markenwert als Rechtfertigung für ein qualitativselektives Vertriebssystem: von „Coty" zu „Forever Living" – und noch etwas weiter?, WRP 2018, S. 1044 ff.

Neubauer, Arne, Internetvertrieb im Kartellrecht: Eine kritische Auseinandersetzung mit herstellerseitigen Vertriebsbeschränkungen, 2015, Frankfurt a.M. [zitiert: *Neubauer*]

ders., KG: Kartellrecht: Verbot des Warenvertriebs über ebay, Urteilsanmerkung, EuZW 2013, S. 879 ff.

Nolte, Steffen, Vertriebskanal Internet: Grenzen der Steuerungshoheit des Lieferanten und die Notwendigkeit von Vertragsstandards, BB 2014, S. 1155 ff.

ders., Plattformverbote beim Internetvertrieb, BB 2017, S. 1987 ff.

Pahnke, Matthias, OLG Schleswig: Unwirksames Verbot des Warenvertriebs über Internetplattformen, Urteilsanmerkung, NJW 2014, S. 3104 ff.

Palzer, Christoph, Nur ein Luxusproblem? - Drittplattformverbote im selektiven Betrieb auf dem Prüfstand des EuGH, EWS 2018, S. 90 ff.

Pautke, Stephanie /Billinger, Josefa, Doppelpreissysteme: Ausgewählte Rechts- und Anwendungsfragen zur Entscheidungspraxis des Bundeskartellamtes, ZWeR 2016, S. 40 ff.

Pautke, Stephanie/Schultze, Jörg-Martin, Internet und Vertriebskartellrecht – Hausaufgaben für die Europäische Kommission, BB 2001, S. 317 ff.

Peeperkorn, Luc/Heimann, Martha, Die Bedeutung des „Pierre Fabre"-Urteils des EuGH für den Onlinevertrieb, GRUR 2014, S. 1175 ff.

Peeters, Jan, "The Rule of Reason Revisited: Prohibition on Restraints of Competition in the Sherman Act and the EEC Treaty" The American Journal of Comparative Law 1989, S. 521 ff.

Pichler, Philipp/Hertfelder, Johannes, Verbot des Vertriebs über Internetplattformen Dritter im Rahmen des qualitativ-selektiven Vertriebs – zugleich Anmerkungen zum Urteil des KG „Schulranzen", NZKart 2014, S. 47 ff.

Pischel, Gerhard, Der Internetvertrieb nach der neuen Schirm-Gruppenfreistellungsverordnung für den Vertikalvertrieb und deren Leitlinien, GRUR 2010, S. 972 ff.

Polley, Romina: Die neue Vertikal-GVO, Inhaltliche Neuerungen und verpasste Chancen, CR 2010, S. 625 ff.

Querndt, Lars, Selektivvertrieb und eBay-Versteigerungen: Die kartellrechtliche Zulässigkeit des eBay-Ausschlusses aus dem Selektivvertrieb in Vertragshändlerverträgen und Markenlizenzen unter besonderer Berücksichtigung des Markenrechts, Frankfurt a.M., 2014 [zitiert: *Querndt*]

Rahlmeyer, Dietmar, Selektives Vertriebssystem als bezweckte Wettbewerbsbeschränkung – keine Gruppenfreistellung, Urteilsanmerkung, ZVertriebsR 2012, S. 55 ff.

Rheinländer, Peter, Beschränkungen des Internet-Einzelhandels in selektiven Vertriebssystemen nach Art. 81 EGV, WRP 2005, S. 285 ff.

Rischkowsky, Franziska, Verbraucherschutz im Binnenmarkt: Mehr als nur Wettbewerbspolitik?, Wirtschaftsdienst 2010, S. 59 ff.

Rittner, Fritz/Dreher, Meinrad/Kulka, Michael, Wettbewerbs- und Kartellrecht, 8. Auflage 2014, Heidelberg [zitiert: *Rittner/Dreher/Kulka*]

Robertson, Viktoria, Online sales under the European Commission's Block Exemption Regulation on Vertikal Agreements – Pt. 1, ECLR 2012, S. 132 ff.

dies., Online sales under the European Commission's Block Exemption Regulation on Vertikal Agreements – Part 2, ECLR 2012, S. 179 ff.

Rohrßen, Benedikt, Vertriebsvorgaben im E-Commerce 2018: Praxisüberblick und Folgen des "Coty"-Urteils des EuGH, GRUR-Prax 2018, S. 39 ff.

ders., Internetvertrieb von Markenartikeln: Zulässigkeit von Plattformverboten nach dem EuGH-Urteil Coty, DB 2018, S. 300 ff.

ders., Internetvertrieb in der EU 2018 ff. – Online-Vertriebsvorgaben von Asics über BMW bis Coty, ZVertriebsR 2017, 274 ff.

ders., Plattformverbote im Selektivvertrieb – der EuGH-Vorlagebeschluss des OLG Frankfurt vom 19.4.2016, ZVertriebsR 2016, S. 278 ff.

Rösner, Fabian, Aktuelle Probleme der Zulässigkeit von Selektivvertriebssystemen vor dem Hintergrund der Reform der Vertikal-GVO, WRP 2012, S. 1114 ff.

Rudowicz, Jan-Christoph, Plattformverbote in selektiven Vertriebssystemen: Kritische Auseinandersetzung mit dem Urteil des KG in der Sache Sternjakob, NZKart 2014, S. 253 ff.

Schröder, Peter, Pauschale Plattformverbote für Luxusprodukte als Einfallstor neuer Wettbewerbsbeschränkungen – Zugleich Anmerkung zu EuGH, 06.12.2017 – C-230/16, WRP 2018, S. 272 ff.

Schultze, Jörg-Martin/Pautke, Stephanie/Wagener, Dominique, Die Gruppenfreistellungsverordnung für vertikale Vereinbarungen, Praxiskommentar, 3. Auflage 2011, Heidelberg [zitiert: *Schultze/Pautke/Wagener*]

Schulze zur Wiesche, Jens, Selektiver Vertrieb und Internet, K&R 2010, S. 541 ff.

dies., Wasserstandsmeldung aus Brüssel: Änderungsvorschläge der EU-Kommission zur Vertikal-GVO für 2010, BB 2009, S. 2266 ff.

Schwarze, Jürgen (Hrsg.), EU-Kommentar, 3. Auflage 2012, Baden-Baden [zitiert: *Bearbeiter,* in: *Schwarze*]

Schweda, Marc, Hauptsache kein Vollverbot? – Generalanwalt Wahl hält selbst pauschale Plattformverbote für gruppenfreigestellt, NZKart 2017, S. 585 ff.

Schweda, Marc/Rudowicz, Jan-Christoph, Verkaufsverbote über Online-Handelsplattformen und Kartellrecht, WRP 2013, S. 590 ff.

Seeliger, Daniela/de Crozals, Dorothee, Vertikale Vertriebsbeschränkungen im Internethandel, DB 2017, S. 351 ff.

Siegert, Reinhard, Selektivvertrieb – ein Luxusphänomen?, BB 2018, S. 131 ff.

Simon, Stephan, Die neue Kartellrechtsverordnung (EU) Nr. 330/2010 für Vertriebs- und Lieferverträge, EWS 2010, S. 497 ff.

Spenner, Katharina/Kiani, Sarwenaz, Selektive Vertriebssysteme und Internetvertrieb – Der neue Prüfungsmaßstab des Bundeskartellamtes im ASICS-Verfahren, NZKart 2016, S. 208 ff.

Soyez, Volker, Die kartellrechtliche Beurteilung von Meistbegünstigungsklauseln im Lichte der HRS-Entscheidung des BKartA, NZKart 2014, S. 447 ff.

Stadler, Christoph, "Me first!" or Why The Bundeskartellamt Approach in the Hotel Platform Cases Is an Unfortunate Precedent, ZWeR 2016, S. 1 ff.

Stauber, Peter, Neues zum „echten" Handelsvertreter, NZKart 2015, S. 423 ff.

Streinz, Rudolph (Hrsg.), EUV/AEUV, 3. Auflage 2018, München [zitiert: *Bearbeiter,* in: *Streinz*]

Tamke; Maren, Kartellrechtliche Beurteilung der Bestpreisklauseln von Internetplattformen, WuW 2015, S. 594 ff.

Ulmer, Eugen, Rule of Reason im Rahmen von Artikel 85 EWGV, RIW 1985, S. 517 ff.

Vedder, Christoph/Heintschel von Heinegg, Wolff (Hrsg.), Europäisches Unionsrecht, 2. Auflage 2018, Baden-Baden [zitiert: *Bearbeiter,* in: Vedder/Heintschel von Heinegg]

Vezzoso, Simonetta, Online Platforms, Rate Parity, and the Free Riding Defence (abrufbar unter: https://ssrn.com/abstract=2802151)

von der Groeben, Hans/Schwarze, Jürgen/Hatje, Armin, Europäisches Unionsrecht, 7. Auflage 2015, Baden-Baden [zitiert: *Bearbeiter,* in: von der Groeben/Schwarze/Hatje]

Voogd, Janina, Keine markenrechtliche Erschöpfung bei rufschädigendem Vertrieb, GRUR-Prax 2018, S. 278

Walter, Mareike, Die „besten Preise" im Fokus – Renaissance von Meistbegünstigungsklauseln im Internet im Licht des deutschen und europäischen Kartellrechts, ZWeR 2015, S. 157 ff.

Weltrich, Ortwin, Franchising im EG-Kartellrecht – eine kartellrechtliche Analyse nach Art. 85 EWGV, 1992, Köln [zitiert: *Weltrich*]

Wey, Christian, Beste Preise im Internet: Die HRS-Entscheidung des Bundeskartellamts vom 20.12.2013, WuW 2014, S. 119

Wiedemann, Gerhard (Hrsg.), Handbuch des Kartellrechts, 3. Aufl. 2016, München [zitiert: *Bearbeiter*, in: Wiedemann]

ders. Handbuch des Kartellrechts, 2. Aufl. 2008, München [*Bearbeiter*, in: Wiedemann 2. Aufl. 2008]

Wiring, Roland, Kartellrecht und eCommerce, Neue Leitlinien der Kommission konkretisieren kartellrechtliche Vorgaben für den Onlinehandel, MMR 2010, S. 659 ff.

Wolf-Posch, Anna, Bestpreisklauseln in Internetplattformmärkten im Visier der Wettbewerbsbehörden – Ein Überblick über die aktuellen Entwicklungen, ÖZK 2014, S. 132 ff.

Ylinen, Johannes, Digital Pricing und Kartellrecht, NZKart 2018, S. 19 ff.